L'ENFANT
ET
LES GIBOULÉES

JEAN CLAUDE PASCAL

L'ENFANT ET LES GIBOULÉES

GIBOULÉE

Espèce d'orage qui se réduit à des coups de vent passagers, avec de petites averses et de petites grêles, qui est bientôt suivi d'une éclaircie, et qui survient surtout au printemps.
LITTRÉ.

ÉDITIONS DU ROCHER

JEAN-PAUL BERTRAND
ÉDITEUR

DU MÊME AUTEUR

HISTOIRE

La Reine maudite, Le dossier MARIE STUART
Éditions du Rocher, mars 1988

AUTOBIOGRAPHIE

Le Beau Masque (mémoires partiels)
Éditions Robert Laffont, mars 1986
Prix Bruno-Coquatrix 1986

ROMANS

Le Panier de crabes
Éditions des Presses de la Cité, novembre 1986

Le Fauve (suite du précédent)
Éditions des Presses de la Cité, février 1987

La Garce (suite des deux précédents)
Éditions des Presses de la Cité, avril 1987

L'Arc-en-ciel de novembre
Éditions du Rocher, mars 1989

ISBN : 2.268.00.873.8

A la mémoire de Jean V.,
vieux petit Savoyard qui dort
sur les hauteurs d'Albertville
au milieu des edelweiss.

A l'enfance...
Ce paradis perdu
pour la plupart des hommes.

« Tandis que les méchants
taquinent alliance et politique,
la nature, toute seule,
au revers d'une colline
recopie un lys magnifique. »

Paul Claudel.

« Il faut vivre
et non pas seulement exister. »

Plutarque.

« L'essentiel, sur la terre comme
au ciel, est d'obéir longtemps
et dans la même direction. »

Nietzsche.

Avertissement

Il est difficile de se pencher sur l'enfance.

Même lorsqu'il s'agit d'un personnage de roman. Celui-ci vous obéit, certes — non toujours —, mais il vous guette et parfois vous entraîne là où précisément vous vouliez éviter d'aller : vers vous-même, conjugué au passé. Ce miroir-là reflète des images oubliées. Certaines vous font sourire, d'autres vous attristent. D'autres encore vous donnent le vertige.

Si le titre *L'Enfant et les giboulées* a été choisi pour cet ouvrage, c'est parce que ce mot s'adapte assez bien aux pensées chaotiques qui peuvent perturber l'esprit d'un petit garçon.

Dans ce récit, deux univers s'opposent : la campagne, la ville.

Nous sommes à la fois dans les années 1920 et 1930.

Le milieu dans lequel évoluent les personnages est celui de la grande bourgeoisie française d'alors, laquelle vit — sans le pressentir — ses dernières décennies dorées.

Deux arts de vivre, deux conceptions s'affrontent.

D'une part, la vie de châtelains aux confins du Mont-Saint-Michel où une famille s'active au rythme des saisons.

D'autre part, la vie parisienne, luxueuse, mondaine, étourdissante et artificielle.

Prélude

Dans le soleil d'avril qui joue à travers les premiers feuillages, un enfant gambade tel un papillon pris dans le feu d'une lumière. Il joue tout seul à cache-cache avec son ombre. Il court, s'arrête, virevolte et improvise. Il est heureux.

Ce charmant lutin se balade et sautille au rythme fantaisiste de son imagination débridée. Il respire l'air neuf de sa vie.

Pour le petit bonhomme, ce printemps est une fête où les caresses fraîches de la brise marine se mêlent aux odeurs grisantes de la sève qui monte. Dans son âme de gosse, ce mois clair est une sorte de câlin souriant. Les cris d'oiseaux se mélangent au réveil émouvant des choses de la terre. Ce printemps-là, tendre et primesautier, ressemble assez à Michel Perceval.

Il aura bientôt sept ans, cet enfant qui cabriole au soleil.

— Presque l'âge de raison, décréterait tante Anne.

— L'âge où Alain a eu sa rougeole, constaterait grand-mère.

— L'âge où j'ai eu cette robe de mousseline qui fut ma première jolie robe, susurrerait Hélène.

— L'âge de Vandale, dirait Alexis en caressant l'encolure de son cheval préféré.

— L'âge où les anges perdent leurs ailes, murmurerait Aurélie.

Mais l'enfant gambade... Il a parlé d'abord au vieux marronnier qui fait figure d'empereur à l'orée du grand bois que l'on traverse pour aller vers le village de Genêts. Mais l'arbre centenaire n'ayant pas répondu, le gosse en a conclu qu'il était de mauvaise humeur. « Comme grand-père », pense Michel sans imaginer pour autant que le renouveau peut apporter des maux identiques à un vieil homme et à un vieil arbre.

Dans une tête d'enfant il n'y a pas encore de réflexions graves ou de raisonnement précis. Il y a des logiques et des sensations. Il y a, en fait, une espèce de vérité que l'éducation, les connaissances et enfin les souvenirs transforment et dénaturent. Les hommes pensent, étudient, cherchent et se cherchent eux-mêmes. Parfois ils gâchent un peu leur vie en ne s'accordant plus le temps de rêver. Dans leur esprit, il n'y a plus de place pour l'imaginaire.

Michel, justement, a parlé d'un voyage au long cours au vieux marronnier.

— Tu comprends, Arthur — il l'a baptisé ainsi —, mon voilier... il était pas assez solide... C'était pourtant un trois-mâts, mais comme j'allais arriver dans mon île, là-bas au bout du monde, il y a eu une tempête... Oh mais alors une de ces tempêtes...

Arthur est resté si sourd à toutes ses confidences que l'âme vagabonde de Michel s'est lassée. Après avoir tapoté l'écorce de sa petite patte chaude, il s'est enfui à la recherche d'autres jeux. C'est aussi un privilège de l'enfance que de ne pas s'ennuyer, rarement avec tristesse en tout cas. L'ennui pour le gosse, c'était l'obligation d'être sage, de rester assis, d'être à table avec tous les autres.

Un rire clair fuse au milieu des chants des passereaux. Michel, qui se réjouit d'avoir échappé à la famille réunie, là-bas, dans la grande salle à manger, court vers l'étang, derrière la maison de son oncle Alexis. Il rit. Il se force à rire. Pour rien, pour le plaisir et aussi parce qu'il a été content de préparer les bouquets de la maison ce matin, avec Aurélie, parce que son histoire de bateau et de tempête lui a donné l'esprit frondeur. Il rit de rire. Il dit :

« Bonjour. » Un peu partout. Il va même jusqu'à se moquer d'Arthur en racontant aux nénuphars qui égayent les eaux noires de l'étang que le patriarche du bois lui a confié avoir eu peur de la tempête. Il mélange tout, il innove, il se contredit, il est gamin, il est sérieux, il fait le pitre. Il a sept ans...

Michel Perceval est étendu à plat ventre au bord de l'eau. Qui sait ce qu'il va encore inventer ? Rien, plus rien pour l'instant. Entre deux nénuphars blancs piqués de rose comme les joues de l'enfant, il y a un peu d'eau claire qui découpe un miroir dans la surface de l'étang. Le gosse s'avance tout au bord. Il voit le ciel bleu qui s'essaye à repeindre la masse liquide.

Comme un troupeau de moutons qui s'égrène le long d'une route, voici maintenant les nuages, boules de neige, qui vont d'un nénuphar à l'autre. Michel imagine une course. Bravo pour ce petit cumulus, là, qui ressemble à une bouffée de fumée qu'Alexis tire de sa pipe, il vient de dépasser l'autre, le maigre, celui qui fait penser à la moustache de grand-père parce qu'il est horizontal et s'amincit à chaque bout. Et puis tout est devenu blanc, comme les draps d'une lessive qui claquent au soleil. Il se penche encore, davantage, et c'est lui qui tout à coup apparaît. Il se sourit, plisse les yeux et, espiègle, retrousse son nez. Il s'amuse un court instant à se voir dans l'étang. Vite lassé de cette contemplation, il tire la langue à son reflet. Les nénuphars, choqués sans doute, se sont écartés, emportés par un courant d'air qui les fait se balancer comme des crinolines renversées. Un vent léger ride la masse liquide qui redevient illisible. Un crapaud a bondi sur la rive, tout près de Michel.

Alors c'est la fuite... L'enfant galope à perdre haleine vers le manoir. Il a eu très peur. Il n'aime pas les crapauds. Quelle idée aussi de se pencher si près de la surface de l'étang ! Quand il était tout petit — oh, il y a très longtemps... — on lui racontait, pour qu'il ne s'aventure pas vers la pièce d'eau, que les étangs étaient gardés par de mauvais génies guettant les enfants imprudents afin de les emporter dans leurs griffes et les noyer dans la vase. Maintenant, bien sûr, Michel n'y croit plus, ou plutôt, si les elfes et les sylphes existent, il pense que ce doit être de jolies fées et des nains très drôles qu'il aimerait bien rencontrer. Mais il reste les crapauds.

Ses petites jambes aux mollets couleur d'abricot l'ont amené dans l'allée centrale qui mène à l'entrée du manoir. Il a ralenti sa course. Depuis l'étang, il a eu au moins dix sujets de distraction.

Devant l'imposante façade de granit, dans la géométrie des pelouses et des allées qui forment le jardin à la française, étalé comme un étendard devant les murs aux vieilles pierres grises et moussues du château, Michel sent ses ardeurs calmées. Il fredonne : *Maman les p'tits bateaux*, parce qu'il pense à Christophe Colomb depuis ce matin et qu'il a décidé qu'un jour il deviendrait un grand navigateur. En remontant vers le porche, il hésite à aller jouer sur la terrasse. Et si on allait le rappeler dans la salle à manger ? Ce que ça doit être triste d'être une grande personne et de rester si longtemps enfermé ! Qu'est-ce qu'ils peuvent bien se raconter ? Alexis ne doit pas dire un mot, mais comme ses yeux expriment un tas de choses... Tante Anne parle sûrement des sermons du curé de Genêts, grand-père doit remettre en place toutes les cinq minutes l'œillet grenat qu'il porte à la boutonnière, et grand-mère trouver cent raisons de s'inquiéter du départ d'Antoine pour l'Afrique. C'est vrai que l'oncle Antoine s'en va. A cause de cet événement, tout le monde est venu à Manorlaine. Il a de la chance, Antoine. Il va sûrement faire un long voyage sur un grand bateau. Si je lui demandais de m'emmener, songe Michel. Le soleil s'est caché et Manorlaine devient triste. Michel aussi. Partir ? Quitter Manorlaine ?

— Mais non !

Le gosse a crié son démenti en tapant du pied. Il a eu peur, d'un seul coup, de ne plus être là. Il n'a pas envie de partir, loin, même sur la mer et même sur un bateau. Surtout avec Antoine. Avec Aurélie encore, ce serait... presque possible. Aurélie, c'est une petite fille comme lui, mais elle sait déjà plein de choses et elle a toujours l'air de parler comme une grande personne qui serait gentille. Il se sent tellement bien quand il est avec elle. Il a l'impression d'être sage et pourtant ils n'arrêtent pas de s'amuser. Non, ce n'est pas possible, il ne peut pas quitter Aurélie, et puis Manorlaine non plus...

Trois papillons blancs qui dansent un ballet à la chorégraphie fantasque font perdre à Michel le fil de ses pensées. Le soleil, là-haut, ne fait plus grise mine. Et Manorlaine semble serein. Michel pourchasse les papillons qui zigzaguent au-dessus des jonquilles. Ah ! s'il avait son filet pour les attraper... Il court vers la maison des enfants. Cette cabane aux murs clairs, en contre-plaqué, qui ressemble à une maison de poupée, où l'on entasse les jouets « pour quand il pleut ».

Zut, la porte est bloquée! C'est tante Anne qui veut qu'on ferme la maison des enfants, pour qu'ils ne viennent pas tout casser quand ils sont seuls. Seulement tante Anne ne sait pas que l'on peut ouvrir la fenêtre du haut et qu'avec l'aide de ce banc sur lequel il grimpe il réussit très bien à entrer. Chlak ! Le voilà dans la maison où l'on joue. Où est-il ce filet à papillons ? Et s'il prenait ses quilles ? Elles sont si colorées qu'elles ressemblent à des robes de bohémiennes. Et sa boîte à musique ? Qu'est-ce qu'elle fait par terre ? C'est encore Agnès qui a dû s'en servir. Pourtant Michel ne veut pas qu'Agnès touche à sa boîte à musique. C'est un objet qu'Aurélie aime bien. Puisque c'est comme ça, Michel la donnera à Aurélie pour qu'elle la mette dans sa chambre... L'enfant appuie sur un déclic. Un vieil air, un son grêle, s'aventure dans le silence. Et le gosse écoute. Il n'y a pas de paroles là-dessus mais oncle Alexis un jour a chanté sur cette musique ! *Le temps des cerises, le gai rossignol, le merle moqueur...*

— Ah, je comprends ! se dit Michel qui a oublié la suite, vivement qu'il revienne ! Ça doit être une chanson pour les gens qui savent comme c'est rigolo les cerises dont on fait des boucles d'oreilles.

Les notes s'égrènent au rythme cassé un peu chevrotant et si mystérieux de ces boîtes anciennes. Michel laisse la mécanique ralentir de plus en plus avant de soupirer ses dernières notes, mélancoliquement espacées.

Le voilà, le filet à papillons! Le gosse est déjà dehors, mais les papillons n'y sont plus. Les papillons, c'est comme les rêves qu'on fait la nuit : on ne sait pas d'où ils viennent et, quand on se réveille, on ne sait plus les retrouver. Découragé, il abandonne le filet à papillons. Si tante Anne le retrouve, elle va encore gronder.

— Michel est insupportable ! Pourtant Agnès et Jean-Armand lui montrent le bon exemple !

Maintenant, il a bien envie d'aller jouer dans la carrière. Seulement il est trop bien habillé aujourd'hui, à cause du déjeuner pour le départ d'Antoine. Il hésite. Du manoir, une voix parvient à son oreille.

— Michel, Mi... chel...

Il court déjà. C'est peut-être pour la crème au chocolat qu'on l'appelle !

Au loin, dans un pré aux herbes neuves traversé par un ru qui sinue en miroitant, un râle des genêts recopie sa chanson.

Dans le ciel calme passent des bergeronnettes. Près de l'étang, une libellule d'émail bleu vif s'apprête à se poser sur un pétale d'iris mauve.

Au bord de l'eau les rainettes se racontent les dernières nouvelles. Auprès d'elles, sans troubler leur bavardage, deux poules d'eau noires, à bec jaune, ont plongé.

Le coucou se répète, quelque part, en forêt.

I

La Famille

L'ARRIVÉE de l'enfant dans la salle à manger fait l'effet d'un éclat de rire inattendu dans le silence grave d'une cérémonie. Il a ouvert et fermé les portes de la bibliothèque avec fracas, il a traversé la salle où la plupart des grands auteurs se trouvent alignés sur des rayons de chêne dans leur prison de cuir aux couleurs brunes, chamois ou cramoisies chiffrées d'or. Avisant le billard, il résiste à la tentation de faire rouler les boules d'ivoire sur le tapis vert. Impulsivement il s'est écrié :

— Maman, maman... c'est pour la crème au chocolat qu'on m'a appelé ?

La grille est franchie. L'enfant s'est arrêté tout à coup, brisé dans son élan, dévisagé par quinze regards surpris d'être dérangés, contrariés par cette intrusion qui interrompt les dialogues. Ceux-ci reprennent presque instantanément.

Alors Michel, intimidé, se fait tout petit et s'avance sur la pointe des pieds.

Lorsqu'il s'assied de travers sur sa chaise, au bout de la table étincelante de faïence et de verrerie auciennes, il est interpellé par la voix de tante Anne :

— C'est très vilain de crier !

Il est réconforté par sa grand-mère :

— Oui mon chéri, c'est pour la crème au chocolat. Je l'ai fait faire pour Antoine aujourd'hui.

Il est chagriné par l'inattention de sa mère qui, à droite

de grand-père, continue à parler chiffons avec tante Mireille... Il est agacé par la présence, à sa droite et à sa gauche, de son oncle Alain qui a dix-huit ans et de son cousin Jean-Armand qui en a onze. Ces deux-là parlent « rugby » par-dessus sa tête. Il n'est pas surpris par le mutisme d'Alexis, qui se tient immobile à l'autre extrémité de la table. Michel sait qu'il ne faut rien dire. Alors il glisse ses mains sous ses cuisses et balance ses pieds sous sa chaise. Il est étranger à ce festin. Il est l'enfant trop petit qui ne peut participer aux réjouissance et qu'on a préféré faire déjeuner avant. Dans le brouhaha qui l'environne, il pense à la crème au chocolat.

Les Anderly sont tous là.

Ensemble, ils partagent une vague ressemblance. Isolés, ils sont tous différents. Rassemblés, ils forment une fresque qu'un peintre du *quattrocento* aurait pu immortaliser. Ils sont là comme au réfectoire, assistant au dernier repas familial de l'un des leurs qui va les quitter. Ils sont là, au passé, au présent, à l'avenir.

Grand-père et grand-mère sont vis-à-vis, en milieu de table, réunis par un trait d'union de pétales et de feuillages entremêlés : des primevères jaunes en guirlande. A titre exceptionnel, Antoine a été placé à la droite de sa mère. Frédéric Marchand, le second mari d'Hélène et beau-père de Michel, étant à sa gauche. Ce sont Anne et Hélène qui sont, dans l'autre sens, respectivement à droite et à gauche d'Armand, le chef de famille.

Michel balance ses jambes. Silencieux mais observateur, il a l'air de présider au bout de la longue table de bois sombre, luisante de cire. Son regard curieux suit les évolutions de Joseph qui présente avec dignité la jatte de porcelaine remplie de crème brune.

— Jamais pour moi, dit Anne.

Tous les autres en ont pris. Et Jean-Armand s'est même servi plusieurs fois. Michel l'a remarqué.

Joseph présente le plat au gosse. Il a bien envie de faire comme Jean-Armand, qui gloutonne déjà. Une louche, bien pleine, une autre, encore plus pleine. Une autre...

— Michel !

La voix de sa mère a paralysé sa main à dix centimètres de son assiette.

— Voyons mon enfant, on ne se sert pas autant à la fois !

La troisième cuillerée est retournée dans la jatte. Et Michel se sent confus. Pourtant Jean-Armand en a pris beaucoup plus. Alors, l'enfant s'attriste un peu. Il a moins envie de savourer ce dessert tant convoité. Cet inconscient constat peu équitable prendra racine dans sa mémoire comme une graine transportée par le vent qui finit par trouver un terrain fertile où s'implanter.

Pour le moment Michel éprouve un sentiment de jalousie enfantine : pas plus. Mais il ne sait pas ce qu'est la partialité. Le mot lui est inconnu.

Ce qu'il ressent, il n'est pas à même de l'analyser. S'il devait s'exprimer sur le sujet, à l'instant même, il dirait qu'il a « le cœur gros » parce que « c'est pas juste ! ». C'est tout.

On a répété au petit garçon qu'il allait atteindre l'âge de raison. Il n'a pas très bien compris ce que cela signifiait mais, pour ne pas avoir l'air bête, il s'est abstenu de demander des explications.

Pour Michel, les surprises, les plaisirs et les joies effacent vite les petites contrariétés.

Pour lui, chaque matin est Avenir.

A cet âge, le temps n'existe pas encore.

A présent, Michel ne sait plus s'il a encore tellement envie de cet entremets. Il a baissé les paupières et regarde, hésitant, le contenu de son assiette blanche. Il entend les voix de toute la famille, confondues dans une mélodie cacophonique.

Il y a le rire d'Antoine qui domine souvent, un rire vulgarisé en « O » qui s'essouffle vite, tel un moteur qui a des ratés. Antoine fait beaucoup de bruit pour peu de chose. D'ailleurs, chacun le laisse patauger dans cette ivresse qu'il trouve à répéter sans fin les mêmes explications qui tenteraient de justifier à ses propres yeux ce coup de tête qui a été à l'origine de sa décision de partir.

Michel a relevé les cils sur un rire d'Antoine. Mais il hésite encore à goûter son dessert. Cela lui fait penser à Jeanne, sa nurse.

— Vous aimez votre maman, Michel ? Eh bien, si c'est vrai, il faut manger vite votre soupe-au-lait pour qu'elle soit contente.

Michel aimait mieux jouer avec les franges de sa serviette. Il les séparait en touffes qu'il torsadait ensuite. Il trouvait que c'était joli ! Mais Jeanne insistait avec son lent et persuasif accent suisse :

— Allons Michel. Pour votre maman, rien qu'une cuillerée.

Ensuite, Jeanne évoquait successivement grand-père, grand-mère, Aurélie. Puis on passait au paon de la basse-cour que le gosse admirait quand il faisait la roue...

Mais Jeanne était partie. Quand on va avoir sept ans on n'a plus besoin d'une nurse! Michel est ravi d'avoir pensé à Jeanne car il a trouvé un jeu rien que pour lui. Puisque toute sa famille est là, qu'il est tout seul à son bout de table, il va choisir à tour de rôle ceux pour qui il va déguster sa crème.

— Une cuillerée pour maman.

Il savoure si longtemps qu'il peut tout à loisir regarder sa mère. Michel la trouve très belle. Aujourd'hui encore, Hélène apparaît resplendissante. On ne peut être plus séduisante à vingt-cinq ans. Elle est de petite taille et brune comme sa mère, mais elle a la classe, le charme et les yeux de ciel de son père. Hélène ressemble à un splendide félin qui serait aussi un personnage frivole et ravissant. Elle n'a pas le temps de laisser deviner sa culture tant elle déborde d'esprit. On dirait que cette jolie femme se trouve constamment en représentation. Elle joue. Elle paraît interpréter un rôle défini par elle seule dans l'étonnante comédie qu'est son existence. Vive, gaie, rieuse et aussi sensuelle, elle aime l'amour. Elle pourrait faire songer à un oiseau exotique, rare et chatoyant. Son rire, parfois, roucoule. Les pierreries, les parures font sa joie. Elle éprouve un plaisir certain à s'habiller avec goût. Son élégance est reconnue comme étant parfaite. Sa passion avouée pour les chevaux lui confère un attrait particulier. Les femmes la traitent « d'originale », appuyant leur dire d'une moue condescendante. Les hommes rêvent à des étreintes voluptueuses en la regardant passer.

Il est vrai qu'Hélène se veut anticonventionnelle, par désir d'imposer sa personnalité. Passer pour un être extraordinaire, voire légèrement extravagant, lui plaît assez. Elle s'y emploie avec bonheur. Féminine, amoureuse de la vie, elle « adore » son père, éprouve de la tendresse pour sa mère. Hélène n'est pas particulièrement maternelle. Chez elle, la femme n'abdique nullement en regard de la mère, comme cela arrive parfois, déplaçant au bénéfice des enfants l'amour d'une épouse pour son mari. L'étonnante Hélène vibre davantage aux accents des musiques ibériques qu'aux accords harmonieux des comptines et des berceuses. Sa sensibilité pourrait passer pour égoïste. Mais « elle a du cœur » comme se plaît à le répéter sa mère lorsque l'on parle de sa fille, absente.

Tandis que Michel la regarde, Hélène parle à Armand d'Anderly :

— Non, père, je me sens beaucoup mieux qu'avant la naissance de Béatrice. D'ailleurs, en juin, Frédéric et moi partirons pour la Suisse. Je pourrai être dans la clinique du professeur Werner dès la fin de juillet. C'est un endroit merveilleux... Il paraît que...

Hélène allait avoir un troisième enfant, le second de son union avec Frédéric Marchand, une fille étant née l'année précédente, créant ainsi sans le savoir un unique foyer, une unique raison d'être pour cette jeune femme jusqu'alors partagée entre son second époux et Michel, l'enfant de son premier mariage. Maintenant, son existence l'écarte insensiblement de Manorlaine. La mère et le fils commencent à ne plus vivre l'un pour l'autre. Hélène en est inconsciente, Michel aussi. Il n'avait pas trois ans quand sa mère s'est remariée. Elle s'éloigna une première fois, le laissant au château, persuadée qu'elle ne lui manquerait pas. Depuis, son absence avait été presque constante et Michel n'imaginait pas qu'une mère doive nécessairement vivre avec son fils. Il pensait que tous les enfants du monde s'élevaient comme lui, dans le domaine de leur famille avec des grands-parents veillant sur vous comme des anges gardiens... visibles.

Michel avale une autre cuillerée de crème. « Pour grand-père, pense-t-il. Oh, et puis pour grand-mère aussi ! »

C'est vrai qu'on ne peut guère les séparer l'un de l'autre, et l'esprit du gosse ne s'y trompe pas. Les primevères qui fleurissent la table représentent une sorte de gage d'alliance, placé là pour mieux souligner, sans doute, cette union infaillible qui leur a valu de vivre heureux depuis trente-cinq ans déjà. Armand et Alix d'Anderly ressemblent ce jour-là à des héros d'Alphonse Daudet au parfum de thym et de lavande.

Sans savoir pourquoi, Michel se prend à songer soudain au grand poulailler. L'image des poussins réunis autour des grands-parents d'Anderly fait sourire le petit garçon. Après tout, cela lui plaisait assez d'être un poussin jaune avec des yeux piqués de rouge et un minuscule bec noir et blanc. Grand-mère ne l'appelait-elle pas souvent « mon petit poussin » ? En revanche, il avait entendu grand-père appeler un jour son épouse « mon poulet ». Oui, c'était bien ça, Armand avait dit : « Merci, mon poulet », à Alix qui lui servait une tasse de café. Et alors là, vraiment, Michel ne comprenait pas. Cela lui donna une si forte envie de rire qu'il en avala de travers sa crème au chocolat, toussota, regretta de n'avoir pas profité du moment où « c'est si bon quand on avale » et, soutenant le regard déjà désapprobateur que lui lançait tante Anne, se décida sur-le-champ à reprendre une cuillerée à l'intention de ses grands-parents.

Depuis sa naissance, Michel vivait auprès d'eux dans ce nid pastoral de Manorlaine. Ce domaine était à la fois sévère et riant. Le château, édifié au XIIIe siècle par les moines du Mont-Saint-Michel, leur avait servi de « pied-à-terre » en quelque sorte. Les murs de granit, les hautes tours, les fenêtres coiffées de leurs dentelles gothiques et les escaliers de pierre donnaient de ce lieu une image austère.

Cette noble demeure perdait de sa froideur grâce aux frondaisons au milieu desquelles elle était assise. Les jardins cultivés mais aussi les fleurs sauvages enjolivaient l'endroit. La touche jaune des genêts, le blanc des aubépines, les pelouses parsemées de pâquerettes roses et les chemins bordés de marguerites, bleuets et coquelicots apportaient une sorte d'allégresse naturelle à ce décor campagnard.

Armand avait dépassé la cinquantaine lorsque Michel vint au monde. Il en avait cinquante-huit à présent : Alix cinquante-trois. L'enfant n'avait d'eux qu'une image : celle de deux êtres vieillissants, bien qu'encore très verts. Armand affectait une certaine préférence pour cette période automnale de sa vie. Il était né pour être quinquagénaire. Vêtu de brun, de gris, de tweed ou de toile selon la saison, il se distrayait de tout en semblant ne rien faire. Sa haute stature impressionnait. Il se déplaçait avec une sorte de majesté innée qui pouvait intimider. Doté d'un esprit caustique, il parlait peu mais, lorsqu'il s'exprimait, les mots choisis reflétaient exactement sa pensée. C'était un élégant et affable philosophe que ce gentilhomme terrien dont le regard se teintait pourtant, parfois, de mélancolie. Deux petits traits marquaient alors les commissures de ses lèvres, au-dessous de la moustache givrée. Il y avait quelque chose de canin dans sa physionomie. Ses traits auraient pu laisser deviner une partie de son caractère fort et à la fois très doux. Mais le regard s'apparentait à celui de l'aigle. Les yeux d'Armand d'Anderly fascinaient et l'aidaient à imposer son autorité tranquille.

Sa nature était en demi-teintes, comme un sous-bois verdoyant et bistre qui apaise et rafraîchit sans jamais bouleverser. Il était paisible. Ne cherchant ni à plaire ni à séduire, on aurait pu croire qu'il dissimulait volontairement le magnétisme de sa personnalité.

— Alix, est-ce possible, s'exclame précisément le grand-père, un demi-sourire aux lèvres, est-ce possible ? J'entends ton fils Alain qui emploie le mot poupée en parlant d'une jeune fille.

La table réagit différemment. Michel trouve que c'est plutôt gentil de comparer une jeune fille à une poupée. C'est très sage les poupées ! Aurélie en a deux dont elle s'occupe chaque jour.

Alix a répondu, un peu nerveuse, un peu gênée, ne prenant pas au sérieux le courroux d'Armand, ménageant tout son monde pour ne pas créer d'incident. Ses mains s'agitent un peu devant elle : deux mains admirables.

Alix n'est pas sensible au temps qui passe. C'est du moins ce qu'elle dirait si elle était invitée à en parler. Ce n'est pas son vieillissement qu'elle deplore, mais plutôt celui de ses enfants qui partent...

Alix possède d'indeniables qualites humaines. Elle est la tendresse, l'indulgence personnifiées. Ses idées et ses actes sont guidés par une gentillesse foncière. Ce goût de l'amitié chaleureuse qu'elle avait pour ses amies de pension s'est reporté sur sa progéniture. L'affection débordante qu'elle éprouve pour sa famille est peut-être l'heureux prolongement de la passion qu'elle a éprouvée pour Armand. Elle y puisa de nobles sentiments qui s'affermirent au fil des années. Désintéressée, sincère, Alix avait l'apparence d'une jeune fille sage, répétant deux fois la même chose pour se donner plus d'assurance.

Ses yeux brun noisette semblaient en alerte constante, s'inquiétant pour tout et pour tous sans raison particulière. Encore mince, alerte, toujours un peu tendue, elle arborait, avec une pointe de fierté, une chevelure d'ébène dans laquelle on ne distinguait pas le moindre fil argenté. Alix avait ses entêtements, des idées personnelles et des engouements mais, discrète, elle gardait pour elle seule les secrets de son âme romanesque et les richesses de sa nature généreuse, épanouie par un certain nombre de maternités.

Michel a encore ri.

Parce qu'il vient de comparer grand-mère à la mère poule de la basse-cour, celle qui court tout le temps et dans tous les sens. Sans s'en rendre compte, il a avalé une nouvelle cuillerée de chocolat. Pour qui celle-là ? Vite, il faut se décider. Après maman, grand-père et grand-mère, sa pensée vogue automatiquement vers son père, qui est en fait son beau-père. Ce Frédéric Marchand, grand, solide, aux lèvres gourmandes, à la voix vibrante, de baryton-basse. En le cherchant, le regard du gosse est tombé sur le visage d'Aurélie qui l'observe depuis un long moment. Elle lui sourit. Michel sourit, lui aussi. C'est son premier échange de connivence depuis qu'il est là ! Aurélie plisse les paupières comme un chaton que l'on caresse. Finalement, cette quatrième cuillerée lui est dédiée. Aurélie est sans doute la personne que Michel préfère. Mais il n'en a pas conscience. Il trouve qu'elle est si douce avec lui qu'il ne fait aucun effort pour l'être, à son tour, avec elle. Il sait qu'il est bien quand elle est là, qu'il s'ennuie loin d'elle, qu'il se sent plus fort et plus grand quand il la prend par la main, qu'il la trouve amusante et jolie et qu'il a souvent pensé qu'il voudrait lui ressembler.

Aurélie est la cadette des Anderly. Elle a douze ans, un teint de porcelaine et les cheveux bruns d'Alix. Dans ses yeux pâles dansent des lueurs poétiques et malicieuses. Ce personnage exquis, palpitant et frêle semble avoir tout compris sans avoir appris.

Pour l'enfant, cette petite fille sage et fragile le fait songer à un livre d'images colorié : un livre qui le ferait rêver. Souvent les gens ressemblent aux livres dont ils pourraient être les héros, se dit-il. Ainsi, grand-père serait un livre d'histoire, relié de cuir fauve, gravé d'or. Maman, ce serait... eh bien, ce serait un livre défendu et tante Anne un livre de messe, un missel noir, écorné, triste, et oncle Adam ce serait un livre d'école, bien imprimé mais pas amusant, avec des tas de choses qu'on ne comprend pas. Et grand-mère, ce serait l'un des petits recueils de la bibliothèque, avec des lignes bien rangées qui finissent comme les paroles d'une chanson.

Les yeux du gosse recherchent encore ceux d'Aurélie qui dévisage son petit neveu, de cinq ans son cadet, avec une intensité à la fois complice, fraternelle et féminine. Leurs prunelles se parlent, rieuses. Elles échangent aussi des choses graves : messages secrets auxquels songent parfois les enfants qui s'aiment. Le duo muet est plus éloquent que les dialogues bruyants des autres convives.

« Bonjour Michel, semble dire Aurélie, je voudrais que ce déjeuner finisse pour t'emmener voir les lapins nouveau-nés d'avant-hier et auxquels il va falloir donner des noms. »

Le gosse trouve qu'elle ressemble vraiment à l'idée qu'il

s'est faite des héroïnes des contes de fées. Pour lui, elle est à la fois *Blanche-Neige*, *Peau-d'Ane* et *Cendrillon*. Et puis aussi quelque chose qu'elle aurait emprunté à la *Petite Sirène* d'Andersen.

Il se figure qu'elle a dû naître dans un nuage où elle pourrait vivre, sans doute, en permanence dans la clarté réchauffante d'un rayon de soleil. Aurélie connaît sûrement l'univers des nuages. Elle a toujours l'air de parler pour eux quand elle raconte quelque chose. C'est si beau, si étrange ce qu'elle dit... Et puis, tout ce qu'elle veut faire comprendre, Aurélie ne l'exprime pas toujours. Il faut savoir deviner dans son regard qui a souvent l'air de réfléchir ce que vous pensez au fond de vous-même...

C'est la secrète Aurélie qui lui apprend à se forger des forces intérieures auxquelles les autres enfants ne songent pas la plupart du temps, du moins s'ils vivent heureux et insouciants, en petites créatures bien portantes.

La fragilité d'Aurélie n'est pas superficielle. La benjamine des Anderly, huitième enfant du couple Armand-Alix, est née prématurément. Ses parents vécurent des jours angoissants avant de savoir si cet angelot avait vraiment envie de rester sur la terre ou s'il préférait repartir d'où il venait : l'Infini ?

Finalement, Aurélie avait semblé accepter de vivre. Mais dès l'enfance, elle s'était pelotonnée sur elle-même comme un petit animal engourdi près d'un feu. Elle avait ronronné discrètement, depuis onze ans, glissant dans Manorlaine, s'effaçant dès qu'elle entrait dans une zone d'ombre, voletant comme un oiselet d'une émotion à une joie, dans une langueur physique qui rendait plus exaltée sa nature délicate et imaginative.

« Une cuillerée pour Daddy... » C'est ainsi que Michel appelle son beau-père, Frédéric Marchand, l'ami qu'Alexis amena un jour à Manorlaine sans imaginer que, peu après, il ferait partie de la famille. Frédéric parle politique avec Adam. Armand déplore que leur conversation ait pris cette tournure.

— Que voulez-vous, père, notre génération a le sens des réalités.

Frédéric a quarante-quatre ans. Il est d'un âge intermédiaire entre Armand et Adam, le fils aîné des Anderly. Sûr de lui, de sa réussite sociale, bien installé dans l'existence, il a le charme des champions sportifs retirés du combat, l'épaisseur aussi, mais nullement négligée. Au contraire, Frédéric, dans l'éclat d'une santé trop florissante, porte la plus grande attention à son apparence vestimentaire : pochettes de soie aux dessins discrets, cravates « club », vestes de sport en cachemire, costumes d'une grande variété, coupés par l'un des meilleurs tailleurs de Paris. Ses chaussures viennent de Londres... Pour Hélène, Frédéric est le mari idéal qu'il lui fallait rencontrer après son veuvage. Éditeur connu, très jalousé dans les milieux littéraires, il lui offre une vie facile et luxueuse, et l'agrément d'une existence où les mondanités sont nombreuses et brillantes, peuplées de tout ce que Paris compte de personnalités, authentiques ou surfaites, mais en tout cas distrayantes par leur originalité. Et puis Frédéric Marchand, dominateur et conscient de ses qualités — dont il exagère la valeur réelle —, satisfait pleinement la nature spécifiquement féminine de la séduisante Hélène, qui, en fait, apprécie surtout Frédéric pour ses défauts masculins.

Michel tenait peu de place dans l'esprit d'un homme qui lui était plutôt étranger. Celui-ci n'ayant pas assez de temps à consacrer à un enfant qui n'était pas le sien. Égoïste, amateur de bonne chère et buveur de cognac, doctoral dans ses opinions, impérieux dans ses directives, Frédéric Marchand intimidait Michel. C'était d'ailleurs une impression physique qui effrayait surtout l'enfant. Avec sa taille élevée, sa carrure, son teint brique, sa voix modulant sur les graves, ses gestes larges et brusques, ses lèvres humides, ses cheveux bouclés courts sur une nuque épaisse, ce beau-père apparaissait à Michel comme un géant, un ours brun ou encore un gorille des montagnes. Pourtant Frédéric n'était pas méchant. Il n'éprouvait aucun sentiment à l'égard du fils de sa femme. Il ne s'y intéressait pas, tout simplement. Il s'aimait trop lui-même pour chercher à avoir une influence quelconque sur un être qui ne lui était rien. Pour lui, l'enfant d'Hélène était plus un descendant des Anderly que son propre beau-fils.

Néanmoins, pour faire montre d'autorité, il avait voulu émettre l'idée de faire entrer le petit dans un pensionnat. Mais Alix et Armand avaient insisté auprès d'Hélène pour qu'elle leur confiât entièrement l'éducation de Michel. On verrait plus tard si besoin était, suivant la nature du gamin, s'il convenait ou non de le placer dans un internat. Frédéric s'était laissé facilement convaincre, non sans conclure par une pirouette verbale un peu lourde qui n'avait fait sourire personne :

— Après tout, c'est un Anderly ! Mais à Manorlaine, vous risquez d'en faire un Grand Meaulnes et pas un homme...

Il avait ri... De ce même rire qui le secoue en cet instant où Michel ne pense déjà plus à son beau-père parce que le mutisme d'Alexis lui fait sentir une fois encore que cet oncle-là ne ressemble vraiment pas aux autres membres de la famille. Son jeu avec les cuillerées de crème au chocolat se poursuit sans qu'il s'en rende compte vraiment... Une pour Alexis...

Alexis a vingt-sept ans et le charme d'un homme jeune qui n'aurait pas appris à rire. Alexis n'est pas un être banal. Il pourrait faire penser à un arbre, peut-être un chêne : solide, droit, découpé dans le ciel avec élégance dans l'allure et rudesse dans l'aspect. Il a choisi de s'occuper de Manorlaine. Toute la famille y a trouvé son intérêt. Depuis son retour du régiment, Alexis s'est installé dans le pavillon situé en bordure du grand bois des Cerfs, juste en face de l'étang des saules pleureurs. Il gère activement les deux cents hectares de la propriété. Il s'intéresse à tout, veille, surveille, indique et conseille, portant une attention particulière aux chevaux de selle qui, apparemment, sont ses seuls amis.

Il a le regard changeant, lumineux comme une voile mouillée bleuie et délavée par le sel de mer, et des cheveux châtain foncé qui frisent, drus, en copeaux emmêlés. Il a le teint hâlé de ceux qui vivent au grand air, la peau tannée, mate, saine des marins rêveurs qui parcourent le monde au nord et au sud, un peu plus haut chaque fois. Alexis est un fils de Manorlaine, ne vivant qu'en fonction des saisons, dans la pluie ou le soleil qu'il aime également sans les craindre. Et il est mystérieux comme les forêts du domaine. Personne ne questionne jamais Alexis sur sa vie personnelle. Il vit seul dans son pavillon aux murs blanchis à la chaux dont les fenêtres clignotent souvent tard le soir. Il prend ses repas chez lui ou bien avec les fermiers, ou encore au château. Mais là, il est plus que jamais drapé dans son isolement tranquille comme dans un grand manteau gris. Très franc, dur envers lui-même, s'imposant toutes les disciplines morales et physiques, un peu brusque dans son parler plus bourru que grondeur, Alexis parle peu et jamais de futilités. Il laisse courir les conversations, les écoute sans y prendre part, réagit parfois en esquissant un sourire, ou bien un durcissement métallique dans son regard marque de façon fugitive sa désapprobation muette.

Le personnage ressemble à un bel animal de race. Un homme à l'aspect rude qui aurait un cœur assez large pour s'émouvoir en écoutant Bach, pour se réjouir quand le ciel généreux inonde d'une grosse pluie chaude la terre assoiffée, pour savoir discerner ce qui rend la vie meilleure à ceux qui recherchent la félicité ailleurs et plus loin que dans une assiette, un verre ou un lit. Alexis est un prince sans couronne, un héros sans reproche, mais aussi sans histoire et c'est ce qui intrigue. Le gosse désirerait tant connaître les histoires d'Alexis : sûrement de belles aventures, comme celles de *Robin des Bois*, avec des caracolades à travers les collines et les plaines et du panache teinté de merveilleux. Une fois de plus en regardant son oncle, le petit garçon se sent instinctivement proche de lui. C'est vrai, après tout, ça ne s'explique pas ces sentiments-là. Michel aime bien Aurélie et puis il aime bien Alexis, là ! C'est bien son droit ? Mais il n'est pas sûr que ce soit très gentil d'avoir des préférences de ce genre-là, c'est comme pour les confitures...

— Mère, si cela ne dérange personne, me permettez-vous d'allumer ma pipe ?

Alexis vient de parler pour la première fois depuis que Michel est à table. Alix répond vite : « Mais oui, mon petit. »

Tante Anne, qui entend toujours tout, s'empresse de protester.

— Oh ! Alexis, quand donc renonceras-tu à ces mœurs paysannes?

Michel a envie de rire parce que Alexis répond aussitôt :

— Voyons, Anne, ne me fais pas regretter d'être ton frère !

Le gosse trouve son oncle courageux d'oser dire de telles choses à sa grande sœur. C'est vrai d'ailleurs qu'Alexis dit toujours ce qu'il pense à tout le monde. Même à lui. Et Michel se souvient qu'il avait pleuré, il y a longtemps, ce devait être l'été dernier, quand, tout heureux d'avoir un joli costume de lin blanc qu'Hélène lui avait apporté de Paris, il était allé trouver Alexis.

— Regarde comme je suis beau...

Alexis, qui taillait un morceau de bois, s'était interrompu. Après avoir regardé Michel un moment, il avait dit simplement :

— Tu as l'air d'une fille.

Et puis, sans plus s'inquiéter de lui, il avait continué à sculpter son bâton. Alors le gosse s'était senti honteux, il avait couru jusqu'à l'étang avec l'envie de déchirer son vêtement. Il n'avait fait que le salir en se roulant par terre avant de retourner auprès de sa grand-mère en pleurnichant pour se faire plaindre.

— J'suis tombé... j'suis tombé.

On lui avait remis son vieux costume. Mais pendant huit jours, il n'était pas revenu voir Alexis. Maintenant son instinct le poussait à se rapprocher de cet homme fascinant.

Alain, qui est à la droite de l'enfant, vient de lui taper sur le bras.

— Alors, bébé, on n'aime pas les desserts ?

Evidemment le charme est rompu. Il lui faut détourner son regard du visage bien dessiné d'Alexis, pour le porter sur celui, rieur et blond, d'Alain d'Anderly, le plus jeune de ses oncles, puisqu'il a dix-huit ans. C'est un garçon insupportable : nerveux, drôle, excessif et brouillon. Il est l'exubérant bouffon de la famille.

Il avait onze ans à la naissance de son neveu. Enfant gâté, bon à rien et à tout, Alain a poussé comme un jeune chien qu'on ne tient pas en laisse, courant, sautant, faisant mille acrobaties et mille bêtises à Manorlaine. Un jour d'hiver où le grand étang faisait semblant de geler, Alain avait entraîné Michel sur la glace qui n'était en fait qu'un givre superficiel. Et les gamins s'étaient retrouvés dans l'eau jusqu'au ventre, les pieds dans la vase. Ce fut la plus grave sottise d'Alain en compagnie de son petit neveu, mais il ne se priva pas d'en faire d'autres, seul ou avec son frère Albert.

— Une cuillerée pour Albert.

L'enfant terrible qu'est Alain se retrouve chez Albert, de deux ans son aîné, mais avec la gentillesse du bon petit diable en moins. Michel n'a jamais joué avec lui. C'est parce que Albert, qui a aujourd'hui vingt ans, ne s'attache à rien et interprète le rôle du garçon qui sait ce qu'il veut. Grand, brun, il a une aisance d'emprunt et de lui se dégage une sorte de fadeur. Il a souvent l'air apprêté d'un mannequin figé dans une vitrine de magasin de confection. Il s'exprime avec un fâcheux manque de naturel sur un ton pointu qui devient vite agaçant. Sa passion reste la mécanique, et, comme il a le sens des affaires, il envisage de s'occuper d'une usine de construction de jouets. Pour l'instant il s'intéresse surtout aux voitures automobiles. Sa conversation se limite d'ailleurs à des histoires de carburateur, de « consommation aux cent », de carrosserie dernier cri. Il n'a pas de culture particulière. Il est sans relief et joue à l'homme libre. Il aime aussi parler de ses aventures de jeune homme, à l'effarement d'Alix qui rougit chaque fois, et au grand étonnement de Michel qui se demande pourquoi on fait taire Albert quand il apparaît subitement alors que son oncle rapporte une anecdote.

Michel s'amuse de moins en moins avec sa crème au chocolat et son jeu de cuillerées. Ah si, tiens ! Il reste encore l'oncle Jean, le mari de tante Anne, et tante Mireille, la femme d'oncle Adam. Oncle Jean et tante Mireille sont gentils, après tout. Une cuillerée pour eux, il n'en reste plus beaucoup. Michel aime bien Jean d'Hablaincourt parce qu'il n'a jamais l'air d'être tout à fait avec les autres, ni tout à fait de la famille. Noble un peu dégénéré, très soigné de sa personne, il semble vivre dans les horizons lointains qui hantent son regard. Il adore ses enfants, Agnès et Jean-Armand, mais il a décidé depuis longtemps que sa femme l'ennuyait. Bien qu'encore dans la force de l'âge, cet aristocrate de quarante-deux ans végète et se complaît dans une vie un peu inutile. Il recherche vainement dans la littérature les échos de ses propres souvenirs.

Gentil avec Michel, il l'appelle parfois « petit prince »... ce qui fait se récrier tante Anne. Mais Jean d'Hablaincourt ajoute :

— Ma chère, j'aimerais que tous les êtres fussent appelés du nom de ce à quoi ils ressemblent. Il est évident que tout le monde n'aurait pas la chance de votre gracieux neveu.

Tante Mireille ne dit pas des choses aussi jolies, et d'abord, elle parle si vite qu'on ne la comprend pas toujours. Mais elle s'arrange pour défendre Michel ou pour lui faire plaisir. C'est qu'il y a un drame dans la vie de cette femme. Elle a épousé Adam grâce à sa fortune. Elle sait que sa vie est ratée. Elle ne peut avoir d'enfant. Son mari ne le lui pardonne pas. Morose, elle ressasse son malheur et exagère sa détresse. Elle forme avec Adam un couple falot, sans secours mutuel, et, par la force des choses, Mireille, qui n'a que trente-deux ans, se laisse effacer par le temps. Petite, replète, s'habillant n'importe comment, elle est souvent distraite, commet des gaffes qui ne font rire personne et pleurniche en cachette. Sans désirs, elle végète. Elle n'a pas une vie intérieure intense et s'occupe de tout et de rien, surtout des histoires des autres. Mireille n'a qu'une véritable affection chez les Anderly, celle qu'elle porte à Michel, espérant sans y croire vraiment qu'il lui rendra un peu de cette tendresse maladroite et maladive qu'elle garde en elle sous tant d'amertume et de désœuvrement. Elle fait au petit garçon de multiples cadeaux, comme cette tirelire en forme de chalet tyrolien qu'elle lui a rapportée d'un séjour à la montagne.

« Il y a longtemps que je n'ai pas mis de pièces dans mon chalet, pense tout à coup Michel. Peut-être que tout à l'heure avant de partir oncle Antoine en m'embrassant m'en donnera une. »

Et le gosse regarde Antoine, égrillard et congestionné, qui préside bruyamment ce déjeuner.

— Moi, j'aime l'aventure, déclare celui-ci, affirmatif et agressif comme à l'ordinaire. Dans un pays neuf, les jeunes peuvent trouver une place qu'ils n'ont plus dans nos régions épuisées ! Manorlaine ce n'est pas une vie !

— Antoine !... gémit Alix.

— Antoine a raison, mère, interrompt Frédéric Marchand. Ce n'est pas péjoratif de dire que Manorlaine n'est pas en mesure d'assurer à un homme une existence assez riche pour qu'elle soit suffisamment active et attachante. Il n'y a qu'Alexis pour aimer les arbres au point de vivre seul parmi eux !

Toute la tablée regarde Alexis. Et soudain la petite voix de Michel s'élève :

— Moi aussi !

On rit, on proteste, on parle vite d'autre chose et Alix est heureuse. Mais le demi-sourire qu'avait Alexis lorsque Frédéric Marchand a parlé de lui s'est fermé quand la voix de l'enfant a déchaîné les rires. Il a posé son regard bleu sur Michel et cela a donné au gosse l'envie de pleurer. Michel a baissé le nez sur son assiette.

Il ne reste plus personne à qui il ait envie de dédier son dessert. Mais il faut avoir bon cœur. Alors, une cuillerée pour oncle Antoine puisqu'il part. Il en faisait du bruit à Manorlaine, celui-là ! Et même des histoires. Michel ne sait pas très bien ce qu'il y avait eu avec Françoise, la fille des Ménard, les fermiers de Genêts, mais son grand-père avait dû aller les trouver. Michel avait cru deviner qu'Antoine avait battu cette grosse fille dans un fourré...

C'est vrai qu'il est brutal, Antoine ; trapu, rougeaud, il a toujours l'air d'étouffer. Il aime manger, boire... et dormir ! Il a le coin des paupières un peu relevé, ce qui donne à son visage un certain mystère, sans raison. Sa vie n'a pas été constructive et à vingt-deux ans, comme son amour-propre est en cause, il a décidé de partir pour les colonies.

Maintenant il ne reste plus personne pour le jeu de la

crème au chocolat. « Non, je n'en mangerai ni pour Agnès, ni pour Jean-Armand ! D'abord, ce sont des enfants, comme moi ! Et puis Agnès n'avait pas à toucher la boîte à musique ! » Ah... si... ! Il y a encore l'oncle Adam, mais Michel ne l'apprécie pas. Il est triste, affecte un air supérieur parce qu'il est l'aîné des Anderly. Il ne regarde jamais Michel quand il lui parle. Il lui parle peu, d'ailleurs, par petites phrases sèches et seulement pour lui commander quelque chose : « Lève-toi, petit, apporte-moi le cendrier ! » ; « Eh bien, Michel, ne vois-tu pas que l'étui à lunettes de ta grand-mère est tombé ? »

Adam a trente-trois ans. Il dirige de loin l'usine des produits pharmaceutiques que Mireille lui a apportée en dot. Le couple vit aux environs de Soissons, à la campagne, où est installé le laboratoire. Adam y effectue de vagues recherches qui n'ont jamais de résultats bien positifs. Il a un air d'ennui qu'il traîne après lui partout où il passe. Il est oisif avec prétention, maniaque avec méchanceté, et très fier des propos superficiellement intelligents qu'il peut tenir parce qu'il lit constamment, retient et cite.

Michel trouve que tante Anne et lui se ressemblent beaucoup, comme frère et sœur qui ont le même caractère. Anne, qui a trente-deux ans, est grande aussi, et maigre comme Adam, et blonde, mais d'une blondeur pâle qui n'a rien de solaire. Elle a les yeux bleus de son père mais leur fixité donne de la dureté à son regard. Elle, alors, Michel ne l'aime vraiment pas ! Elle se plaint toujours : « Comme les enfants sont turbulents ! » ; « Comme il fait chaud ici ! » ; « Comme il fait froid dehors ! » ; « Père, c'est bien simple, on ne trouve plus personne pour se faire servir ! » ; « Mère, Albert et Alain se comportent vraiment comme des garnements ! »

C'est le baromètre de Manorlaine, se dit souvent Michel qui trouve cet instrument triste et inutile. Cette façon de tout dévoiler : avec des chiffres et des aiguilles qui bougent toutes seules. Alexis, lui, pressent les choses mieux qu'un baromètre et connaît par avance le temps qu'il fera demain. Quand le suroît souffle, il sait qu'il va pleuvoir.

Anne d'Anderly, depuis son mariage avec Jean d'Hablaincourt, vit à Paris dans l'hôtel particulier de son mari. Elle a voulu s'installer dans le monde huppé de la capitale, n'a pris que le côté insupportable et snob des mondains, parle faux, rit en « A » et s'attache à tout ce qui manque d'intérêt. Elle ne sait pas profiter de l'existence, complique tout avec des préjugés et des superstitions puériles. Elle vit — dit-elle — en fonction de sa foi en Dieu, très affectée, et des œuvres pieuses dont elle s'occupe, lesquelles lui donnent l'illusion d'être utile à quelque chose. A la vérité, inefficace par tempérament, elle ne s'occupe pas de ses enfants, obsède son mari et exacerbe ses propres nerfs en se torturant l'esprit pour des futilités qu'elle croit primordiales. Anne aurait été une vieille fille par nature. Son mariage, au lieu de l'équilibrer, a compliqué sa vie. D'un caractère anxieux, il lui arrive d'apprécier l'alcool, qu'elle boit seule. Cette tendance est devenue une habitude, une drogue indispensable à son bien-être. Elle ne réalise pas que cette pratique la rend plus acerbe, acide et moins indulgente pour les autres qu'elle rend responsables de ses migraines, ou qu'elle juge sévèrement en fonction de ses idées préconçues.

— Eh bien, Michel, tu ne finis pas ?

C'est elle, évidemment, qui vient de l'apostropher.

Michel relève le nez de son assiette où il reste un peu de crème. Il pose sa petite cuillère et répond : « J'ai plus faim », en regardant sa tante droit dans les yeux. Tout en réprimant l'envie — irréalisable — de lui tirer la langue. Alix se lève en énonçant de façon coutumière :

— Si nous passions dans le grand salon ?

Les enfants, Agnès, Jean-Armand, courent déjà.

Antoine allume un cigare.

Alexis, debout près d'une fenêtre, regarde le parc comme s'il prenait un peu d'air frais.

La tribu défile lentement en bavardant à mi-voix et traverse la bibliothèque puis le hall avant de s'installer dans le salon. Quand tout le monde est passé, Michel, caché derrière la table de billard, court dans la salle à manger, se précipite sur son assiette et, riant pour lui tout seul, il avale sa dernière cuillerée de crème au chocolat.

— Pour moi ! dit-il tout fort.

— Oh, tu sais, j'avais devine ton jeu !

Auprès de la grille de fer forgé, Aurelie est sur le seuil de la salle à manger, pieds joints, les mains derrière le dos, le sourire aux lèvres.

— J'avais bien compris : tu regardais chacun à tour de rôle et puis tu mettais un temps fou à avaler.

Michel est ravi de savoir son secret partagé par Aurélie. Lui prenant la main, il l'entraîne.

— Viens, maintenant on va jouer à autre chose... Mais tu sais, je n'ai pas pris de cuillerée pour tante Anne !

II

Prémisses et Prémices

LORSQUE Michel souleva les paupières pour la première fois, la vieille Bretonne qui se tenait penchée à son chevet s'écria, attendrie, en croisant les mains : « Il voit ! Seigneur, il voit ! » En effet, pour la première fois Michel attachait son regard sur quelque chose. Ses yeux s'étaient arrêtés sur le châle de la campagnarde puis sur ses mains pour revenir au châle. Tout doucement le petit bébé cherchait autour de la chambre. Il trouva la fenêtre au-delà de laquelle se promenaient des nuages gris dans un ciel de décembre pâle et ouaté comme un duvet. La vieille femme dit encore en admirant l'enfant : « C'est la Sainte Vierge qui lui a donné ses yeux ! »

Elle était seule et se résolut à appeler quelqu'un de la famille afin d'apprendre la charmante nouvelle. Heureuse, la brave femme criait dans l'escalier : « Monsieur, Madame, Monsieur, Madame... » d'une voix si aiguë qu'une porte s'ouvrit. Un garçon de vingt ans se précipita vers elle.

— Qu'est-ce qui se passe ?

— Monsieur, c'est... c'est l'enfant...

La pauvre femme était si émue qu'elle grimaçait entre sourire et larmes sans pouvoir s'exprimer clairement. Son interlocuteur la secouait comme un furieux. Elle parvint à articuler :

— Le petit... ses yeux !

Elle n'eut pas le temps d'en dire davantage. Le garçon,

la lâchant brusquement, se précipita dans l'escalier de pierre en hurlant :

— Mère... Hélène...

Michel regardait le ciel et tapait son édredon avec ses avant-bras, tout en agitant les jambes.

Le jeune homme pénétra dans la chambre, inquiet et essoufflé. Alors qu'il allait saisir l'enfant qui gigotait, celui-ci tourna son visage vers lui. Pour la première fois les yeux du nouveau-né rencontraient un regard humain. Rassuré, l'arrivant contemplait l'enfant souriant et joueur qui lui adressait de petits cris perçants en martelant comiquement ses draps. Ils riaient ensemble quand une toute jeune femme pénétra dans la pièce en courant.

— Qu'y a-t-il ? Alexis, qu'y a-t-il?

— Mais rien, Hélène.

Cette dernière, prenant l'enfant dans ses bras, l'extirpa du berceau d'un mouvement si vif que le bébé, d'abord étonné, se mit à vagir, affolé d'être en but à tant de rudesse.

— Ne pleure pas, mon chéri. Ne pleure pas, c'est maman, lui murmurait la jeune femme en le serrant contre elle.

Mais Michel braillait de plus belle.

— Remets-le donc dans son berceau.

— Oh, écoute Alexis, je sais encore ce que j'ai à faire !

A cet instant, Alix et son mari pénétrèrent dans la chambre suivis par la nourrice.

— Que se passe-t-il ?

Sans répondre directement, Hélène s'adressa à la paysanne :

— Pourquoi nous avez-vous fait si peur ?

— Mais Mademoiselle... oh, pardon, Madame, c'est ses yeux. La première fois qu'il voit vraiment. Alors j'ai voulu courir vous le dire...

Hélène considérait son fils, très étonnée que cette petite chose vivante vienne d'elle. Puis, pour couper court à toute sensiblerie, elle décréta :

— Eh bien quoi... il a les yeux bleus !

Alexis sourit à la vieille Louise avant de sortir. Quant à Armand, l'heureux grand-père, il fit recoucher Michel puis annonça : « Il a vraiment de trop grands yeux pour un garçon ! » Tout le monde quitta la chambre, abandonnant le bébé et la campagnarde pleurant dans les bras l'un de l'autre, tous les deux très émus, mais non pour la même raison. Le lendemain la vieille s'en alla. Hélène la trouvait trop nerveuse et avait obligé son mari, Paul Perceval, le père de Michel, à lui donner congé. Une autre femme la remplaça et l'on parla d'une « nurse » pour bientôt. La vieille gémit en partant. Elle n'avait pas compris et ne comprendrait jamais pourquoi on la renvoyait chez elle. Elle aimait ce petit être blond, aux yeux de Sainte Vierge, qu'on allait appeler Michel. Sur la route caillouteuse qui la ramenait vers Genêts, elle fut rattrapée par un cavalier. Celui-ci lui promit d'aller la voir souvent pour lui parler de l'enfant.

— Oh, merci, merci, monsieur Alexis.

C'est ainsi que Michel Perceval perdit sa première nourrice sèche, en ouvrant les yeux.

Souriante, très admirée, Hélène était encore trop jeune pour assumer sérieusement le rôle de mère. Une quinzaine de mois auparavant, alors qu'elle séjournait chez une amie d'enfance à l'occasion d'une chasse en Sologne, elle avait rencontré le grand garçon sportif et tendre qui sut la charmer : Paul Perceval.

Ce jeune homme blond était orphelin depuis quelques années. N'ayant ni frère ni sœur, il vivait des substantiels revenus provenant des fabriques de papier familiales dont il était seul propriétaire. Un cousin de son défunt père gérait à présent l'affaire qui prospérait depuis sa création en 1919.

Au moment de leur rencontre, Hélène n'avait que dix-huit ans et Paul venait de fêter sa majorité toute neuve. Armand et Alix d'Anderly décrétèrent qu'il fallait attendre pour convoler en justes noces.

Mais les jeunes gens n'attendirent pas.

Trop amoureux pour patienter, Paul enleva la jeune fille avec son consentement et l'épousa dans un petit village du Val de Loire après avoir menti au maire et au curé en déclarant qu'ils étaient majeurs l'un et l'autre. Des dons généreux aux associations laïques et aux bonnes œuvres religieuses eurent raison des réticences soulevées par le manque de papiers justifiant de l'état civil des intéressés. Leurs amis solognots, en témoins obligeants, eurent raison des dernières hésitations.

Mise devant le fait accompli, la famille d'Anderly, scandalisée, exprima violemment son mécontentement. Armand se déclarait prêt à abattre le « séducteur » de sa fille préférée. Quant à Alix, elle avait annoncé qu'elle refusait de la revoir.

Mais il n'en fut rien.

Par une splendide journée d'août, un couple se tenant par la main se dirigea vers le château : deux enfants éblouissants de jeunesse. Leur bonheur irradiait. Soudain le couple ralentit son allure.

Se serrant l'un contre l'autre, ils avançaient avec précaution vers une table de jardin autour de laquelle se trouvaient installés Armand et Alix d'Anderly. Elle brodait, lui lisait. Ils se reposaient sous un parasol orangé.

Ils n'aperçurent les jeunes gens que lorsque ceux-ci se trouvèrent tout près d'eux.

Tous les quatre se figèrent. Puis la broderie tomba, le livre se ferma et les pas s'arrêtèrent. Le temps parut un instant suspendu.

Hélène s'élança vers son père dans un élan spontané.

Paul restait sur place, immobile.

Il encaissait, foudroyé, les éclairs lancés par les prunelles d'une Alix courroucée.

Celle-ci se levait lentement, le visage dur.

Paul, mal à l'aise, ne savait que faire. Hélène vint à son secours en criant par-dessus l'épaule de son père :

— Viens, Paul ! Viens embrasser papa !

Se dégageant, elle se précipita vers sa mère qu'elle enlaça.

— Maman... si tu savais comme je suis heureuse...

Les deux femmes se dévisageaient, émues, ne sachant au juste quelle contenance adopter.

Paul Perceval se trouvait à présent devant un Armand à l'expression sévère, raidi dans une sorte de dignité offensée. Après avoir fixé l'intrus, il commença, courroucé : « Monsieur... je ne... »

Mais, s'interrompant, il plongea de nouveau son regard dans celui du jeune homme. Celui-ci ne vit pas la main que lui tendait Armand. Il jetait des regards désespérés vers Hélène qui vint à la rescousse.

— Va, mon chéri... Va ! Embrasse papa !

Paul hésitait à bouger. Alors, après un court silence, Armand fit un pas, l'ébauche d'un sourire à la bouche.

— Ma fille vous demande quelque chose. Vous devriez lui faire ce plaisir... monsieur mon gendre !

Paul broya plus qu'il ne serra les mains... de son beau-père.

Alix se trouva tout à coup ridicule. Troublée, elle luttait, se sentant trahie par son mari et en même temps bouleversée par l'expression radieuse de sa fille. Elle regardait Armand, hésitant encore. Il lui fit un petit signe complice et tendre.

Alors, s'écartant un peu d'Hélène, elle la scruta. Puis, ne résistant plus, lui ouvrit les bras en laissant échapper un léger sanglot.

Tableau peu banal : en silence, deux hommes blonds s'exprimaient leur sympathie mutuelle en se tapotant les épaules, tandis que deux femmes brunes, attendries, échangeaient des larmes et des sourires.

On percevait le bruissement des passereaux dans les buissons tout proches et, plus loin, le jasement des geais du côté de l'étang. Une brise marine faisait tourner les pages du livre. Les pans de la broderie s'agitaient sur le sol. Deux amoureux se précipitaient l'un vers l'autre pour s'étreindre.

Armand se rapprocha d'Alix, enveloppa ses épaules de son bras et lui murmura des choses à l'oreille qui la firent se détendre.

Hélène, les yeux encore brillants de larmes, prit un ton volontairement mutin pour demander à son père quels secrets il livrait.

— Ma chérie... je n'ai pas le courage de vous en vouloir ni de gronder. Votre bonheur est si flagrant que nous serions sots de ne pas l'admettre. Mais... vous voir là, aujourd'hui... tous les deux ensemble... Ta maman est bouleversée. Ne lui en veux pas. Elle a eu très peur, tu sais...

Se refusant à se montrer sentimental, Armand se racla discrètement la gorge en ajoutant :

— Allons... allons... assez de sensiblerie. Allez donc vous promener... Nous aimerions rester seuls. Tu devrais montrer le domaine à... Paul ! Revenez tout de même pour le dîner, mes enfants. Allez ! Allez-vous-en ! Et ne pleure plus, grande sotte... ou je me fâche. Nous allons avertir chacun que vous êtes... arrivés à Manorlaine.

Alix observait encore ce nouveau venu à la dérobée en tamponnant ses narines à l'aide d'un mouchoir de linon.

Enchantés, les jeunes gens s'enfuirent tandis que le maître des lieux entraînait lentement sa femme vers le porche du château, longeant les pelouses aux reflets d'émeraude bordées de géraniums d'un rouge minium éclatant.

Toute la famille envahit Manorlaine dans les jours qui suivirent. Après l'acceptation de la situation d'Hélène par leur père, chacun n'avait qu'à s'incliner sans commenter l'événement.

Bientôt les jeunes époux s'envolèrent comme deux collégiens vers d'autres paysages : le Midi, l'Italie, Rome, Venise, Naples, la Grèce... Manorlaine se trouvait inondé de cartes postales pour la joie d'Alain qui collectionnait les timbres. Septembre, octobre, novembre et, pour Noël, tout le monde se trouva réuni auprès des parents. Au mois de mars suivant, Hélène reçut la visite du brave docteur Lebrun, médecin de la famille. Il avait assisté Alix à chacune de ses couches.

Un matin, Hélène annonça qu'elle était enceinte. Alix parut surprise alors que l'on pouvait normalement s'attendre à cette nouvelle. Elle s'inquiétait: Hélène n'avait pas dix-huit ans... ou à peine, son mari pas encore vingt-deux ans, et ces enfants faisaient un enfant !

Armand était ravi, il rayonnait, allait partout annoncer que sa fille attendait un héritier. Alix hochait la tête et fronçait les sourcils pour la forme. Mais le plus étonné, c'était Paul, ce grand gosse de Paul : ce Paul exubérant et gai devenait sérieux, silencieux. A l'idée de devenir père, il s'affolait. Paul, dont le rire avait jusqu'à cet instant fait vibrer les vitres du manoir, Paul ne riait plus ! Il fallait qu'Armand le rassure et l'entraîne dans d'interminables promenades afin de lui occuper l'esprit. Le jour où Hélène lui apprit son état, il réagit comme un gamin, se laissant aller à une crise de joie délirante, sautant, renversant chaises et bibelots, entraînant Hélène dans une danse échevelée : le bonheur ! Et puis la jeune femme amusée mais un peu étourdie lui dit : « Arrête... arrête, Paul, tu vas me faire tomber ! »

Paul s'arrêta net, semblant réaliser soudain comment les enfants viennent au monde. Il regardait sa femme comme si elle était devenue, tout à coup, d'une extraordinaire fragilité. Il insista pour qu'elle se couche. Il insista tant qu'Hélène, malgré ses protestations, dut céder.

Durant deux jours, Armand s'ingénia à faire comprendre à son gendre qu'il n'était pas indispensable que la future mère reste étendue dès à présent. Les enfants ne naissent pas du jour au lendemain... Paul répondait avec une gravité risible qu'il le savait mais qu'il tenait néanmoins à lui épargner toute fatigue. Enivré de « sollicitude prépaternelle ultra-précautionneuse », il allait jusqu'à envisager de lui porter lui-même ses repas dans leur chambre. Armand se mettait à rire, puis haussait les épaules, déclarant qu'il n'avait jamais entendu de tels enfantillages. Paul acceptait mal ce type de réactions.

— Mais enfin, c'est ma femme. Elle attend un bébé. Je ne veux quand même pas que « mon » fils la fatigue !

Il fallut deux jours de lutte et une coalition des grands-parents pour que Paul accepte de se rendre à la raison.

Hélène passa quarante-huit heures seule dans son grand lit, Paul refusant obstinément de s'allonger à ses côtés, invoquant des motifs ridicules... Il passait ses nuits sur un divan placé auprès d'elle, interrompant le sommeil de la malheureuse parce qu'il se levait pour la border ou remonter ses oreillers. Il était maladroit comme un homme et la réveillait. Si elle ouvrait la bouche, il lui ordonnait de se taire sous prétexte qu'elle devait se rendormir et se reposer. Hélène vécut des moments éprouvants pour ses nerfs...

Elle serait réellement tombée malade si sa mère n'était entrée dans sa chambre un matin, lui ordonnant de se lever séance tenante et d'aller marcher pendant deux heures avant le déjeuner.

Son gendre voulut s'interposer. Elle l'arrêta d'un regard, faisant signe à sa fille de lui obéir sur-le-champ. Alix savait faire preuve d'autorité lorsque cela s'avérait nécessaire. Dans ces moments-là ses yeux sombres étaient assez expressifs pour que nul ne songe à lui résister. Tout en s'amusant intérieurement, elle entraîna Paul dans une autre pièce pendant qu'Hélène faisait sa toilette. Là, seule à seul, elle lui dit bien des choses.

L'été s'écoula dans le calme. Le mois de septembre apporta de belles journées d'une exceptionnelle douceur.

Dans le jardin, reposant sur une chaise longue, au milieu de coussins de toile, Hélène entreprenait mollement des travaux d'aiguilles... qui n'aboutissaient pas ! La future mère, distraite, n'avait plus aucun sens des proportions. Ses tricotages devenaient informes : une brassière bleue bien commencée s'amenuisait tant que nul bébé au monde n'aurait jamais réussi à y entrer. Les bonnets s'étiraient en cagoules et les chaussons en espèces de chaussettes monstrueuses.

Assis auprès d'elle, Paul, inlassable, dessinait son profil. Hélène lui reprochait parfois de faire des saletés avec ses fusains ; alors il s'arrêtait et ils parlaient d'avenir.

Octobre vint blondir Manorlaine. Hélène s'alourdissait. Alix commençait à s'occuper sérieusement de sa fille. Le docteur Lebrun passait tous les jours. Antoine, Albert et Adam, le trio bruyant et énervant, étaient expédiés le plus loin possible avec leurs bicyclettes. Aurélie, sage, habillait et déshabillait discrètement ses poupées. De son côté, Alexis installait le pavillon de chasse pour se créer un coin bien à lui. Il venait au château pour certains repas — parfois on l'apercevait quelques minutes au cours de la journée. Il venait visiter sa sœur, embrasser sa mère ou parler à son père d'une décision à prendre ayant trait au domaine. De Paris, Anne téléphonait chaque matin pour avoir des nouvelles. Le moment approchait. Paul maigrissait d'inquiétude. Armand peignait des aquarelles. Alix faisait du crochet. On attendait.

Un lundi d'octobre 1923, Hélène mit au monde un gros garçon. Il devait s'appeler Michel. Qui avait choisi ce prénom ? Personne ne le sut au juste. Peut-être fut-il baptisé ainsi au nom du fameux Mont-Saint-Michel-au-péril-de-la-mer, orgueilleuse et grandiose acropole chrétienne qui dresse ses murs gothiques entre Tombelaine et le mont Dol, merveille légendaire qui domine une contrée superbe entre Avranches et Granville, et règne de tous ses granits au milieu des grèves miroitantes sous lesquelles se cachent de mortels sables mouvants.

Au début de l'année, Hélène et son mari quittèrent Manorlaine. Elle avait insisté pour partir à la découverte de l'Algérie. Naturellement Paul Perceval avait accepté avec enthousiasme. Ils devaient s'arrêter quinze jours à Paris avant de s'embarquer pour l'Afrique du Nord. Paul, légèrement souffrant, désirait se faire opérer d'une hernie avant qu'un ennui sérieux ne se manifestât. Il fallait éviter de tomber malade au cours du voyage.

A la mi-février Paul entrait en clinique. L'opération, bénigne, se déroula normalement. Une semaine plus tard, alors que les médecins satisfaits parlaient déjà de faire lever leur patient, une violente fièvre se déclara. Les chirurgiens décidèrent d'intervenir à nouveau. Quelle fut la part de responsabilité de l'anesthésiste ? Ce point ne put être élucidé. Paul Perceval ne se réveilla pas. Il s'éteignait bien jeune, laissant une veuve de dix-neuf ans et un fils de cinq mois. Hélène sentit sa raison vaciller.

Son père et sa mère accourus précipitamment ne recueillirent qu'une épave qui les reconnut à peine. Armand et Alix passèrent trois mois au chevet d'une pauvre créature tantôt prostrée, tantôt délirante. On put craindre un moment qu'elle se trouve atteinte de paralysie cérébrale. Durant plusieurs semaines, elle fut incapable d'émettre le moindre son. Au mois d'août, ses parents, qui ne l'avaient pas quittée d'une heure, décidèrent de la faire voyager. La Suisse, l'Autriche, La Bavière... Hélène se réadaptait lentement à la vie. Parfois les larmes revenaient, parfois des heures de silence. Mais elle était sauvée.

Alix lui parla de son fils, de son devoir de vivre pour lui. En octobre, Hélène Perceval remonta l'allée qui conduit au château de Manorlaine, soutenue par ses parents. Elle avait laissé ce lieu en pleine félicité, avant l'arrivée du printemps. A présent l'automne grandissait sa détresse. Elle se retrouvait seule au milieu d'un tableau où elle avait été heureuse, où chaque pas lui était un souvenir.

Durant l'année qui suivit le retour de sa sœur, Alexis dut s'éloigner du domaine afin de faire son service militaire. L'idée de cette inévitable obligation le contrariait depuis longtemps. Il partit pour Tarbes et y resta deux ans. Il avait choisi Tarbes parce que c'était un régiment de cavalerie. Antimilitariste, il avait opté pour cette école d'équitation parce que, malgré l'épreuve de la caserne et de la vie en commun, il serait à la campagne, au milieu des chevaux. Il écrivait parfois, mais parlait de lui de façon évasive, comme si ses activités étaient sans intérêt. Il se contentait d'informer ses parents qu'il se portait bien. En revanche il se renseignait sur tout ce qu'il avait quitté : sa sœur Hélène, comment allait-elle? Les boutures d'hortensias, s'en était-on inquiété ? Combien de têtes de bétail pourrait-on dénombrer cette année ? Avait-on réussi à mâter l'invasion des taupes ? Et les moissons... Les questions se rapportant au domaine s'accumulaient. Son père y répondait ponctuellement.

Par un matin de septembre particulièrement orageux, Alexis d'Anderly réapparut à Manorlaine. Il avait demandé à sa mère la permission d'amener avec lui un ami rencontré à Tarbes.

C'est ainsi que Frédéric Marchand découvrit la propriété et la très jeune veuve qui s'y étiolait. Il rencontra Hélène et s'aperçut qu'il était amoureux. Assez grand, brun, massif, il avait le charme solide d'une quarantaine musclée et une très jolie voix. Sa sensualité se devinait dans des détails : ses mains — la manière qu'il avait de toucher les objets —, ses lèvres — la façon dont il goûtait une sauce —, son nez large aux narines ouvertes.

Il avait connu Alexis à Tarbes. Sa mère vivait dans la région depuis de longues années, et lui montait souvent à cheval avec les officiers. C'est à cette occasion qu'ils avaient fait connaissance. Alexis s'ennuyait au milieu de ses camarades. Abhorrant la tournure d'esprit des militaires, il se surprit alors à apprécier la remuante compagnie de cet homme qui lui faisait penser au Porthos des *Trois Mousquetaires*. Ils sortaient ensemble le soir, bavardant sur tout, et Alexis riait aux tirades spirituelles, parfois excessives mais toujours drôles, de son interlocuteur. A la fin de son service militaire, Alexis invita naturellement Frédéric à venir passer l'automne au domaine familial pour y tirer quelques perdreaux. Celui-ci accepta, curieux et content. Il égaya Manorlaine de ses éclats de voix, dérida Armand et Alix en racontant cent anecdotes, retint l'attention d'Hélène qui retrouva ses sourires. Ils chassèrent beaucoup cette année-là, tous ensemble.

Au fil des jours, Hélène semblait se ranimer. Bientôt, ils chassèrent moins l'un et l'autre, préférant partager de longues promenades à cheval. Au cours de l'une d'elles, ils décidèrent de se marier. Chacun s'en réjouit. Alexis fut peut-être le moins surpris de cette heureuse conclusion...

Ils quittèrent la région, se marièrent en décembre et, l'année suivante, Mme Frédéric Marchand donnait le jour à une petite fille : Béatrice. Atteint d'une rougeole, Michel était resté auprès de ses grands-parents. La famille Marchand était installée à Paris. Sans en avoir véritablement conscience, Hélène, par son second mariage, s'éloignait du domaine.

Le très jeune Michel Perceval demeurait à Manorlaine.

Lui seul faisait subsister le souvenir des deux amants éblouis qu'avaient été Paul et Hélène dans cet endroit béni où les camélias poussent en pleine terre...

★

La première personne qui enseigna quelque chose à Michel fut l'institutrice de Genêts qui, chaque jour, dès qu'il eut quatre ans et demi, vint au château après sa classe pour lui apprendre à lire et à écrire. L'enfant était enchanté. Il aimait bien « Mademoiselle », jeune fille sérieuse et indulgente, habillée de gris comme une pensionnaire, avec des petits cols Claudine ronds et blancs, et qui parlait si doucement qu'on croyait toujours qu'elle s'excusait.

— Dis, Mademoiselle ? Tu veux pas me la raconter encore l'histoire du *Petit Chaperon rouge*?

C'était la fin de la leçon. Michel avait sagement aligné à l'encre violette ses b-a ba sur son cahier quadrillé, et il écoutait pour la énième fois l'histoire de ce loup déguisé en grand-mère. Cette nuit il y rêverait encore. Dans le songe il se voyait allant porter un gâteau à Alexis dans le pavillon. Finalement, il apercevait Turc, le chien, qui fumait la pipe à la place de son oncle ! C'était très amusant...

Sa mère venait régulièrement à Manorlaine, mais il n'était jamais question du départ de Michel. Sur place, Hélène ne pensait à s'occuper de son fils que durant les quelques jours qui précédaient son départ.

— Alors, Michou, raconte à maman tout ce que tu fais quand elle n'est pas là.

Et Michel racontait.

— Ben, j'apprends des fables. Et puis je joue avec Aurélie. Je vais aussi me promener avec grand-père quand il est à pied, et puis je m'amuse à me perdre, et puis je fais des maisons dans le parc. Je t'en ferai une grande si tu veux. L'autre jour, avec Alain, on a fait la course. J'ai été vite mais j'ai pas gagné ! Dis, tu devrais dire à Alain d'aller moins vite pour que j'arrive premier... une fois ! Et puis j'ai fait des devoirs tous les jours. Oh ! tu sais, maman, je compte déjà jusqu'à cent cinq, et puis je sais lire les heures, les grandes et les moitiés. Tu veux que je te récite *Le Lièvre et la tortue*? C'est comme ma course avec Alain, et pourtant c'était plutôt moi la tortue qui courait tout le temps, lui il s'arrêtait pour me faire enrager, comme le lièvre. Eh bien, malgré tout, c'est lui qui a gagné ! Alors tu vois, les fables, c'est pas toujours vrai !

Hélène souriait, attendrie, satisfaite de la bonne mine du petit. Leurs confidences s'arrêtaient là.

— Eh bien, lui disait-elle en lui passant la main dans les cheveux, c'est très bien tout cela, mon lapin. Sois toujours aussi sage, et surtout sois gentil avec tes grands-parents.

Et elle repartait vers Paris.

Tante Anne venait au manoir plus fréquemment que sa cadette. Et comme elle y séjournait souvent sans ses enfants, elle exerçait alors une espèce d'autorité tyrannique sur son petit neveu. Cela commençait dès le matin. Anne semblait n'être là que pour surveiller Michel. Elle pénétrait dans sa chambre, drapée dans un peignoir à ramages. De son lit, elle lui paraissait gigantesque.

— Michel.

— Oui ?

— Oui qui ? Et d'abord tu pourrais répondre quand je t'appelle !

— Je t'avais pas entendue.

— Menteur !

— Mais non, je... bégayait l'enfant.

— Tais-toi ! Tu vas mentir encore plus !

— Mais je...

— Tu t'es lavé les dents ?

— Non, pas encore, ma tante.

— Qu'est-ce que tu attends ?

— Je vais le faire.

— Ne dis pas : je vais le faire. Fais-le ! Et tout de suite !

— Oui, ma tante.

— Dépêche-toi ou tu seras privé de dessert !

D'instinct, Michel apprenait à ruser.

Par sa sévérité excessive et le vocabulaire dur qu'elle employait d'un ton sec, agressif, Anne d'Hablaincourt n'impressionnait plus le gosse. Du moins pas autant que cette femme maladroite se plaisait à le croire.

Michel jouait déjà un rôle : celui du gamin qui craint l'autorité d'un adulte.

Il n'en était rien. Le petit réagissait par réflexe. En trompant sa tante sur la terreur qu'elle croyait lui inspirer, il gagnait du temps, tout simplement.

Anne, par sa rigueur, agissait en dépit du bon sens. Elle obtenait des résultats en complète opposition avec ce qu'elle imaginait.

Or il arrive que les êtres neufs aient des élans merveilleux parce que spontanés. Ils ont aussi le goût de bien faire pour peu que l'on suscite en eux l'envie d'être félicités. Au lieu de promettre, Anne menaçait. A la place de récompenses possibles, elle parlait de punitions probables.

En femme désaxée, incapable d'élever convenablement sa progéniture, elle cabrait la personnalité naissante du petit garçon en voulant dominer à tout prix. Dénuée de psychologie, elle tenait pour inexistante la vraie nature de l'enfant, formée des intuitions les plus pures, à commencer par le sens de la liberté.

C'est encore auprès d'Alix que Michel trouvait le meilleur réconfort et avec Aurélie qu'il connaissait ses joies les plus franches.

L'apprentissage de l'existence commence de bonne heure chez les orphelins...

III

Aurélie

MICHEL a huit ans.

Entre le printemps où Antoine est parti pour l'Afrique et ce printemps nouveau qui éclate en touches de couleurs fraîches et vives autour du château, il a réalisé ce que peut être l'amitié.

Du moins a-t-il découvert qu'il est un sentiment où se mêlent attirance, bien-être partagé et attachement. Mais il ignore que ces diverses sensations portent un nom qui les rassemble.

A l'exemple d'Aurélie, le petit garçon s'est mis à penser à ce que l'on ressent. Encore incapable d'analyser, il obéit à son instinct. Il a d'abord fait attention aux impressions physiques et en a tiré des conclusions dictées par le désir ou la prudence, comme le bébé qui se brûle apprend à se méfier du chaud.

A présent, il a ses idées personnelles sur « les autres » : les oncles, les cousins, sa mère qui vit à Paris avec Béatrice et Bruno, deux enfants qui sont — à demi — sa sœur et son frère. Il a senti que grand-père et mammy étaient un monsieur et une dame qui l'aimaient profondément et à qui il pouvait se confier. Il a discerné ce qu'il éprouve pour chacun des membres de sa famille. Il sait qu'il ne s'entend pas avec son cousin Jean-Armand qui veut toujours se battre et ne sait jouer qu'aux gendarmes et aux voleurs. Il a appris à ne pas avoir de respect pour tante Anne, mais il sait aussi qu'il ne faut pas le dire, surtout quand il la regarde et qu'en lui-même il la traite de « vieille folle » !

Il est un personnage qui séduit le petit garçon sans qu'il ose toutefois tenter de le lui faire entendre.

Sans qu'il sache pourquoi, Alexis fait un peu peur à Michel, une peur sans crainte, au contraire : une peur qui attire. Mais le gosse n'a jamais encore eu le courage d'aller le trouver seul. Il s'est inventé cent excuses à ce sujet. D'abord, avec Alexis il ne faut jamais rien dire. Il devine tout et se fait souvent comprendre en serrant seulement les lèvres à certains moments ou encore à la façon dont il relève un sourcil plus haut que l'autre avant de fixer son regard. Michel, dans sa petite tête, regrette qu'Alexis soit inaccessible, s'estime inintéressant pour son oncle et soupire.

Aurélie a deviné cette attirance et, sans en éprouver de jalousie intense, entend conserver pour elle seule les échanges privilégiés qu'elle a avec Michel. Celui-ci aime Aurélie comme une affectueuse habitude. Elle est là. Il l'a toujours connue. Elle l'amuse, le passionne, le fait rêver avec ses sortilèges, ses clés multiples à usage spirituel, avec ses mots magiques et son naturel tantôt gai, tantôt mélancolique.

Auprès d'Aurélie, Michel oublie Alexis.

Au cours de sa septième année, le petit bonhomme réalisa combien Aurélie tenait de place dans sa vie.

Déjà après le fameux déjeuner du départ d'Antoine, lorsqu'ils étaient allés tous les deux à la ferme baptiser la portée de lapins de choux, Michel avait ressenti le désir vif de se rapprocher d'elle, de lui parler ou plutôt de l'entendre lui parler.

Bien sûr, cela avait débuté par un jeu.

Pour commencer la petite fille avait décrété en inventant le mot, que les enfants lapins devaient s'appeler « lapineaux ».

— Tu comprends... c'est plus joli : dire « petits lapins », c'est trop long !

Dans la paille du clapier, serrés les uns contre les autres, yeux clos et pattes repliées, les museaux roses se montraient, animés déjà de mouvements incessants.

On les avait séparés de leur maman lapine, de sorte qu'Aurélie en toute tranquillite avait pu ouvrir la porte grillagée et prendre tour à tour les petites bêtes qu'elle caressait sur sa poitrine. Elle disait :

— Oh, qu'il est drôle ! Tu as vu les gants noirs sur ses pattes avant ? On dirait qu'il s'est taché les bras dans un tas de charbon de bois !

Michel riait, sautait sur place, ne cherchait pas à contenir son excitation teintée d'appréhension car, au fond, il redoutait de toucher lui-même les petites boules de poils. S'il s'essayait à effleurer du bout des doigts l'un des bébés lapins qu'Aurélie tenait et si d'aventure l'animal remuait un peu, Michel reculait, horrifié : « Il veut me mordre ! Il est méchant ! »

Aurélie protestait, rassurait à la fois Michel et le nouveau-né. Alors l'enfant revenait. Finalement il acceptait d'en prendre un dans ses bras.

— Je te baptise « Boule de feu », avait dit solennellement Aurélie.

Les autres « lapineaux » reçurent des noms tout aussi fantaisistes.

La cérémonie terminée, les deux enfants effectuèrent une dernière ronde autour des lapinières, puis Aurélie décida qu'ils devaient aller se reposer au pied d'Arthur, le vieil arbre du bois des Cerfs. C'est là que Michel lui dit tout à coup en jouant avec des brins d'herbe qu'il nouait :

— Tu vois... quand je serai grand... je veux toujours être avec toi !

— Ne dis pas de bêtises. D'abord, toujours, ça ne veut rien dire ! Et puis la belle affaire pour toi et pour moi de se faire des promesses que l'on n'est pas certains de pouvoir tenir.

— Pourquoi ? Tu m'aimes pas bien, dis ?

— Mais si je t'aime bien, et plus que ça. Mais ce ne sont pas les amis d'enfance qui comptent le plus dans la vie... même si on le leur dit. Des amis comme nous, c'est tout et c'est rien. C'est l'amusement, les confidences... Et puis aussi les histoires qu'on se raconte et auxquelles on croit très fort sur le moment... Après... on en oublie la plupart. Celles qu'on garde en mémoire deviennent des souvenirs... tristes ou gais... ça depend.

— De quoi ?

— Oh ! la ! la !... d'un tas de choses... tu verras ! Les amis, c'est bon pour les moments ternes, les moments immobiles de l'existence. Les moments brillants, actifs, on les vit sans son amie d'enfance. On lui raconte tout, après. C'est sa part. Cette amie-là, c'est une âme de rechange avec qui l'on raisonne et qui peut, peut-être, vous consoler quelquefois : pas plus !

— J'comprends pas tout, mais j'te crois. Alors j'écoute bien pour me rappeler c'que tu m'dis. En tout cas, tu as beau dire, c'est important d'être amis comme nous deux.

Aurélie avait embrassé le gosse, bien fort, sur la joue : un gros baiser sonore. Lui, content, s'était senti parfaitement heureux.

Leur complicité, le partage des jeux, des surprises, des contrariétés, des idées, les rapprochaient chaque jour davantage.

Dans un corps de fillette, les pensées d'Aurélie, étaient celles d'un petit personnage précoce. Intuitive et très observatrice elle était prématurément instruite — on ne sait comment — de certains critères concernant les rapports humains. Le mystère demeurait quant à savoir où elle était allée puiser de telles notions. Parfois elle disait des choses d'une pertinence étonnante ; parfois elle exprimait des idées puériles, correspondant tout à fait à son âge.

Michel, parce qu'il était doué, curieux de tout, perméable à tout, s'instruisait vite à son contact. Il éprouvait une soif inextinguible d'apprendre et... d'essayer de comprendre.

Ils reparlèrent de l'amitié. Le sujet avait intrigué Michel lorsqu'ils l'avaient abordé l'année précédente. Il y revint.

— Dis, Aurélie, tu te souviens qu'une fois tu m'as dit que je te voudrais plus pour amie quand je serai plus grand. J'y pense souvent tu sais, mais je crois que tu t'trompes car je deviens grand et on est toujours pareils toi et moi.

Aurélie éclata de rire.

— Tu es bête comme Arthur, tiens ! Je ne t'ai jamais dit ça ! J'ai dit des choses un peu pareilles, mais autrement.

— Explique.

— Eh bien, voilà : un jour tu seras un jeune homme avec une mèche blonde sur le front qui donnera envie de te passer la main dans les cheveux pour te recoiffer. Tu verras... Tes yeux feront baisser d'autres yeux. Il ne sera pas nécessaire que tu ouvres la bouche pour te faire entendre. Tes lèvres garderont tes désirs, tes secrets et tes mots. Mais tu seras compris sans parler. Ensuite tu deviendras un homme au visage bien dessiné. Tu auras les mêmes yeux, moins grands peut-être, peut-être plus foncés, les mêmes lèvres mais moins douces, moins secrètes. Tes cheveux se seront assombris. Tu n'auras plus ta mèche sur le front, parce que dans ta tête il y aura moins de rêves et davantage de problèmes... Et alors ta vie commencera.

— Ah... bon... fit Michel assez étonné. Je deviendrai... comme ça... Vraiment !?... Et alors ?

— Alors, ce jeune homme et ce bel homme que tu seras, ressemblera un peu au petit garçon que tu es, car les hommes gardent quelque chose de leur enfance, mais ce ne sera plus tout à fait la même chose. Toi, tu es de la race de ceux qui sont aimés. D'autres personnes n'ont pas ce privilège. Je suis de celles-là. Je le sais. Dans ces conditions, même si je suis encore près de toi, comment veux-tu que, plus tard, je puisse avoir une place dans ta vie ?

— Parce qu'on se connaît !... Et nous on est amis et aussi de la même famille.

— Nous sommes amis, parce que tu es petit. Nous sommes amis, c'est vrai, mais notre amitié ne pourra pas durer toujours. Ce n'est pas notre faute. Les années vont passer par là, et il faudra que tu vives ton existence à toi.

— C'est drôle, mais je me vois pas du tout quand je serai grand. Je crois que je serai tout le temps comme maintenant. Il me semble, quand je pense à moi, que ma vie s'arrête là où tu dis qu'elle commence.

— Tais-toi, ne dis pas des choses pareilles ! Pense à ton avenir au contraire. J'ai peut-être eu tort de te parler de tout ça comme à un grand garçon, mais j'ai l'impression que tu es triste quelquefois depuis que tu n'es plus un bébé. Pourtant moi, je ne serai pas toujours là pour tout t'expliquer.

— Mais si, Aurélie, tu seras avec moi, j'te l'répète !

— Mais dis-donc, moi aussi un jour je me marierai. J'irai à l'église dans une robe blanche, et je partirai. Alors c'est pour ça que je t'explique tout ce que je peux... avant !

— Oh, c'est pas pour demain ! Toi aussi tu es encore une petite fille !

— Oui, je sais, j'ai quatorze ans. Mais l'âge, ça ne compte pas pour comprendre. Ça compte seulement pour agir. Mais quand on a l'âge d'agir, souvent on ne se ressemble plus.

— C'est un peu compliqué tout ce que tu m'racontes... c'est pas gai mais j'trouve ça beau... Mais comment tu sais que j'aurai plus de mèche sur le front quand j'serai vieux ?

L'esprit du gosse, c'était évident, se perdait dans les détails les plus accessibles à sa compréhension enfantine. Changeant volontairement de registre, elle lui répondit pour le taquiner :

— Parce que quand tu seras vieux tu seras chauve comme le docteur Lebrun !

Et puis elle parla d'autre chose, de rien, de tout, cependant elle pensait encore à ce qu'elle avait dit à Michel. Sans doute il serait aimé, heureux, mais pas par elle ni grâce à elle.

Elle le quitta pour aller s'enfermer dans sa chambre. Là, elle se mit à pleurer sans savoir au juste pourquoi.

En parlant de son mariage à Michel elle avait même imaginé au bras de qui elle sortirait de l'église. Mais ça, c'était un secret! Elle pensait à Gérard. Gérard Lebrun, le fils du docteur d'Avranches, qui avait vingt ans, des yeux noirs brillants et chaleureux, Gérard qui lui disait si gentiment bonjour chaque fois qu'il accompagnait son père à Manorlaine, lorsqu'il était en vacances, car il faisait ses études à Paris. Gérard était beau, fort, attrayant... Sans qu'elle s'en rendît bien compte, Aurélie avait meublé ses premiers rêves de toute jeune fille de l'image de ce Gérard étranger et lointain qui apparaissait une ou deux fois par an... Cette agréable vision lui fit sécher ses larmes.

Après cette crise irraisonnée, elle se sermonna, se reprochant un tel débordement. Elle regrettait d'avoir évoqué des choses tristes auprès de Michel. Et pourtant... Ce qu'elle prévoyait se réaliserait probablement. Confusément, elle sentait qu'un jour le meilleur de leur belle entente s'estomperait. L'enfance s'envolerait. Elle devinait que Michel, dans un an ou deux — il aurait alors dix ans —, franchirait un nouveau cap dans sa croissance en fracassant déjà son passé tout neuf. C'est vrai, pensait-elle, que l'amitié est précaire puisqu'elle n'est ratifiée par aucun lien, ni légal, ni physique...

L'amitié, se dit la benjamine des Anderly, c'est le sentiment le plus désintéressé. Il faut tout offrir en amitié : sa présence, son aide, son affection, et même faire abstraction de soi au profit de l'autre. Il faut donner sans rien attendre en échange, sans rien pouvoir exiger en retour. Bien sûr, se disait-elle, il y a une part d'amour dans l'amitié, mais parfois à sens unique : l'un aime si fort que l'autre, entraîné par ce courant affectif, est bien obligé d'être gentil.

Aurélie éprouve une tendresse pathétique pour Michel. Lui l'accepte naturellement, encore ignorant de la valeur de ce sentiment rare. Elle sait qu'il ne l'aimera jamais ainsi. C'est une certitude. Sa nature à elle, passionnée, la portait vers l'amour excessif, possessif, unique et déjà sans espoir d'équivalence. Michel partageait, songeait-elle, mais n'éprouverait jamais pour elle un attachement semblable.

Aurélie s'empressa de chasser de son esprit cette attristante méditation. Elle évitait et détestait garder en elle des idées noires. Cela lui faisait penser aux mauvaises herbes qui dérangent l'harmonie des jardins. Aussi, dans le but d'effacer ses réflexions moroses alla-t-elle à la recherche du petit garçon pour lui proposer une belle promenade avant l'heure du dîner.

Ensemble ils firent un grand tour.

Tel un feu d'artifice qui se termine, l'explosion des couleurs automnales touchait à sa fin.

Les colchiques violettes parsemaient les prés. Aux branches des bouleaux ne bringuebalaient plus que des bribes pâlies s'agitant faiblement au gré des courants d'air. Plus loin, un vieux nid de pie disloqué se balançait, cramponné à la fourche d'un orme. Les marronniers s'étaient dénudés. Les hêtres avaient perdu leur costume de cuivre. Seules les fougères gardaient leurs rousseurs. La tapisserie des bois s'effilochait.

Les boqueteaux s'amenuisaient en frissonnant de leurs dernières feuilles sous un vent capricieux qui annonçait les pluies. Sur les buissons s'accrochaient encore, çà et là, des lambeaux grenat. Les bruyères conservaient jalousement leur mauve en bouquets.

Les deux enfants entrevirent le derrière blanc de quelques lapereaux de garenne, détalant affolés dans les sillons d'un champ labouré, parmi des mottes de terre bistre retournées, encore chevelues d'herbes folles.

Ils s'accroupirent silencieusement pour admirer le passage d'un faisan mâle, magnifique, avançant à pas comptés vers l'eau grise d'un ruisseau. L'oiseau était superbe dans sa robe rouge, noir et or et sa tache écarlate sous l'œil inquiet. Sa longue queue traînait dans les touffes jaunies. Ils entendirent un renard glapir. Les corbeaux volaient bas. Un coup de vent plus fort venu du nord-ouest les fit frissonner. Ils décidèrent de rebrousser chemin.

Le jour déclinait dans une lumière tirant vers le soufre.

En fin de balade, au crépuscule, ils rencontrèrent Alexis qui fumait, assis devant son pavillon. L'homme les embrassa à tour de rôle, obéissant à on ne sait quelle impulsion inhabituelle.

Éclairées par les dernières lueurs d'un couchant rougeâtre balayé par le norois, les trois silhouettes s'apparentaient fort bien.

*

Novembre s'inclinait. Des tourbillons balayaient l'automne. Le château prenait un air sombre. Il semblait tassé sur lui-même comme un matou de bronze accroupi. Les bruits résonnaient autrement.

Des grisailles annonçaient les grands froids dans des ciels aux couleurs d'étain. Un soleil pâlichon caressait le sol. Les ruisselets empruntaient des tons de nacre. Les fumées s'échappaient, molles et verticales au-dessus des fermes. L'air était cristallin.

On avait retiré depuis longtemps les tas de pommes, sous les arbres, dans les vergers. Les chevaux de selle demeuraient à l'abri des écuries. Mais les bovins étaient encore dehors, masses immobiles ou paresseuses, déambulant derrière les enclos au milieu des brouillards matinaux. Dans les prés ternes, leurs naseaux exhalaient des buées bleutées. Les mugissements espacés semblaient assourdis par les brumes.

Les hirondelles étaient parties depuis plusieurs semaines après avoir tenu d'interminables conciliabules sur les fils télégraphiques, le long de la route de Genêts. Les moineaux s'installaient sans crainte dans les nids abandonnés.

Sur les pans de mur les taches pourpres de l'ampélopsis avaient voleté, une à une, jusqu'à terre, comme à regret. Elles étaient allées retrouver d'autres feuilles mortes et des branchages qu'on avait entassés avant d'y mettre le feu.

L'ensemble avait disparu dans des volutes noires, grises et blanches d'une épaisse fumée se perdant dans un ciel cotonneux.

Ce matin-là, emmitouflés dans de gros cache-nez, Michel et Aurélie se dirigeaient vers le bois des Cerfs pour se dégourdir. Michel jouait du pied avec des cailloux. Aurélie, rêveuse, les mains dans un manchon, l'escortait en silence. Lui sifflotait. Elle marchait, les yeux dans le vague. Ils avaient depuis longtemps dépassé le lac et l'île, lorsque Aurélie s'arrêta, essoufflée. Michel s'immobilisa, curieux de savoir pourquoi l'on faisait halte.

— Pourquoi on s'arrête, dis ?

— Pour rien... Je pense à quelque chose.

— A quoi ?

— A une citation que j'ai entendue...

— C'est quoi ?

— C'est : « Faites aux autres ce que vous voudriez qu'on vous fît. »

— Pourquoi tu dis ça ?

Les « grandes phrases », cela lui paraissait bien sérieux par ce joli matin frais où il avait envie de s'ébattre et d'inspecter les arbres afin d'y découvrir un ou deux écureuils. Comme Aurélie ne répondait pas, il répéta sa question :

— Pourquoi tu dis ça ?

— Parce que c'est ce qu'il faut faire pour être heureux.

— J'te comprends pas.

— Mais si, cherche... fais un effort !

Michel cherchait un peu mais pas vraiment. Il lui en voulait de le faire travailler par une matinée comme celle-là, parce que, au fond, pensait le gosse, c'est une question comme un problème : je ne peux pas trouver comme ça en deux minutes !

— Non, je te promets, je trouve pas.

— Eh bien, il faut donner aux autres ce que tu aimerais recevoir d'eux.

— Ah !

Michel, perplexe, réfléchissait : « Il faut donner aux autres ce que tu aimerais recevoir d'eux. » Quelque chose le tracassait dans cette phrase.

— Dis, Aurélie, si je te donne une pomme, ça te fera pas plaisir, tu aimes pas ça ! Mais toi, si tu m'en donnes une, moi je serai content !

Elle sourit. Ils avançaient, accusant le balancement de leurs bras au rythme lent de leur marche.

— Écoute.

— Oui.

— Tu n'aimes pas recevoir une gifle !?

— Ah... non alors... ! Mais je n'en donne à personne, moi !

Aurélie avait saisi l'allusion à tante Anne.

— Oui, je sais ! Mais écoute-moi. Tu aimes quand tout le monde est gentil avec toi ?

— Ben... oui.

— Alors il faut être gentil avec tout le monde pour que tout le monde soit gentil avec toi.

Michel fit un bond.

— Je suis méchant des fois ?

— Oui, quelquefois.

— Oh, c'est pas vrai ! J'ai jamais été méchant avec toi.

— Je sais. Mais il n'y a pas que moi.

— Ah, tu veux dire ta grande sœur ?

— Je te défends de parler comme ça !

— Oui... mais tu sais, je l'aime pas trop, tante Anne.

— Pourquoi ?

— Oh, elle est jamais gentille avec moi. Je crois qu'elle connaît pas ta phrase, là, « soyez gentil avec tout le monde ». Tu lui as jamais dit ? Tu devrais lui dire pour voir ce que ça fait...

— Tais-toi !

— T'aime pas que je te dise ce que je pense ? questionna Michel, espiègle.

— Si, au contraire, mais en ce moment, tu parles bien mal.

— Moi?

— Oui, toi ! Tout à l'heure encore tu as dit à Élise : « Je voudrais des tartines ! »

— Oui, et alors ? Faut pas lui demander ça ?

— Il faut t'exprimer autrement. Il faut dire : « Voulez-vous me donner des tartines, s'il vous plaît, Élise. »

— Tout ça ?

— Mais bien sûr ! Et puis tu ne lui as pas dit merci quand elle te les a données.

— Oh oui, j'ai oublié !

— Eh bien il ne faut pas oublier. Maman te l'a déjà dit !

— Je l'ai pas fait exprès.

— J'espère bien, dis donc !

C'était sans réplique et Michel n'était pas content. Elle avait toujours raison, Aurélie. Elle chantonnait maintenant, et le gosse faisait la moue en traînant les talons. Les arbres s'étendaient autour d'eux comme autant d'auditeurs à leurs confidences. De très loin leur parvenait parfois l'écho d'un coup de fusil. A présent, ils entendaient la cloche de l'église de Genêts, bien enrouée à ce qu'il semblait !

Michel quitta la main d'Aurélie et vint s'adosser contre le tronc d'un gros séquoia.

— Dis... Pourquoi il faut dire s'il vous plaît et merci tout le temps ?

— Pourquoi ? Mais parce que c'est comme ça !

— Ah... !

Aurélie s'accroupit et le fit asseoir près d'elle.

— Quand tu manges de la salade, tu ne la manges pas crue, tu mets de l'huile ?

— Oui ! Et alors ?

— Alors quand tu ne dis pas « s'il vous plaît » ou « merci », c'est pareil.

— Comment, c'est pareil ?

— Mais oui, voyons... c'est aussi nécessaire pour parler que l'huile pour manger la salade, ou le sucre dans ton café au lait, ou des fleurs dans un vase.

Michel avait saisi, mais il voulut la taquiner.

— Mais dis donc, en ce moment c'est l'hiver, il n'y a pas de fleurs !...

— Oh ! tais-toi ! Tu es assommant de faire exprès celui qui ne comprend pas pour m'ennuyer !

— Bon. Ben alors... embrasse-moi.

Ils s'enfuirent en courant. Leurs rires gais s'égrenaient dans la forêt en gouttes de musique joyeuse et fantaisiste comme leur conscience légère.

Leurs silhouettes s'ébattaient parmi les troncs noirs sous les branches défeuillées. La campagne s'était dépouillée jour après jour.

Parmi les frênes, les pies et les corbeaux, dans leur sévère plumage de cérémonie, échangeaient des dialogues étranges. Les étourneaux s'échappaient des buissons telles des escadrilles minuscules piaillant en aigu. Les écureuils restaient invisibles. Michel en était contrarié. Aurélie lui expliqua qu'ils devaient veiller jalousement dans leur retraite sur des provisions de noisettes, de glands et de faines, car la neige arriverait bientôt et alors ils ne trouveraient plus rien à manger.

Les enfants furent interrompus dans leur bavardage par le tintement de la cloche de cuivre maniée par Joseph annonçant que le déjeuner serait bientôt servi. Il fallait se hâter de regagner le manoir.

Aurélie s'apprêtait à rebrousser chemin lorsque le gosse lui attrapa le bras.

— Dis ?

— Michel, nous allons être en retard. Papa n'aime pas ça !

— Dis... c'est quoi un faine ?

— Un... quoi ?

— Tu as dit que les écureuils mangeaient des glands et des faines...

— Oui !

— Qu'est-ce que c'est ?

— D'abord on dit « UNE » faine !

— Si tu veux... Mais qu'est-ce que c'est ?

— C'est le fruit des hêtres.

— Ah bon ?

— Je croyais que tu le savais...

— Oh... je sais beaucoup de choses... mais là... j'ai dû l'oublier !

— Menteur !

Deux éclats de rire. Des œillades complices.

Ils s'élancèrent vers le château.

Les journées qui précédèrent et suivirent Noël furent bien remplies pour les deux enfants. Aurélie travaillait à son piano chaque matin après le petit déjeuner sous la conduite de sa mère. Michel s'enfermait dans la bibliothèque avec un professeur et apprenait le français, l'histoire de France qui le passionnait et la géographie. Ils se retrouvaient ensuite pour aller courir alentour, dans les bois ou la campagne blanche. Il avait neigé. Aurélie murmurait des arpèges. Michel rêvait à la bataille de Poitiers. Ils réglèrent un jour une sorte de ballet ayant pour thème le départ pour la croisade. Ils composèrent vingt personnages à eux deux. Des moines tournaient en rond et chantaient des psaumes imaginaires. Michel interpréta une danse imitant le roi qui salue la foule. Aurélie riait. Ils jouèrent ensuite aux adieux de la princesse et du vaillant chevalier. Aurélie, debout, cachait des larmes inexistantes derrière ses nattes, en émettant de petits sanglots. Michel incarnait à la fois le chevalier et son palefroi. Il caracolait autour d'elle. Puis, oubliant qu'il était soi-disant à cheval, il tombait à genoux, lui embrassait une main, se relevait, sautait, revenait, tournait et retournait encore, infatigable. Ils jouèrent à l'arrivée de l'ost en Terre sainte. Ils attaquèrent Damiette, personnifié par un grand chêne. Tout à coup Michel s'arrêta net. Aurélie dansait autre chose de lent, le visage levé, les mains tantôt sur son cœur, tantôt dressées vers le ciel. Il la regardait, éberlué. Elle finit par s'écrouler. Michel se précipita, inquiet. Elle se mit à rire.

— Que tu es bête ! Je dansais la mort de Saint Louis !

Encore quelques pirouettes et les enfants s'esquivèrent ailleurs.

Le ciel était couleur de fer.

Autour d'eux la neige confondait les reliefs. Le château paraissait d'un noir de suie au milieu de tout ce blanc. On ne distinguait plus la trace des allées. Sur la campagne régnait un silence surprenant qui leur semblait surnaturel. Les bruits n'existaient plus. Apparemment, les mouvements non plus. Tout dormait ?

Dans les haies, les ronces scintillaient. Sur les branches des platanes s'étalaient de longues bandes de coton perlé.

Cette couverture neuve transformait tout. Elle mettait aussi en évidence certaines formes qui seraient peut-être passées inaperçues en une autre saison. Michel fut très impressionné par ce qui restait de la dépouille d'un lièvre gisant à la bordure d'un bois. Aurélie lui expliqua que les renards, eux aussi, chassent pour se nourrir. Elle lui montra les traces du carnivore, très visibles, allant se perdre au loin à travers champ. Elle l'empêcha de jeter des cailloux vers un rassemblement de corneilles affairées autour d'un amas fumant de crottin de cheval, invoquant les mêmes raisons : chaque créature subsiste à sa façon durant la saison rude.

Dans les prés, les rus qui n'étaient pas encore gelés serpentaient en minces rigoles noires. Sur fond de ciel d'un gris mat passait, fugitif, le vol des cols-verts. Plus loin, une compagnie de bécasses se sauvait. Quelque part, la hache régulière d'un bûcheron entamait l'écorce d'un vieil arbre.

C'était l'hiver.

Aurélie n'aimait pas cette saison.

Le printemps s'amorça doucement, s'éveillant dans des tons de pastel. La fraîcheur des jours vivifiait les cœurs. Le seringa embaumait. L'air sentait bon le lilas neuf. Aurélie entraînait Michel vers la mer. Le mois d'avril les surprit souvent sur le sentier ensablé qui mène aux grèves, faisant des bouquets d'aiguilles de pin le long de leur chemin.

Un matin, débouchant sur la plage, la pluie les surprit. Michel voulut retourner s'abriter sous les arbres, mais Aurélie lui fit honte :

— Reste là, regarde, n'aie pas peur de cette averse, c'est seulement une giboulée en retard.

Elle indiquait la mer : « Regarde comme c'est joli les gouttes d'eau tombant dans l'océan. C'est un trait d'union entre le ciel et la mer... Un rideau de cristal... »

Michel ouvrit de grands yeux. Il appréciait : Aurélie savait relater sa vision poétique des choses naturelles.

La pluie cessa.

Ils déambulèrent le long du rivage à la recherche de sèches oblongues qu'ils ramassaient. Les cris stridents des mouettes accompagnaient leur promenade. Puis ils firent halte sur une dune, parmi les touffes d'ajoncs battus par les embruns.

Silencieux, ils contemplaient cette baie splendide qui s'étend entre l'îlot de Tombelaine et la citadelle du Mont-Saint-Michel, abbaye bénédictine impressionnante dans son architecture médiévale aux reliefs tourmentés.

Brisant ce silence, méditatif, Michel murmura :

— Tu es bien ?

— Oh oui, je suis bien. Je suis heureuse.

— C'est quoi être heureux ?
— C'est sentir son bonheur.
— Et c'est quoi, le bonheur ?
— Le bonheur...

Aurélie laissa échapper un léger soupir. Ses yeux parurent s'émouvoir. Puis elle détourna son visage, fixa les lointains. Après un temps de silence, elle s'exprima d'une voix absente, comme si elle décrivait un songe.

— Le bonheur, c'est une île, une île inhabitée. Pour aller dans cette île, on monte sur un bateau très haut comme ceux de Louis XIV et ce bateau s'appelle *Illusion.* C'est comme une nef... tu vois... ? On sait quand on s'embarque pour l'île, mais on ne sait pas si on y arrivera jamais. Tu comprends, il y a des tempêtes, des courants et des brouillards. Tout ça empêche d'y parvenir facilement... Et puis la nuit, sur le bateau où il n'y a pas de boussole, on se dirige grâce aux étoiles. Alors quelquefois, un gros nuage noir cache les astres et le bateau ne peut plus se diriger.

Aurélie se tut un instant avant de reprendre.

— Et tu sais, Michel... si le bonheur est vraiment une île, je crois que l'on peut toujours l'apercevoir... et même la voir de très près, mais je ne crois pas qu'on puisse y aborder. Oui, c'est ça, on voit l'île de loin mais on n'aborde pas.

— Pourquoi tu dis ça ?
— Parce que je le pense.
— Mais c'est très triste !
— Eh bien n'y pense plus. Je divague. Viens, allons-nous-en.

Ils marchèrent le long du rivage, caressant bien des rêves dans l'écume des vagues qui venaient en claquant s'aplatir à leurs pieds. La musique du flux et du reflux leur charmait l'oreille et faisait naître en eux des cadences qu'ils restaient seuls à reconnaître.

Ce sable mou, dans ses camaïeux pâles, et ces eaux roucoulantes avaient le pouvoir de leur toucher l'âme, d'aiguiser leurs pensées. La beauté du site les incitait à réfléchir comme s'ils obéissaient à une force inconnue. A l'écoute de voix intérieures, ils poursuivaient leur marche.

Leurs pas s'inscrivaient, effacés l'instant d'après. Ni l'un ni l'autre n'aurait eu l'idée de se retourner pour regarder la trace de leur passage.

Leur promenade les amena près du bec d'Andaine, sorte de petit cap sablonneux où se dressait un calvaire fameux. Ils l'aperçurent dans le même moment puisqu'ils s'arrêtèrent ensemble, là où les dunes pointaient.

Ils s'immobilisèrent au pied du haut poteau flagellé par les vents chargés de sel. Deux poutres de bois croisées sur un tertre, deux pièces de bois aux reflets noirs comme un épouvantail créé pour des rapaces inconnus. Aurélie s'appuyait sur l'épaule de Michel, lui indiquait de son autre main les vieux détails du bois. Respectueuse du lieu, elle chuchotait :

— Tu vois, quand un chalutier va sombrer, les marins qui s'apprêtent à mourir tournent leurs pensées vers ce calvaire. Ils l'imaginent et s'en souviennent. Ils le voient non comme des madriers sculptés, mais comme un emblème secourable, car cette croix symbolise par sa forme deux grands bras étendus semblant bénir les morts. Et les marins qui vont s'engloutir en mer reçoivent cette ultime bénédiction. Autour d'eux c'est la tempête et leur détresse; la seule vision qui leur apparaît, c'est une croix, cette croix dressée à l'image de celle où le Christ mourut pour eux. Et Dieu les absout de loin dans le tumulte du naufrage.

Les enfants s'agenouillèrent et dirent ensemble une prière inspirée par leur cœur. Les mots qu'ils murmurèrent, le vent du large les emporta vers l'intérieur des terres...

Ils ne s'autorisaient pas à cueillir d'autres fleurs que celles qui poussaient en bordure des chemins, car Aurélie avait dit un jour :

— Je n'aime pas marcher sur les pelouses. Papa non plus... et puis j'ai l'impression de commettre un sacrilège. Mais nous avons toute l'herbe des prés....

Michel, depuis, n'osait plus poser les pieds sur aucun gazon.

De leurs promenades ils rapportaient des fleurs sauvages qu'ils offraient à Alix qui s'en déclarait ravie. Chaque vendredi, les deux enfants étaient chargés de la confection des bouquets pour le château. Ce travail leur prenait la matinée entière. Le plus difficile n'était pas de cueillir, dans le jardin, mais de composer les vases, les vider des fleurs défraîchies de la semaine précédente, changer l'eau, et surtout transporter les deux grosses potiches ventrues du salon de l'office à leur place. Les récipients étaient lourds, l'effort pénible, mais ni l'un ni l'autre ne l'avouait. Et puis il fallait choisir les variétés qui pouvaient s'allier, éviter de faire des bouquets trop maigres ou trop touffus. Guidés par un instinct sûr, les doigts agiles donnaient naissance à de chatoyants ensembles qui provoquaient les compliments d'Alix : cependant, elle minimisait volontairement son admiration sincère.

Un jour, Armand fit un tout petit tableau de l'une des compositions florales à la demande d'Alix et le déposa dans la chambre d'Aurélie. C'était une peinture à l'huile sur fond noir. Dans un vase clair, en porcelaine de Delft, on pouvait voir s'épanouir des iris et des roses. Aurélie manifesta peu son plaisir quoiqu'elle fût attendrie par le geste de son père. Sa réserve l'empêchait d'exprimer son émotion par des mots. Armand et Alix le devinèrent au regard tendre qu'elle leur adressa. Michel laissa éclater sa joie exubérante lorsque Aurélie accrocha le petit tableau dans sa chambre.

— Je te le prête, lui dit-elle. Si tu es sage, peut-être un jour je te le donnerai.

Les deux enfants dormaient dans des pièces voisines séparées par un épais mur de pierre.

Par un matin pluvieux, Michel, jouant au « prisonnier qui s'évade », s'amusait à chercher un hypothétique passage secret en frappant les parois de sa chambre avec un morceau de bois. Soudain, la baguette se coinçant à l'angle d'une petite armoire, lui échappa des mains. Voulant la récupérer, il eut la surprise de constater que derrière le meuble apparaissait un vide.

Il courut chercher Aurélie.

Ils unirent leurs efforts pour déplacer l'armoire vide, découvrant ainsi, dans l'épaisseur de la muraille, un étroit panneau de chêne.

Très excités, ils réussirent à ouvrir le battant poussiéreux qui buta contre un lourd morceau d'étoffe.

Poussant, se glissant, ils se dégagèrent d'une vieille tapisserie déchirée. Ils avaient trouvé un vrai passage secret !

Étonnés et ravis, ils se retrouvèrent sur ce que l'on appelait, au château : le palier d'Aurélie.

En effet, on accédait à cette partie du second étage par un étroit escalier en colimaçon qu'Aurélie était seule à emprunter. Elle vivait là dans deux pièces donnant sur la façade, le côté et l'arrière du manoir. Elle en avait fait un petit musée personnel.

— J'aime mon palais, disait-elle à Michel, parce que le soleil y entre toujours... quand il est là !

Sa chambre, tendue de toile rose et blanc à fines rayures, s'harmonisait avec des meubles Louis XVI en acajou. Un grand lit voilé d'organdi était posé sur un tapis persan très usé, déchiré par endroits. Il avait dû être pourpre, vert et brun, jadis. Des rideaux de cretonne encadraient les fenêtres. Cette chambre avait un air particulier. Aucune pièce de Manorlaine ne ressemblait à la chambre d'Aurélie. Au-dessus de l'une des tables de nuit priait une Vierge ancienne en bois sculpté, un peu dédorée par le temps. Il lui manquait une main, et Michel avait dit un jour : « Je trouve pas ça joli, elle est pas complète ! »

Aurélie avait d'abord été furieuse et puis elle avait ri, lui expliquant pourquoi la statue était belle. Michel n'avait pas très bien compris mais il avait pris un air entendu et depuis, il savait que les choses qui sont vieilles peuvent être abîmées, que cela n'a aucune importance du moment qu'elles ont une histoire. Aurélie disait encore : « J'aime les choses très vieilles et très abîmées, parce que le soir, elles me racontent où elles sont nées, d'où elles viennent, ce qu'elles ont vu et qui les a aimées, et cela me fait rêver. »

Il y avait aussi dans sa chambre, sur la commode, deux grands candélabres baroques en argent et, au milieu, une délicate pendule d'albâtre. Sur le cadran, les aiguilles restaient arrêtées à trois heures. Alix avait voulu la faire réparer, mais Aurélie avait demandé que l'on n'y touchât pas. « Si elle s'est arrêtée, c'est pour une raison. Alors je ne voudrais pas que l'on oblige une pendule à sonner des heures qu'elle n'a pas envie de sonner... » A la vérité, la petite fille avait peur du temps. Elle avait confié à Michel que la notion du temps qui passe lui faisait une impression très désagréable.

Sur un sofa qui s'étalait à gauche, on apercevait les poupées endormies et un vieil ours déchiré.

En quittant sa chambre, on pénétrait dans une pièce oblongue éclairée par quatre fenêtres voilées de jaune. C'était l'endroit qu'Aurélie appelait son bureau. Là, de nombreux livres s'empilaient, de vieilles reliures aux ors passés auprès de journaux d'enfants illustrés. Des romans qui avaient été à la mode voisinaient avec de gros bouquins d'histoire naturelle. Pierre Benoit cotoyait *Bécassine* auprès de Walter Scott et des illustrations de Benjamin Rabier.

Sur une table très large recouverte d'un tissu de velours vert tout marqué, s'amoncelaient les collections d'Aurélie : coquillages, fleurs séchées, cailloux ronds ou ovales et les photographies qu'elle aimait, cartes postales grises ou sépia représentant des vues de pays lointains. Ces petits rectangles avaient subi une mutilation en haut et à droite, à l'emplacement du timbre. Alain les avait volés au passage. Mais Aurélie ne lui en voulait pas : pourvu qu'elle ait les paysages, les timbres elle s'en moquait.

Dans ce domaine régnait un animal que le jeune garçon détestait : Belle Aventure. C'était un chat blanc que la petite fille affectionnait. Elle le caressait tendrement, le dorlotait, l'appelait de surnoms aux consonances câlines, ce qui avait le pouvoir de rendre Michel rageur et tout à fait jaloux. Du reste, Belle Aventure lui dédiait la même antipathie. Ils avaient conscience de leur rivalité et tout en échangeant sourires et ronrons, ils se vouaient respectivement au diable.

Aurélie semblait ne rien remarquer.

Michel dormait dans une pièce où il n'aimait pas vivre. En dehors de la petite armoire de merisier, vide, son mobilier se composait d'un lit rustique, d'un vieux bahut malouin dont la clé tournait mal en grinçant dans la serrure ancienne, d'une commode incommode avec ses tiroirs fermant de travers, d'une petite table boiteuse et d'une chaise au siège de paille tressée. Ses livres d'études, bien rangés, s'alignaient sur une étagère près de son lit.

Le garçon s'ennuyait dans sa chambre. Il n'y trouvait aucun attrait pour y demeurer ou l'inciter à y rêver. Le jour pénétrait à flots par une haute fenêtre à petits carreaux, et la seule joie du gosse était, disait-il, de « voir, l'été, le ciel s'endormir ».

C'est pourquoi la révélation de cette ouverture cachée remplit de joie les deux complices. Ils allaient enfin pouvoir continuer leurs conversations, le soir, après avoir pris congé des grandes personnes. En effet, jusqu'à présent, ils étaient obligés d'emprunter deux escaliers différents pour aller dormir. Ils se quittaient au sortir du salon en se disant « à demain, dors bien », et chacun partait de son côté. Désormais tout avait changé : cette porte découverte en jouant ouvrait des perspectives défendues : parler la nuit et dormir tard !

Après avoir dansé une ronde auprès de ce panneau aux coins vermoulus, Aurélie insista pour remettre l'armoire à sa place. Tant bien que mal, au prix d'efforts éreintants, ils réussirent à bouger le meuble qui reprit approximativement son emplacement.

Tels de sérieux comploteurs, ils résolurent de taire cette trouvaille le plus longtemps possible.

— Toujours ! s'écria Michel.

— Toujours, répondit Aurélie. Toujours... si on peut !

Et le battant en vieux chêne fut soigneusement refermé.

Ce soir-là, ils dirent « bonsoir » sitôt après le dîner. Alix en fut surprise, mais n'en laissa rien paraître. Ayant embrassé chacun avec des airs de conspirateurs, les deux enfants s'éclipsèrent. Aurélie avait chipé des fruits afin d'organiser une sorte de petite réception en l'honneur de Michel. Elle attendait, dans une joyeuse excitation, l'arrivée de son invité. De son côté, le garçon se débarrassa de ses vêtements et enfila son pyjama à une vitesse record. Il s'enerva parce qu'il ne retrouvait qu'une seule pantoufle. Enfin, il etait prêt !

Il se précipita sur la petite armoire, mais il avait beau pousser, le meuble ne cédait pas. Il s'arc-bouta, pesta en s'escrimant encore. L'armoire semblait de plomb, comme rivée au sol. Son désespoir lui coupait les bras. Haletant, à bout de forces, il s'assit sur son lit pour calmer son rythme cardiaque. Pour mieux récupérer son souffle, il s'étendit.

Aurélie, de son côté, trouvait le temps long. Elle s'accroupit sur le sol et, attrapant Belle Aventure, se mit à le caresser en lui racontant des histoires.

Alix quitta le salon et grimpa l'escalier qui menait chez Aurélie. Elle entrouvrit la porte et s'attendrit devant le tableau qui s'offrait à sa vue : sa fille dormait par terre, la tête appuyée contre son lit, tenant dans ses bras le chat blanc roulé en boule et ronronnant. Elle s'approcha. Aurélie devait rêver car elle souriait. Alix, renonçant à l'éveiller, se contenta d'étendre sur elle une couverture avant de sortir sans bruit... « A l'autre, maintenant », se dit-elle. Regagnant le rez-de-chaussée, elle monta chez Michel par le second escalier. Elle trouva le gosse endormi sur ses draps. Elle le couvrit d'un édredon avant de quitter la pièce en hochant la tête. Elle avait tout compris en avisant la petite armoire légèrement déplacée et, derrière le meuble, le vide du mur.

Tout en redescendant, elle pensa que cela avait peu d'importance. Ayant trouvé cette porte condamnée depuis des années, ils se retrouveraient le soir ? Et puis après... N'étaient-ils pas des enfants ? Ils ne pouvaient faire aucun mal, alors à quoi bon les brimer en leur interdisant un innocent plaisir : la joie de faire en secret quelque chose de défendu...

Et chaque soir de cet été naissant, Aurélie et Michel se retrouvèrent pour s'avouer leurs préférences et leurs répugnances. Ils échangèrent des idées nombreuses, poétiques ou farfelues, sur des tons graves ou frivoles.

Le jour montait, limpide, éclaboussant de sa lumière vive les frondaisons et les jardins. L'été rayonnait. Les hêtres pourpres mettaient en relief la pâleur des tilleuls. Les clématites, violettes et roses, les volubilis bleus, grimpaient à l'assaut des murets de pierres disjointes en bordure de certains prés. Les giroflées jaunes, rousses et parfumées tentaient de supplanter l'odeur sucrée des chèvrefeuilles. Devant le château les pivoines éclataient en rouge à côté des buissons d'hortensias. Aurélie avait expliqué à Michel que l'on pilait parfois des ardoises au pied des arbustes afin qu'ils donnent naissance à des fleurs bleues ou violines.

Au petit matin, les merles courageux traversaient les pelouses en sautillant à l'heure où, dans les poulaillers, les coqs fiérots s'égosillaient.

Les deux enfants sortaient tôt en cette saison. Alix les mobilisait pour aider à cueillir les fruits destinés aux confitures. Les paniers de groseilles et de cassis se remplissaient vite. Les premiers jours, les enfants en mangeaient tant, en cachette, qu'ils étaient incapables de faire honneur au déjeuner. Alix grondait et tout rentrait dans l'ordre.

A la fin de juillet, elle dut cependant élever la voix pour les chasser des cuisines. Les gosses voulaient absolument assister à la confection des confitures de fraises et de framboises. Sous prétexte de goûter au contenu tentant des bassines de cuivre, ils avalaient des assiettées entières d'écume rosâtre.

En grand-mère avisée, elle sévissait en les envoyant se promener à l'extérieur.

Michel entraînait alors Aurélie du côté de la mer. Ils trottinaient par les sentiers au dessin capricieux, au milieu des haies d'églantiers sauvages aux boules écarlates. Ils avançaient parmi les tiges ligneuses et argentées des chardons, foulant parfois de leurs pieds distraits les soucis incultes, éclos par hasard entre des cailloux. La brise saline faisait onduler les champs de blé mûr, se pencher les épis de seigle barbus. Les avoines blondes semblaient les saluer au passage. Ils n'y prêtaient pas attention, poursuivant leur course débridée.

Le cri pointu des alouettes les escortait de haut, se mêlant aux pépiements des pinsons bariolés, des mésanges et des fauvettes à tête noire. Autour d'eux, les hirondelles se croisaient, rapides, traits fulgurants d'encre de Chine qui semblaient les éviter de justesse.

A l'approche du rivage, le vent du large se faisait plus fort, ébouriffant leurs mèches. Les branches des pins s'inclinaient autour de ces silhouettes enfantines qui gambadaient sur le chemin sableux.

Tout à coup, au détour d'une dune couronnée de genêts, ils débouchaient sur la plage. Quelques minutes après, ils s'ébattaient dans l'eau, mimant les dauphins. Dans cet endroit désert, ils se laissaient emporter dans une sorte d'ivresse, ballottés par des torrents d'eau salée dont la force les enchantait : joie rarement éprouvée, qu'ils savaient trouver là, aux beaux jours de l'été.

Pour eux, la mer était une amie puissante dont ils n'avaient rien à redouter. Les courses, les simulacres de batailles, les plongeons sans cesse renouvelés dans les creux frangés des vagues vivifiaient leurs corps. L'océan les fouettait. Le sel imprégnait leur peau, lui donnant cette teinte de corail bruni dans laquelle on aurait pu avoir envie de mordre pour en connaître la saveur. Leurs rires avaient pour écho les sourdes roucoulades des lames se retournant sur elles-mêmes.

Ensuite, épuisés, le cœur dansant, ils s'affalaient sur le sable tiède, aspirant le grand air avec délice tandis que l'écume venait et revenait leur lécher les pieds.

Après quoi, ils jouaient à se poursuivre, chutant parfois volontairement. Ils se roulaient dans le sable, habillant ainsi leurs corps humides d'un collant beige, rose et brillant comme une soie déchirée scintillante de mica. Leur peau hâlée se devinait, de place en place, en traces indécises.

Les deux enfants ne se lassaient pas du panorama qui s'étalait devant eux.

Adossés aux dunes crêtées de touffes vertes à fleurs d'or sans cesse maltraitées par les brises, ils contemplaient sans s'en rassasier la masse sombre et pointue du Mont-Saint-Michel. Ce vaisseau de granit ancré au milieu de ses redoutables lises semblait trôner sur cette étendue moirée. Plus loin, on devinait sur la droite le profil de l'île de Tombelaine. Au-dessus de leurs têtes, dans l'air chargé d'iode, les sternes et les courlis exécutaient des rondes, inlassablement.

Aurélie et Michel pouvaient rester là, immobiles et muets, jamais fatigués de ce paysage magique. Ils étaient aussi impressionnés par la sensation d'immensité intemporelle qui se dégageait de cet horizon d'aquarelle.

Auparavant ils s'étaient adonnés quelquefois à la recherche des coques, des bernard-l'ermite ou des coquillages. A présent, ce jeu ne les passionnait plus.

Ils préféraient se raconter des choses ou se taire, ensemble.

Ils abandonnaient la place tandis que la marée descendait, laissant derrière elle des plaques luisantes et des flaques d'eau immobiles reflétant un ciel net où s'égarait parfois un trait de gouache blanche. Le soleil déclinant leur indiquait une heure approximative que la cloche du village venait préciser, de loin.

Détendus, ils regagnaient le château d'un pas plus calme, prêtant attention aux plaintes monotones des pigeons ramiers, au bruit sec du bec d'un pic-vert sur l'écorce d'un arbre, aux pies sauteuses et voletantes, au jappement d'un chien, quelque part au-delà des bois, ou encore au passage furtif d'un petit lièvre effaré.

Parfois, tout en cueillant des marguerites sur les talus, ils entonnaient une vieille chanson qu'Aurélie avait apprise à Michel :

Il était un p'tit homme
Tout habillé de gris
Carabi
Qui partait pour la chasse
Pour la chasse aux perdrix
Carabi
Perdreaux
Carabeau
Compère Guilleri...

Au plus fort de l'été, Aurélie et Michel allaient discrètement assister au battage du blé et à l'édification des meules de paille. Ils étaient fascinés de les voir grandir à vue d'œil et très admiratifs de la coordination des gestes de ceux qui s'employaient à construire ensemble ces gros tas ronds et pointus qui ressemblaient finalement à des moulins d'herbes jaunes et sèches. A demi cachés, ils regardaient les gens des fermes s'activer. Ils apercevaient Alexis, quelquefois, mais ne se montraient pas. Il leur aurait dit : « Venez donc travailler un peu ! » Or Michel avait peur des paysans autant qu'Aurélie. Non pas qu'ils fussent intimidés mais ils craignaient de passer pour ridicules en participant maladroitement à un ouvrage dont ils ne connaissaient rien. Imaginatifs, ils entendaient par avance chacun rire de leur gaucherie. Ils éprouvaient alors une certaine honte de leur incompétence. Mais là où leurs pensées divergeaient, c'était au sujet de ce qu'ils voyaient dans les meules. Aurélie s'intéressait à la couleur et à la forme des mottes de paille alors que Michel s'imprégnait des mouvements réguliers exécutés sous ses yeux. Le soir, dans sa chambre, le petit garçon répétait, imitait les quelques gestes qui l'avaient marqué.

La chaleur d'août n'excluait pas les promenades. Au gros du jour, sous un soleil vertical, ils croisaient parfois des carrioles oscillantes dont les ferrures des roues et les essieux mal graissés grinçaient aux cahots des chemins pierreux. La poussière soulevée, entraînée par la course des vents légers, ternissait le brillant des roseaux, des buis et des lauriers. Elle se glissait dans les yeux à travers les cils.

Les mouches, elles aussi, devenaient agaçantes, comme ces bouffées d'air brûlant qu'on aspirait. La gorge sèche, on avait l'impression d'avaler du foin.

Aurélie et Michel se trouvèrent amenés un jour à contempler un tableau ravissant qui leur fit oublier un instant la pénible canicule.

Dans la cour d'une ferme ils avisèrent un âne attelé qui se reposait. Il dormait peut-être, debout, les oreilles inclinées. L'une de ses jambes avant s'appuyait avec grâce sur la pointe du sabot.

Le soleil tapait dur sur la cour. Les poules passaient et repassaient sous l'animal immobile, cherchant l'ombre de la carriole. L'air était empli de remous odorants.

Plus loin, des moutons assoiffés s'abreuvaient à une mare bordée de joncs où des canetons prenaient leur bain.

Autour des brebis, un corniaud assumait son rôle de garde, galopant sans aboyer, évitant des touffes de lavande.

Les journées s'écoulaient en jeux constants : jeux utiles comme la cueillette des abricots et des reines-claudes ou la distribution des grains aux dindons, aux pintades et aux oies. Mais Michel avait peur du bec des jars. Ils allaient aussi déranger les poules et dénicher les œufs un peu partout pour les rapporter à la cuisine.

Mais ils préféraient les jeux inutiles. Ceux-là étaient sans fin. Ils se servaient de l'irremplaçable décor que la nature mettait à leur disposition pour s'inventer des lieux aux noms féeriques. Ici ou là, Aurélie devenait princesse et Michel explorateur. Le même emplacement se transformait au gré de leur imaginaire. La cabane perdue dans la jungle se métamorphosait instantanément en tour pointue, en caravelle voguante, ou en pic montagnard, selon leur idée du moment. Ils jouaient, heureux, au fil des jours. En définitive ils étaient plutôt sages.

Tout aurait été plus simple si Aurélie avait été moins précoce, mais cette enfant réservée à l'âme romantique avait trop appris, puisant à des sources ignorées. Elle savait aussi, et surtout, ce qui ne s'apprend pas. Inconsciemment elle donnait à Michel une forme d'éducation particulière. Sans le vouloir, elle lui dictait ses réactions. Le petit garçon influençable imitait et cherchait à faire siennes les idées ensorcelantes d'Aurélie.

En été, ils avaient la permission de ressortir après le dîner. C'était alors de lentes balades le long des prés de soie où l'herbe repoussée serait à nouveau coupée pour finir bientôt dans les granges ventrues. Tout soupirait et sentait bon. Ils distinguaient à peine le tracé des chemins, marchant plutôt à l'aventure dans ce qu'il y avait de plus éclairé au milieu de tant d'ombres.

Quelques bruits se faisaient entendre sous la voûte de ce ciel indigo : le hululement du chat-huant haut perché sur sa branche, le concert ininterrompu des grenouilles et crapauds au coassement lancinant, le vol fuyant d'une chouette qui les frôlait au passage, chassant des mulots. Ils marchaient sans parler, savourant leur bien-être. Michel regardait la lune. Il lui semblait que la nuit pâlissait de ce côté-là, estompant les étoiles. Il se souvenait des paroles d'Aurélie à propos de cet astre blême : elle avait traité la lune de curieux faux soleil aux lueurs envoûtantes, ajoutant qu'elle se méfiait de cette clarté malsaine que l'on pouvait sans gêne regarder en face, discernant des cicatrices grisâtres et bizarres dans cette boule de glace lumineuse veinée de blanc.

Michel avait déclaré que la lune était en nacre. Aurélie l'avait contredit. Pour elle, le disque était en métal froid sur lequel s'inscrivaient des dessins imparfaits appliqués à la craie. Elle avait ajouté que la lune ne lui inspirait pas confiance, la qualifiant de planète versatile aux pouvoirs maléfiques. Ne changeait-elle pas de forme presque chaque nuit, se déguisant en croissant, disparaissant pendant des jours pour réapparaître ensuite ?

Décidément, Aurélie n'aimait pas la lune !

Michel ne partageait pas tout à fait cette antipathie pour l'astre nocturne qu'il trouvait plutôt captivant dans sa clarté laiteuse...

★

Les journées moites et les soirs lourds annonçaient la fin de la saison brûlante.

Les hirondelles luttaient de vitesse, rasant les herbes sèches le long des rivières. Haut dans le ciel, les martinets s'agitaient, exécutant des virages vertigineux avant leur départ prochain. Du sol montait des bouffées d'air chargé d'effluves. A présent les orages, violents, se succédaient déversant des cataractes d'eau tiède aussitôt absorbée par la terre assoiffée. Après des semaines se sécheresse, le sol se désaltérait avec avidité.

Et puis les chaleurs fléchirent.

L'espace cessa de vibrer tout d'un coup.

Septembre s'installait aux horizons liquides. Dans la plaine, les lointains perdaient leur netteté. La nature, dans une sorte de lassitude heureuse, semblait se replier doucement sur elle-même en prévision du prochain ensommeillement hivernal. Elle accordait cependant quelques demi-sourires dans les forêts, les champs, les jardins et aux abords des étangs. Les iris pointaient encore ferme leur parure jaune. Les asters restaient dans leur bleu garde-à-vous auprès des delphiniums aux tons de porcelaine.

Le rafraîchissement des brises s'accusait davantage de jour en jour.

Parfois, un après-midi magnifique éclaboussait d'or la tiédeur des chemins où virevoltaient les bouvreuils au ventre rouge, les loriots et les bergeronnettes en demi-deuil gris.

Aurélie et Michel, inséparables, participaient à la cueillette des mûres sauvages avec Alix et tout le Manorlaine féminin. C'était une procession charmante à contempler de loin, que ces formes multicolores s'enfonçant dans les haies à plein corps, cherchant à attraper les plus beaux fruits.

— Pourquoi les plus gros sont toujours les plus hauts ? demandait Michel désolé de sa taille. Il appelait Aurélie à chaque instant, découvrant souvent quelques grappes fournies, inaccessibles pour lui.

Un jour qu'Aurélie arborait une petite robe de coton blanc à motifs roses, Michel voulut se faire, lui aussi, un vêtement de couleur. Regardant ses mains tachées de grenat par les fruits, il décida de colorier sa chemise blanche en y dessinant des fleurs. Il cueillit quelques belles mûres et, se dissimulant derrière un tronc d'arbre, il salit consciencieusement son linge en le barbouillant allégrement. Il se réjouissait de l'effet qu'il allait produire tout à l'heure... Il finissait son épaule gauche lorsqu'il entendit la voix d'Aurélie à sa recherche.

— Par ici... par ici... criait Michel.

Elle écarquilla les yeux, ouvrit la bouche, et éclata de rire.

— Qu'est-ce qu'il t'est arrivé ?

— Regarde comme c'est joli !

— Ah çà... ! oui... tu es joli ! réussit-elle à articuler entre deux rires.

— Quoi, c'est pas bien ?

— Mais tu es fou, mon chéri !

— C'était pour avoir des fleurs sur moi, comme toi avec ta robe.

— Eh bien, le résultat est plutôt curieux ! Je t'assure !

— Tu crois ?

— Enfin Michel... on n'a pas idée de... Et puis un garçon ne doit pas porter des tissus à dessins, voyons... Tu devrais le savoir !

— C'est vrai ?

— Évidemment ! Allez, viens vite !

Et les enfants coururent laver la chemise au bord de l'étang. Aurélie, le voyant torse nu, l'entraîna dans la maison des enfants pour qu'il ne prenne pas froid. Il traînait toujours un ou deux pull-overs dans cette petite cabane, et Michel en enfila un bien trop grand pour lui.

— C'est un chandail d'Alexis, découvrit-il, ça sent bon, ça sent le tabac !

— Oh ! je n'aime pas l'odeur du tabac.

— Ah ?... Moi j'aime bien !

Il tâtait la laine décolorée en réfléchissant. Aurélie étendait sur l'herbe la chemise vaguement nettoyée pour qu'elle sèche rapidement.

— Oh ! regarde, dit-elle en se dressant d'un bond. Regarde qui arrive !

Un cavalier se profilait. Apercevant les enfants, il dirigea vers eux les pas de sa monture.

— Papa ! s'écria Aurélie en s'élançant vers le cavalier.

— C'est grand-père ? questionna Michel. Aussitôt après il se demanda pourquoi il avait prononcé cette phrase. Évidemment il savait que c'était son grand-père : d'abord il l'avait vu, et puis Aurélie venait de crier « papa ». Michel avançait lentement, la tête baissée, suivant du regard ses pieds qu'il faisait traîner dans l'herbe.

— Viens m'embrasser, Michel, sourit Armand.

Là, Michel s'arrêta net.

— Tu crois ?

— Tu ne veux pas m'embrasser ? s'étonna Armand.

— Si... bien sûr... mais comment ?

— Eh bien, approche-toi, je vais te faire monter devant moi sur mon cheval.

— Oh non ! s'écria Michel, esquissant un mouvement de recul.

Aurélie et Armand le dévisageaient, étonnés. Elle levait les sourcils, lui commençait à froncer les siens.

— Michel, lui dit-il gravement, tu ne seras jamais un homme si tu as peur des chevaux. Aurélie n'en a pas peur, et pourtant c'est une petite fille.

Le gosse avait la gorge serrée, désolé de contrarier son grand-père. Il réussit à articuler :

— J'ai pas peur des chevaux... mais c'est si grand... et ça va si vite !

Armand hocha la tête et dit à Aurélie qui lui tenait la main :

— Il est encore trop petit !

Après quoi, leur ayant adressé un signe de la main, il quitta les enfants, vivement emporté par son alezan qu'il venait d'éperonner.

A présent, Michel était furieux de tout : que son grand-père l'ait trouvé trop petit, qu'Aurélie n'ait pas pris sa défense, qu'il ait sali sa chemise pour rien, et puis maintenant il détestait aussi le chandail d'Alexis et l'odeur du tabac !

— Tu as fâché papa en lui montrant que tu as peur des chevaux.

— Oh, écoute, j'ai pas fait exprès ! Seulement je trouve

que c'est de grandes bêtes qui sont plus jolies dans les champs que tout près de moi !

— C'est bien ce que je te dis... tu as peur des chevaux !

— A quoi ça sert de se mettre dessus les jambes écartées ? On ne doit pas être bien du tout... Si encore on s'asseyait !

— Oui, papa a raison, tu es décidément trop petit !

— Ne dis pas ça, Aurélie, ne dis pas ça... Pas toi... ou je...

Il montrait une colère telle qu'Aurélie s'arrêta, devinant ce qui pouvait se passer dans la tête de Michel. Elle lui dit gentiment, sans être pourtant tout à fait sincère :

— Pardonne-moi ! Je te taquinais. Viens jouer !

— A quoi on joue ? s'inquiéta Michel.

— On va jouer aux quilles.

— Si tu veux... murmura-t-il, encore boudeur.

Après les quilles, ce fut le jeu du volant, puis un cache-tampon. Et la chemise fut sèche. Il y restait des taches rosâtres qui ne partiraient plus. Ils coururent chercher leur goûter : de larges tartines de pain de ferme beurrées recouvertes de confiture... Comme à l'accoutumée, dégustant leur en-cas, ils s'en allèrent à l'aventure.

Michel avait retrouvé son calme. La bonne humeur régnait.

Quittant les champs piqués de trèfle incarnat, ils débouchèrent à l'étoile, une croisée de chemins qui conduisait à Genêts, à la mer sur la droite, aux bois des Cerfs sur la gauche et aussi en forêt, du côté de Dragey. Ils se dirigeaient vers leur charmille. Ils l'avaient découverte au printemps précédent et venaient souvent s'asseoir sous son toit de lierre. Là ils se reposaient de tout en écoutant les sons environnants. Dans un angle de cet abri naturel somnolait, délaissé, un petit Amour en pierre qui avait perdu ses flèches. Aurélie avait dit « tant mieux, il ne pourra plus faire de mal à personne » et Michel avait souri croyant comprendre...

Étendus à même le sol, les enfants regardaient les nuages défiler au-dessus de la grille des feuilles entrelacées. Ils étaient bien. Ils attendaient les crépuscules rouges.

La cloche de Genêts leur donnait le signal du retour au château. Ils passaient parfois à travers les bois assombris par un couchant couleur sanguine. Leurs yeux cherchaient à travers les branches un horizon qu'ils ne pouvaient plus que deviner tant il était noyé. L'odeur des sols mouillés par les grandes pluies d'hier, à laquelle se mêlaient des senteurs forestières, les enivrait. Ils humaient le plein arôme de la campagne. La terre encore chaude et molle exhalait ses frissons.

Sur les rives de l'île, au bord des eaux dormantes, les branches se penchaient davantage, comme pour mieux écouter des murmures invisibles en forme de chants discrets et plaintifs ou pour surprendre des secrets chuchotés dans de légers bruissements. La nature entière semblait répondre aux appels d'une lyre astrale qui chantait le large et l'infini.

L'herbe cessa de pousser. Les feuilles brunirent. Les rhododendrons dans leur terre de bruyère finirent par se dépouiller tout à fait.

Tôt le matin, on apercevait des brumes traînantes comme des écharpes de tulle. Elles s'attardaient auprès des haies, stagnaient au-dessus des oseilles sauvages encore veinées de pourpre. La température avait chuté. Les dernières roses, agressées, renoncèrent à lutter et lâchèrent un à un, tristement, leurs pétales.

Les migrateurs s'enfuirent aux premiers jours d'octobre. Il planait autour de Manorlaine une atmosphère quelque peu solennelle. Aurélie et Michel déambulaient parfois le long du potager, autour des salades qui se frisaient ou des choux ouverts comme des cuves. Ils regrettaient ensemble la disparition du parfum des fleurs. Michel disait : « Les chrysanthèmes, ça sent l'eau. » Aurélie disait : « Regarde, il me semble que nous marchons au milieu des traces d'un souvenir : celui de l'été. » Ils se promenaient mais plus tranquillement dans la fraîcheur de certains jours d'automne qui sont humides comme des buées. Alors le sol devient tendre, pareil à un fruit blet. Les jardins sentent l'abandon, la lumière matinale même ressemble à un faux-jour. Ils rencontrèrent des paysans qui brûlaient des feuilles après les avoir disposées en tas.

Aurélie trouvait ça triste, Michel trouvait ça beau.

Elle fermait les yeux pour humer seulement l'odeur de la fumée qui montait en sombres volutes. Lui regardait intensément, cherchant à découvrir les petites langues de flammes qui s'échappaient de temps en temps, juste là où, précisément, il n'avait pas regardé. Il aimait la couleur du feu, sa senteur et son bruit. Il écarquillait les yeux jusqu'au moment où la fumée piquante les noyait de larmes. Il s'arrêtait de fixer les flammes, s'écartait pour revenir vers elles quelques secondes après.

Le feu attirait Michel parce qu'il était rouge, vif, violent et crépitant. La fumée hypnotisait Aurélie parce qu'elle montait vers le ciel, s'y confondait pour s'estomper dans l'impalpable.

Quelques jours après, flânant au même endroit, Aurélie dit encore :

— Regarde, il n'y a plus rien. Les feuilles sont réduites en poudre, la terre a pris la couleur de la poussière. On dirait de la cendre. C'est affreux de penser que nous aussi nous deviendrons gris et pas plus que cela.

Aurélie trouvait également que la fin de l'automne c'était comme une maison où l'on met des housses sur les meubles avant de s'en aller.

Un après-midi de pluie, vers cinq heures, peu après leur goûter, elle entraîna Michel dans ses chambres et lui demanda de lui raconter une histoire.

— Je sais pas raconter les histoires, moi !

— Eh bien, invente !

— Mais j'sais pas.

— Cherche... tu n'es pas stupide ! Je ne te parle plus jusqu'à ce que tu aies trouvé !

— Oh, ben... ça alors...

Aurélie, chantonnant, partit chercher son chat.

— Alors ? fit-elle interrogative en rentrant dans la pièce, tenant Belle Aventure dans ses bras.

— Eh bien, voilà, fit Michel en prenant une longue inspiration. « Il y avait une fois, dans un château... c'était dans un château... Il y avait une fois dans un château un petit garçon qui était explorateur et qui rencontra un jour une petite fille qui était princesse... Ils s'aimèrent beaucoup tout de suite et, sans se quitter, ils passèrent un printemps, un été, un automne et un hiver. Et puis après... ils s'endormirent pour toujours... » « Dans un bateau », ajouta Michel précipitamment.

Aurélie se moqua de lui.

— Elle n'est pas amusante ton histoire. Pour toi, quelle est la différence entre ces quatre saisons dont tu parles ?

— La différence ?

— Oui. Qu'est-ce que tu trouves de différent entre le printemps et l'automne par exemple ?

— Oh, je sais pas, moi. Il pleut en automne et au printemps, il fait beau en hiver et on a froid, et l'été on va se baigner parce qu'il fait très chaud. C'est pas ça ?

— Si c'est ça... aussi. Mais écoute-moi ! Au printemps, les couleurs sont aussi tendres que si elles étaient coloriées avec des pastels. Tu sais ce que c'est que des pastels ?

— Oui, c'est des bâtons comme des crayons de couleur, mais il faut pas appuyer trop fort parce que ça se casse comme la craie. Et puis les couleurs sont très douces.

— Bon ! Eh bien, au printemps, les couleurs sont aussi douces que des pastels, et plus pâles aussi.

— Oui... C'est vrai.

— En été, tout est luisant comme des choses neuves. Les couleurs sont vives et franches.

— Oui... avec beaucoup de vert !

— En automne, il y a de l'or, toute la gamme des roux et des rouges se dégradant vers les jaunes et les grenats.

— Oui... Il y a aussi la pluie.

— Si tu veux ! Et en hiver tout est noir, brun très foncé et argent.

— Oui... et blanc aussi quand il neige.

— Au printemps, continuait Aurélie, on découvre les ruisseaux, en été on en profite, en automne on les entend et en hiver on les regarde.

— Oui..., forcément... quand ils sont gelés !

— Au printemps, les échos s'essayent dans les bois, en

été ils sont nets et mats, en automne ils s'allongent et se prolongent, en hiver ils s'essoufflent.

— Oui ! oui ! oui ! s'exclamait Michel, c'est vrai tout ça ! Mais...

— Mais quoi ?

— Rien !... C'est très joli tout ce que tu dis... mais... c'est pas seulement ça !

— Alors pour toi qu'est-ce qu'il y a d'autre ?

— Ben...

— Je t'écoute.

— Au printemps on sème, en été on récolte, à l'automne on laboure, en hiver on répare ce qui est cassé et on prépare le printemps et puis... ça recommence...

— Oui... évidemment... vu sous cet angle... tu as raison ! soupira-t-elle.

— Tu vois bien que je ne suis pas complètement idiot !

— Je n'ai jamais pensé ça de toi. C'est une de mes poupées qui s'appelle Idiote !

— Pourquoi ?

— Je sais bien que c'est un drôle de nom... mais quand j'étais toute petite je me faisais toujours gronder et punir les jours où je l'avais dans mes bras... Alors... je l'ai baptisée Idiote ! Voilà !

— Elle est pas amusante non plus ton histoire...

Aurélie sans répondre sourit à Michel en rejetant ses nattes en arrière d'un mouvement du cou. Puis, baissant la tête, elle caressa tendrement la boule blanche ronronnante qui se prélassait sur son avant-bras. L'animal plissa les yeux en fixant le garçon. Celui-ci s'estima nargué et lui tira la langue.

Michel eut l'impression que l'œil du chat se faisait plus ironique encore. Contrarié, jaloux sans doute, il se dressa sur ses jambes et, avant de quitter la pièce, déclara à une Aurélie stupéfaite :

— C'est pas Belle Aventure qu'il devrait s'appeler ton chat... mais plutôt Sale Bête Moqueuse !

IV

Découvertes

MICHEL est venu seul, ce soir, se promener au bord de l'étang. Abandonnant la famille après le dîner, il a dit simplement :

— Je vais prendre un peu l'air.

— Ne va pas trop loin, a demandé Alix. Il faut te coucher, il est déjà tard.

Il est seul, assis dans l'herbe, comme tout à l'heure au bord du champ, les coudes sur les genoux, le menton dans ses poings. Il sent vivre le domaine tout autour de lui. Il entend Manorlaine respirer à travers les feuillages et les herbes. Il devine les êtres et les plantes qui s'animent. De loin lui parviennent des bruits divers, reconnaissables durant les nuits de l'été. Le glapissement d'un chien, une porte qui grince, un bruissement dans un taillis, un frôlement parmi des branchages, des murmures, des sifflements légers et fugaces : chanson sans musique, mélodie sans paroles.

La nuit fredonne. Michel devine à quoi s'apparentent les sons. Il reconnaît les battements d'ailes et les trottinements à peine perceptibles. Il sait où s'est perché le hibou, et les buissons où se cachent les nids des pinsons. Il respire les parfums de la campagne, les odeurs rassurantes exhalées par la nature, encore imprégnées de la chaleur du jour.

Le petit garçon s'est étendu dans l'herbe. Il regarde le ciel. Et le ciel, cette nuit, semble l'hypnotiser. L'immense voûte sombre, piquée d'étincelles, lui donne une sensation de vertige. Il n'y a plus d'horizon, plus de limites. Seulement une grande ombre bleue où se fondent d'autres ombres imprécises. Les arbres s'étalent en éventails dentelés d'un noir d'encre sur fond bleu nuit.

Michel se sent bien, détendu, paisible.

Sa pensée vagabonde, en toute liberté.

— Oh ! une étoile filante !

Elle s'est détachée soudain et paraît fuir ses pareilles en un éclair fulgurant qui s'efface aussi vite qu'il est né. Michel fait un vœu : « Je souhaite savoir tout faire dans le domaine, comme Alexis ! » Il est sincère car c'est ainsi qu'il entrevoit son avenir : vivre à Manorlaine en homme indépendant et efficace, comme son oncle.

« Mais il me faudra en apprendre, des choses... pense-t-il. J'ai déjà neuf ans et... au fond... je ne connais rien de ce qu'il faudrait... Est-ce que les autres petits garçons comme moi savent s'occuper des bêtes, diriger les cultures, organiser les récoltes ? Est-ce que je saurai un jour exploiter les bois, faire vivre une forêt et puis ensemencer les champs suivant les saisons et les années ? C'est bien joli les études... il paraît que c'est indispensable, mais à quoi ça sert à Manorlaine de savoir que la bataille de Marignan a eu lieu en 1515 et que Jeanne d'Arc a été brûlée en 1431 ? A quoi ça sert, si on ne sait pas qu'il faut changer de terrain chaque année pour les pommes de terre afin de régénérer la terre ? Et si on est incapable de déceler qu'un chêne se meurt d'un mal rongeur, à quoi ça sert de savoir que Louis XIV a construit le château de Versailles... ? Je sais que la formule chimique de l'eau c'est H_2O, mais je ne sais pas quand il faut badigeonner les poiriers à la chaux ni à quel moment il faut sulfater. »

— Oh ! une autre étoile filante ! « Mon Dieu, faites que Aurélie guérisse. »

A l'œillade stellaire, Michel a répliqué sans hésiter. Il sait qu'Aurélie ne va pas bien. Hier encore, il a surpris tante Anne qui questionnait Alix. Et sa grand-mère a pleuré en affirmant cependant que le docteur Lebrun assurait que ça allait mieux. C'est étrange cette maladie d'Aurélie : ça ne se voit pas et ça ne lui fait pas mal. Mais ça la rend triste. Et ça la fatigue tout le temps. Pourtant, elle n'a pas l'air malade. Au contraire, chaque annee elle devient plus jolie, avec des yeux plus grands, plus clairs dans un visage qui s'amincit et prend la teinte d'opaline fine, translucide...

— Encore une ! « Je veux être un bon cavalier ! »

Car Michel, à présent, n'a plus peur des chevaux. Depuis quelques mois il monte régulièrement. C'est là, maintenant, sa préoccupation majeure, comme si toute sa vie dépendait de la façon dont il se tient à cheval. Il se souvient du jour où Alexis lui a dit : « Tu dois acquérir une bonne assiette ! » Michel, surpris par l'expression, s'était mis à rire. Et puis... il a compris ! Surtout lorsque son oncle l'a obligé à monter à cru, sans selle ni étriers...

Michel est résolu à vivre comme Alexis, et celui-ci se déplaçant presque toujours à cheval... C'est vrai qu'à califourchon on voit les choses de plus haut, se dit-il, on se sent plus fort ! Parce qu'on est plus grand ? Peut-être aussi parce qu'on domine l'animal, puisqu'il vous obéit...

Deux fusées là-haut se sont encore croisées. Michel sourit. C'est merveilleux cette sensation d'être compris, d'être approuvé par quelque chose de mystérieux, de lointain et d'inaccessible. Pourquoi le ciel ce soir change-t-il si souvent ses paillettes de place ? Comme il veut une réponse à sa question, il se raconte que le firmament lui fait cadeau de beaucoup d'étoiles filantes pour qu'il puisse formuler tous les vœux qui lui passent par la tête.

« Tout de même, se répète le gamin, c'est difficile pour un petit garçon de bien savoir ce qu'on veut ! »

Il pense à sa mère qu'il ne voit pas souvent. Il souhaite que ses grands-parents soient toujours près de lui. Il espère qu'Alain réussira ses examens à la rentrée d'octobre afin d'aller poursuivre ses études à Paris comme il le désire. Il pense à tout ce qui peut rendre heureux ou faire plaisir autour de lui. Mais moi, se dit-il, je ne sais pas ! Pour moi, je ne sais pas ce que je veux ! Et puis après un instant de réflexion : « Si ! je sais ! Je voudrais être grand et fort comme Alexis. »

Cette pensée le trouble un peu, car elle le place dans un monde inconnu : celui des grandes personnes. Ce monde où les enfants ne sont pas admis parce qu'on y parle de choses et qu'on y fait des choses qui sont, paraît-il, les plus importantes de la vie. En ce moment par exemple, dans la famille, la grande affaire, ce sont les fiançailles d'Albert. Armand, un soir, avait declaré :

— Mon fils, je suis heureux de te voir prendre ton avenir en main à un âge où d'autres s'attardent dans une dépendance oisive. Te voilà libéré du service militaire, mais déjà ta vie s'équilibre puisque tu as trouvé une compagne. Je t'en félicite.

C'était au printemps dernier. Albert revenu du régiment avait annoncé son intention d'épouser une jeune fille d'origine britannique, Patricia Felton. Ils s'étaient rencontrés à Paris au cours de ses permissions. Elle avait vingt ans, Albert deux ans de plus. Les fiançailles avaient été célébrées fin mai. Le mariage devait avoir lieu à Manorlaine, incessamment, le jour de l'anniversaire d'Albert.

Depuis qu'il connaissait cette nouvelle, il arrivait à Michel de penser souvent à ce mariage. Pour la première fois, il se trouvait confronté à la réalité de ce que tout le monde autour de lui appelait « l'amour » ! Il voulait naturellement se convaincre en lui-même qu'il savait en détail ce dont il s'agissait.

Il y a belle lurette qu'il ne croyait plus aux cigognes ni aux bébés qui naissent dans les choux. Il était un grand garçon... que diable !

Il avait observé sans surprise excessive l'accouplement des bêtes et saisi dans les mœurs animales la gestuelle de ce que pouvait être l'amour. Mais à la vérité, l'image de l'acte, le contact physique, provoquait en lui une certaine gêne et même le choquait sans qu'il sût pourquoi. Il cherchait en vain à deviner à quel moment s'exprimait la tendresse dans le brutal et fugitif rapprochement des corps. Il y avait là quelque chose qui échappait à sa compréhension. L'amour, ce n'était tout de même pas seulement une lutte bestiale entre deux créatures de sexes différents ? Les animaux, passe encore, mais les humains ? Il lui paraissait inconcevable que la douceur n'intervienne pas à un certain moment. Mais quand ? Avant, pendant, après ? Il revoyait les lapins, les chevaux, les chiens, les bovins, et la vision de ces images-là ne le rassurait nullement.

Si c'était seulement pour « faire ça » qu'il fallait se marier... ça n'en valait vraiment pas la peine, se disait Michel non sans éprouver un certain dégoût. Et puis, croyant avoir fait une importante découverte, il s'avouait : « Je comprends mieux maintenant pourquoi Alexis ne s'est pas marié... Il doit avoir d'autres idées là-dessus. Il faudra que je lui en parle, un jour... quand je serai plus grand ! Moi je n'ai pas envie de me marier. Ça m'ennuierait de coucher dans un lit avec une dame que je ne connais pas. J'aimerais mieux qu'Alexis installe un divan pour moi dans son pavillon. Comme ça on serait toujours ensemble et on n'aurait pas besoin d'épouser des filles... »

En un instant il sent la fraîcheur nocturne et, voulant se redresser, s'aperçoit qu'il est courbatu : sans doute a-t-il fait trop de cheval !

La sensation d'une présence invisible l'arrache à sa rêverie. Il fouille la nuit. Deux points brillants, quatre pattes et un museau luisant le font sourire.

— Turc ! Ah, mon beau chien... viens ici !

Turc n'a pas attendu l'invitation de l'enfant. La truffe humide se frotte à la tête blonde. Les prunelles de l'animal scintillent, expriment la chaleur d'un dévouement. Pataudes et lourdes, les pattes griffent un peu les bras du gosse, en jouant, avant de labourer son torse dans un élan désordonné.

— Assez, Turc ! Assez...

Il y a déjà un bon moment que Michel et le chien se sont instinctivement liés d'amitié.

— Turc ! Regarde !

Son bras autour du col de la bête haletante, le gamin veut montrer à son compagnon une dernière étoile filante. Puis, fermant les paupières, Michel lâche sa prise et s'étend à nouveau sur l'herbe. Turc, calmé, sagement couché, lui lèche une main.

Autour d'eux les lucioles et autres vers luisants jettent de minuscules lueurs vertes.

Nul ne saura si le chien a vu l'étoile. Nul ne saura non plus le vœu du petit garçon.

L'été flamboie.

A Manorlaine, c'est aussi jour de fête. Albert d'Anderly a pris pour épouse Patricia Felton. Il ne manque qu'Antoine l'Africain pour que l'allégresse soit complète.

Le mariage a eu lieu à la mairie, puis dans la simplicité de la petite église de Genêts.

Huit jours auparavant Patricia Felton s'était installée, avec ses grands-parents maternels et une sienne cousine venue d'Angleterre pour être son témoin. Tous les Anderly étaient déjà dans la place pour les grandes vacances. Anne et Jean d'Hablaincourt avec leurs enfants, Agnès et Jean-Armand, Hélène et Frédéric Marchand avec Béatrice, Bruno et leur nurse, Adam et Mireille enfin, et puis les habitants permanents du domaine. Pour l'occasion d'ailleurs, les bagages des arrivants s'étaient trouvés augmentés des toilettes prévues pour la cérémonie. Et le 27 juillet au matin, le château s'était réveillé de très bonne heure.

Anne avait tenu à habiller ses enfants avant de se préparer elle-même. Jean-Armand semblait déguisé dans un costume de toile ivoire dont le col rond, amidonné-glacé, gênait ses mouvements de tête. Mal à l'aise, il donnait l'impression d'avoir un torticolis. Cela n'allégeait pas son allure guindée.

Sa sœur Agnès ressemblait à une poupée de foire fagotée, bouclettée, enrubannée. Entortillée dans une robe rose, elle paraissait à-demi enfouie au milieu de ses multiples volants.

Fière de cette toilette ridicule dans laquelle elle se croyait irrésistible, elle jetait des regards condescendants vers Aurélie vêtue de percale claire et sur Michel, tranquillement assis dans son costume marin. Ils attendaient sagement tous les quatre dans le grand salon déjà brillamment éclairé par le soleil matinal.

Aux étages, dans les chambres, l'agitation régnait.

— Jean ! Jean ? Avez-vous vu mon mouchoir de dentelle ? questionnait Anne, comme si Jean d'Hablaincourt avait le goût de s'occuper des lingeries de sa femme !

— Tu es superbe, mon bel ours, disait Hélène, nerveuse comme si c'était elle qu'on mariait, en ajustant la cravate de Frédéric.

— Armand, s'inquiétait Alix, tu ne crois pas que mes agrafes sont trop lourdes avec cette robe ?

La maison avait l'air d'une serre. Les meubles et le sol croulaient sous les corbeilles et les bouquets blancs. Vers dix heures tout le monde fut prêt et les voitures, fleuries elles aussi de blanc, avancées devant le porche. Le mariage civil était prévu pour onze heures et la cérémonie religieuse pour onze heures trente. Patricia Felton apparut la dernière. Belle, suave, un visage au teint laiteux encadré de cheveux roux, elle avait grande allure. Dans sa robe de mariée, elle gardait son étrange personnalité. On la devinait gagnante. Elle charmait d'un regard, amusait d'un mot, captivait qui elle voulait avec ses yeux verts. Pas un instant elle ne perdait le contrôle de ses émotions ou de ses sourires. Elle était d'une espèce encore inconnue à Manorlaine : un personnage rare aux allures souples, à l'esprit aigu, prompt à la repartie. Avec naturel, elle se montrait d'une originalité qui bouleversait assez les Anderly. Elle semblait s'amuser de tout. Après avoir inquiété, elle rassurait, poursuivant la comédie continuelle qu'elle jouait autant pour elle-même que pour les autres.

Elle avait une façon très personnelle de conquérir sans rien accorder, de laisser croire sans rien dire. Elle noyait ses sous-entendus dans un joli rire, seulement le tour était joué. Elle pouvait bien alors se montrer lointaine avec Albert, répondre d'un ton sec en souriant à ses belles-sœurs, troubler Alexis devant tout le monde en le fixant d'un regard particulier, personne ne se rendait compte de rien. En les étourdissant un peu, Patricia Felton avait été adoptée par les Anderly. En fait, le jour de son mariage, c'est elle qui semblait avoir bien voulu les accepter. On pouvait d'ailleurs se demander ce qui avait pu décider cette jeune personne hors série à s'allier avec Albert d'Anderly. Certes ce dernier était beau garçon, mais l'enjôleuse Anglaise semblait trop fine pour épouser une apparence physique.

Hélène avait tenté d'en apprendre davantage en bavardant avec Patricia. Bien qu'adroite et experte, la mère de Michel s'était trouvée devant un sphinx délicieusement indéchiffrable. Son sondage n'ayant pas abouti comme elle le souhaitait, elle préféra l'avouer à sa sœur aînée :

— Tu sais, Anne, dans le domaine des attirances... des autres, il est préférable parfois de ne pas chercher à comprendre...

Le village entier était venu assister à la cérémonie.

Suivant la coutume, Alain, qui semblait surexcité, se chargea de jeter des dragées aux enfants. Les nouveaux mariés se protégèrent des poignées de riz que les villageois leur lançaient. Puis ce fut le déjeuner somptueux qu'Alix avait mis au point depuis un mois.

Aurélie, fatiguée, avait parlé à l'oreille de sa mère avant de s'éclipser discrètement vers ses chambres. La chaleur, sans doute, et peut-être aussi l'émotion...

Michel ne remarqua pas son absence car il était placé près d'Alexis. Il trouvait sa nouvelle tante bien jolie et l'aimait déjà, captivé par ce visage nouveau qui souriait rien que pour lui. Patricia levait son verre lorsque le regard de Michel accrochait le sien.

Hélène se montrait plus coquette qu'à l'ordinaire. Sa subtilité féminine l'incitait à lutter avec cette jeune et nouvelle venue sur le plan du charme. Elle s'y ingéniait d'autant plus qu'elle avait remarqué les coups d'œil furtifs que Frédéric réservait discrètement à la rousse et ensorcelante Londonienne.

Vers cinq heures de l'après-midi, le déjeuner s'achève enfin. Michel se retrouve dans un coin ombragé du parc avec Agnès et Jean-Armand. Ce dernier a mal au cœur. Il a trop apprécié le gâteau de mariage à la crème Chantilly. Il a retiré son col amidonné mais ne se sent pas bien. Agnès boude parce que sa robe rose est froissée, les volants fripés et tachés de gras.

Les adultes sont rassemblés dans le grand salon à l'abri des volets tirés car la chaleur persiste. Les hommes sirotent du cognac. Albert en boit trop. Son père l'observe sans rien dire.

Patricia est déjà dans sa chambre. Elle se repose. Alix, auprès d'elle, veille sur les préparatifs de départ des nouveaux mariés. Albert et Patricia prendront la route tout à l'heure. Ils ne veulent pas perdre une minute et, de toute façon, ils désirent arriver à Paris ce soir pour y passer leur première nuit. Demain, ils rouleront vers l'Italie... Venise.

Armand d'Anderly a offert une automobile au jeune couple. Albert le souhaitait tant... C'est une Rosengart, joli cabriolet noir décapotable aux sièges de cuir rouge.

— Albert, si tu étais un vrai frère, tu me permettrais d'aller faire un tour avec ton carrosse.

Alain vient de lancer sa demande comme il aurait dit : « Albert, donne-moi une cigarette. » Mais il se doute que son frère va lui refuser ce plaisir.

— Mais bien sûr, idiot ! Un jour comme celui-là, je ne peux rien te refuser ! Seulement ne va pas trop loin. Nous devons partir...

— Chic alors !... Fais-moi confiance, je ne vais pas l'abîmer. Et puis ça la mettra en train, cette bagnole, pour le voyage...

Alain pose son verre et propose :

— Personne ne vient avec moi ?

— Par cette chaleur ? répond Jean d'Hablaincourt, non, merci !

Albert crie vers son frère qui est déjà sorti :

— Prends la route d'Avranches, elle est meilleure.

Un peu essoufflé par sa course jusqu'au garage, Alain, ravi, les yeux brillants aussi à cause des vins qu'il a absorbés, sort avec précaution la voiture étincelante dans son vernis et ses chromes neufs. Il contourne le manoir pour prendre la grande allée.

— Oh, oncle Alain, où tu vas ?

Jean-Armand, Agnès et Michel courent à côté de la voiture qui roule au ralenti.

— Vous voulez venir ?

— Oui ! Oh oui, s'écrie Jean-Armand.

— Bon, montez ! Mais je ne peux pas vous prendre

tous les trois, il n'y a que deux places... et encore, en se serrant bien à côté de moi !

Il ouvre la portière et dit : « Qui veut monter ? »

Agnès et Jean-Armand se sont installés avant que Michel ait pu dire un mot ou faire un geste.

— C'est bien fait, Michel ! On te laisse... on te laisse... scande Jean-Armand.

— Oh, je ne voulais pas aller avec vous...

Il est dépité mais ne le montrera pas ! Il ajoute un mensonge plausible :

— D'abord, je dois rejoindre oncle Alexis pour aller voir les chevaux !

Des éclats de rire, un départ brutal, un nuage de poussière, chaude et fine comme de la fumée, et les voilà partis. Michel ne se retourne même pas. Il entend trois voix qui s'égosillent en chantant :

A la claire fontaine
M'en allant promener
J'ai trouvé l'eau si claire...

Il a calé ses poings au fond de ses poches et décide d'aller vraiment rejoindre Alexis. Il est furieux contre Agnès et Jean-Armand, il en veut à Alain, et puis il se console. Après tout, c'est vrai, maintenant, lui, il préfère les chevaux !

★

Dans le grand salon les plateaux à liqueurs sont toujours en place... Il est sept heures du soir.

Les fleurs ont perdu leur éclat après cette journée de parade. Elles traînent partout, molles, piquant du nez sur les meubles et les dalles.

Trois corps déchiquetés, broyés, sont étendus au premier étage. Agnès et Jean-Armand d'Hablaincourt gisent dans la chambre de leur mère, Alain dans celle de ses parents.

Dans la pièce contiguë, le bureau d'Armand, les Anderly pleurent ou voudraient pleurer. De la chambre d'Hélène les hurlements d'Anne, en proie à une crise de démence, traversent les cloisons. Le moment est atroce ; impossible d'effacer l'image, impossible de rendre la vie à ces trois enfants désarticulés, impossible même de leur redonner un visage.

Agnès et Jean-Armand sont défigurés et les pansements sommaires enroulés autour de leur tête sont tachés de noir. Seul Alain a gardé sa face intacte. Des mèches blondes, ébouriffées, restent collées autour d'une plaie à la tempe droite. Mais les trois dépouilles ne sont plus que des masses inertes sous des draps blancs, formes inconvenantes, objets incongrus déposés là par erreur, comme si le destin s'était trompé de cible, de jour et de lieu.

Une heure après le départ du beau cabriolet, une ambulance avait fait son entrée à Manorlaine. Des hommes s'étaient présentés, mais la famille était déjà debout, pétrifiée. Au pied du grand escalier Aurélie, prévenue, s'était effondrée en apprenant la tragédie. Anne, à demi folle de douleur, s'était mise à hurler.

Alors les hommes avaient dit à Armand :

— Monsieur le comte... un accident terrible.

Armand s'était tourné vers Alix :

— Ma chérie, emmenez les enfants... Enfin, Michel et Aurélie. Ne dites rien à Albert et à sa femme, et allez dans mon bureau, tous. Alexis restera près de moi, et vous aussi, Jean.

Jean d'Hablaincourt acquiesça par automatisme.

Frédéric Marchand s'approcha.

— Si je peux...

Mais personne n'y prit garde. Alix, livide, bloquée au point de ne pouvoir pleurer, monta au premier étage d'un pas mécanique. Hélène avait entraîné sa sœur délirante et hagarde. Mireille et Adam ranimaient Aurélie et la transportaient dans sa chambre. Michel tremblait et se pinçait les lèvres pour ne pas sangloter nerveusement. Ignorant tout du drame, les nouveaux époux fermaient leurs bagages.

Devant le porche des hommes en blouse ouvraient les portes de l'ambulance. Armand, entouré de Jean d'Hablaincourt, de Frédéric et d'Alexis qui le tenait par le bras, tentait de ne pas vaciller. Tout de suite les cernes qui arrondissaient son regard s'humectèrent. Jean d'Hablaincourt se détourna en s'appuyant sur l'épaule de Frédéric. Alexis regardait les trois civières en soutenant son père qui baissait la tête.

-- Mais comment, comment ? murmura-t-il.

— Oh, c'est affreux, bafouillait l'un des hommes. Un horrible accident... à dix minutes d'ici : au passage à niveau sur la route de Granville... en bas de la côte de Saint-Jean-le-Thomas. D'habitude, il est toujours fermé ce passage à niveau. On nous a téléphoné. Alors on est venu... c'est le rapide de Paris... La voiture a été prise comme ça, de face, sur dix mètres à peine, un éclair, quoi !... Et puis après... elle a été projetée en bas du remblai. Mais c'était déjà fini... Monsieur le maire nous suit avec les gendarmes. Il termine son enquête... il va venir. En tout cas, vous savez, le garde-barrière est arrêté ! C'est criminel ces choses-là ! Nous, on a su tout de suite que c'étaient les enfants d'ici...

A la claire fontaine
M'en allant promener
J'ai trouvé l'eau si claire...

Michel ne peut s'enlever cet air de la tête. Il est auprès d'Aurélie, couchée, qui gémit.

— C'est drôle, dit-elle dans un souffle, c'est drôle d'être là tous les deux, vivants...

Michel est repris par son tremblement nerveux. Il ne veut pas pleurer, surtout pas ! Un véhicule démarre dans la cour. Tout est en ordre depuis longtemps déjà. Il est neuf heures. L'ambulance est repartie. La maréchaussée a accompagné le maire qui est venu avec des condoléances toutes faites et un rapport officiel. L'automobiliste était dans son tort. Il y avait un drapeau rouge à la place de la barrière habituelle, en réparation. D'après les témoins, le conducteur allait si vite que l'accident était inévitable.

Les femmes pleurent. Alix, près d'Alain, veut rester là toute la nuit. Elle a enfin trouvé la ressource des larmes. Adam et Mireille l'assistent. Jean d'Hablaincourt est prostré au pied de ses enfants morts. Frédéric Marchand reste avec lui tandis qu'Hélène veille sur sa sœur hébétée.

Dans cette voiture qui démarre dans la cour, Alexis conduit Patricia et Albert d'Anderly à la gare d'Avranches pour qu'ils quittent le domaine ce soir même. Armand a voulu qu'il en soit ainsi. Il est allé dans la chambre des jeunes époux et leur a dit :

— Ce malheur qui nous frappe n'est pas le vôtre. C'est le bonheur qui vous appartient aujourd'hui. Partez... partez sans voir personne. Alexis vous conduira au train. Vous serez à Paris cette nuit, et après-demain en Italie... Oubliez cet accident fatal ! Vivez !

— Mais ce n'est pas possible, tentait de protester le nouveau marié.

— Si mon fils... et tu sais bien que j'ai raison. Embrassez-moi mes enfants et apprêtez-vous. Alexis vous attend. Il prendra la grande voiture, la Voisin est trop exiguë.

Et voilà ! Dans l'automobile qui démarre il y a deux frères silencieux et une jeune femme étrange. Avant de franchir les barrières blanches de Manorlaine, Patricia jette un regard en arrière pour contempler ce château où la mort a fait son entrée en même temps qu'elle. Mais l'ombre lui cache une partie de cette image. La nuit a déjà commencé à tendre ses voiles de deuil autour du paysage.

Michel vivait ces tristes événements dans un état où l'ennui se conjuguait au bouleversement. L'accident lui avait fait peur. Deux jours de silence l'avaient replié sur lui-même, cassant l'élan de sa jeunesse frénétique épanouie par l'été. L'enterrement enfin, et la vue des cercueils l'avaient impressionné. Il se disait que, maintenant Alain n'aurait plus à passer aucun examen, que Jean

Armand n'aurait plus jamais mal au cœur et qu'Agnès ne pourrait plus parader dans ses robes roses.

Aussitôt il se reprocha ses réflexions. C'était stupide. Jusqu'à présent, le cimetière de Genêts n'était qu'un endroit particulier, qu'il avait traversé sans se rendre compte de ce qu'il représentait au juste. Une impression d'ordre, une sensation de paix se dégageaient de ce lieu entretenu avec soin, où voisinaient des croix de bois, de fer forgé, rouillées ou neuves. Il s'était dit, quand il était tout petit, que les morts n'étaient pas mal installés dans cet enclos fleuri, bien propre, où le bon Dieu veillait sur les lits de pierre ou de marbre poli dans lesquels certains dormaient pour l'éternité.

Dorénavant, Michel aurait peur du cimetière. Il n'osait pas penser qu'Agnès, Jean-Armand et Alain allaient rester prisonniers de la terre, tout le temps, même l'hiver au moment des gelées. Quand les cercueils avaient disparu dans le gouffre noir, Michel avait éclaté en sanglots et son beau-père l'avait serré contre lui.

Trois jours après la tragédie, au lendemain des obsèques, Anne et Jean d'Hablaincourt rentraient à Paris. Le docteur avait recommandé qu'on les éloignât du lieu où le malheur les avait frappés. Jean d'Hablaincourt, muré dans une douleur pudique, était venu embrasser sa petite belle-sœur Aurélie avant de partir. Michel était là au moment de sa visite. Le malheureux le regarda longuement, lui tapota la joue d'une main douce avant de l'embrasser sur le front.

— Tu vois... maintenant... je n'ai plus que toi !

Aurélie se leva pour aller porter des fleurs sur les tombes. Michel l'accompagna. Alexis avait repris son activité, Armand ses promenades et Alix ses travaux d'aiguille. Hélène, Mireille, Adam et Frédéric lisaient ou jouaient au nain jaune ou aux cartes : bridge, écarté, mistigri... Il fallait se distraire. Béatrice et Bruno se laissaient dorloter comme tous les bébés. Alix s'essuyait parfois les yeux, discrètement. Armand tardait souvent à rentrer. Mais la vie reprenait. Il fallait qu'il en soit ainsi.

Michel le sentit précisément le soir même de l'enterrement, alors que la famille s'essayait à parler d'autre chose. Alexis l'avait pris par la main, entraîne au-dehors en lui disant qu'ils allaient faire un petit tour dans le parc.

Ensemble ils avaient marché longtemps dans la nuit, sans prononcer une parole. Alexis avait deviné, senti que cet enfant de dix ans était peut-être le plus choqué par la catastrophe. L'homme savait que ce désordre émotionnel devait être apaisé au plus vite. Il fallait minimiser l'ampleur du drame, atténuer le trouble, en parler pour éviter que les replis de la mémoire se refermassent sur ce souvenir abominable, marquant un esprit juvénile de traces trop profondes. Alexis pressentait que le gosse avait besoin de se raccrocher à une force, de se rassurer auprès d'une présence vivante au sein de cette famille anéantie par le deuil.

Alors, sans hésiter, il a pris l'enfant par la main.

Leur silence partagé est déjà un dialogue.

★

Août s'est déroulé, torride ou moite, traversé d'orages courts, violents et torrentiels. Aurélie, dolente et craignant la forte chaleur, est restée le plus souvent à l'abri des épaisses murailles de pierre du château où persiste une appréciable fraîcheur lorsque, à l'extérieur, la canicule frappe.

Michel a vagabondé, nonchalant et distrait.

Ses heures disciplinées, il les a passées auprès d'Alexis, chaque matin, en prenant sa leçon d'équitation. Et puis il y a eu quelques veillées auprès de lui, dans le pavillon. Maintenant le garçon revient souvent chez Alexis. Il reste là une heure environ avant d'aller dormir. Il le regarde nettoyer ses pipes, noter dans des calepins ou ranger des classeurs.

Ils ne parlent pas. Alexis n'aime pas les mots.

En ce début d'automne, Michel est venu, une fois de

plus, retrouver son oncle. Pour la première fois cette année, Alexis a allumé un feu de bois afin de chasser l'humidite precoce de septembre. Michel rêve en regardant ce spectacle, émerveillé par les flammèches qui s'agitent dans l'âtre. Le feu est un joyeux invité. Il use des artifices les plus chatoyants pour se faire remarquer, se raconte le gosse. Il crépite comme s'il relatait des histoires de guerre et déguise constamment son apparence. Il étreint les bûches dans des pointes de taffetas jaune, orange ; il les enlace de rubans rouges ou bleus. Et puis, par moments, il ronfle, râleur, ou bien il chantonne, ronronne et siffle. Il s'amuse aussi en projetant les ombres de Michel et Alexis sur le mur opposé, leur prêtant des silhouettes informes aux contours sautillants.

On peut rester silencieux face à un si brillant compagnon. Le feu envoûte Michel avec ses jeux de sorcier. Le feu rapproche l'homme et l'enfant, les réunit.

Alexis tire sur sa pipe, assis près de l'âtre, sur un tabouret de chêne. Il garde ses coudes sur ses genoux, ce qui lui donne l'air d'une statue. Ses vêtements de velours côtelé brun s'éclairent de reflets roux fugitifs. Michel est accroupi, clignant des paupières. Alexis met parfois une autre pièce de bois dans le foyer, ou une branche sur laquelle des feuilles restent accrochées. Elles se recroquevillent sur elles-mêmes dès que la flamme les effleure, comme les anémones de mer qui se retractent lorsqu'elles se sentent agressées.

Pour la première fois Michel remarque les mains de son oncle qui remue les braises avec des pincettes. Il les trouve belles, fortes, efficaces. Ce sont des mains d'aristocrate qui ont perdu de leur finesse pour gagner de la puissance. Elles ont échappé à la fadeur de certaines mains d'homme quand elles sont trop soignées. Celles d'Alexis, hâlées et vigoureuses, appartiennent à une personnalité plus vraie, un peu rude mais souveraine. Ce sont des mains robustes de sculpteur. Des doigts aux phalanges agiles se dégagent une sorte de sensualité. Les ongles au larges lunules sont coupés court. Ce sont des mains qui auraient pu servir de modèle à Arno Breker — mais Michel ne sait pas qui est Arno Breker. C'est curieux, pense l'enfant, c'est la première fois que j'observe les mains de quelqu'un...

Jusqu'alors Michel n'a prêté attention qu'aux yeux des êtres. Il aime les regards. Il les comprend, les devine et sait traduire leur langage. Le gosse songe brusquement aux yeux qu'il connaît, qui le séduisent, le troublent ou l'intimident.

Dans ceux d'Alexis il y a tout cela. Michel réalise soudain qu'il est incapable d'en définir la teinte exacte. Ils sont aussi changeants que les nuances de l'eau de mer. Parfois ils brillent d'un bleu pur traversé d'éclairs aussi vifs que des pétales de lobelia ou de gentiane. A d'autres moments l'iris lumineux s'éclaircit et devient d'autant plus perçant que les paupières sont bordées de cils noirs qui soulignent encore l'acuité du regard ; un regard étrange prêt à se décolorer davantage dans l'émotion ou la contrariété, pouvant exprimer l'attendrissement ou la fureur dans des pâleurs soudaines, ardentes ou glaciales.

Michel aime les regards clairs. Il lui semble que leur limpidité est un garant de franchise. Et puis, il est attiré par tous les bleus de la création : le ciel, l'océan, les bleuets, les jacinthes, les lupins et les pervenches, entre autres. Pour lui, les yeux d'Aurélie reflètent tous les bleus puisque, selon l'humeur, ils deviennent aigue-marine ou saphir aux éclats de cobalt.

Après le bleu, Michel pense au vert qui lui succède dans les nuances du prisme. « Le diable habite les yeux verts! », disait sa grand-mère... avant qu'Albert épouse Patricia Felton. Devant son étonnement, Alix lui avait raconté que l'émeraude dans laquelle le Saint-Graal a été taillé était tombée du front de Lucifer durant son expulsion du paradis : chute vertigineuse qui aurait abouti, d'après la légende, entre les trois buttes formées par Tombelaine, le Mont-Dol et le Mont-Saint-Michel. La vision de ce bel archange rebelle, projeté du haut du ciel si près de Manorlaine, avait beaucoup frappé l'enfant qui, malgré tout, s'était demandé comment une émeraude assez grosse pour être taillée en calice avait pu se trouver incrustée dans un front...

Il en avait conclu que les archanges — déchus ou non — devaient appartenir à une sorte de tribu... gigantesque et quelque peu divine. L'image des cyclopes à l'œil unique lui avait, un instant, traversé l'esprit.

Fixant toujours le feu qui pétille, rougeoyant, Michel revoit les petits yeux ronds des lapins russes et, dans les pointes d'or des flammes, ceux des tigres, des lions, des panthères, tels qu'ils sont représentés dans le bestiaire de son grand-père, illustré en couleurs. Le gosse est attiré, presque magnétisé, par ces prunelles-là. Elles lui font un peu peur et en même temps l'ensorcellent : ces yeux jaunes striés de faisceaux aux couleurs bâtardes. Parmi les animaux dits sauvages, Michel, d'instinct, se méfie des grands félins qu'il n'a pourtant jamais vus en réalité. Cette réaction vient peut-être du fait qu'Aurélie lui a dit que les chats appartenaient à la race féline. Et comme il tient Belle Aventure pour son rival direct...

Le brun qui apparaît à l'extrémité des bûches l'incite à penser aux regards de sa grand-mère, c'est-à-dire à la tendresse, à la sérénité apparente qui rassure.

Alors qu'il s'apprête à songer aux yeux noirs, Alexis rompt subitement le charme. Il se redresse, regarde sa montre, se lève et d'une petite tape affectueuse sur la tête invite le gosse qui somnole à aller retrouver son lit.

Et Michel regagne le château en courant, non parce qu'il a peur de l'obscurité, se dit-il mais parce qu'il a quitté la chaleur de l'âtre, ses lueurs, et la présence d'Alexis.

En vérité, le garçon trouve que l'imposante et sombre masse des arbres est un peu menaçante. Il les aime le jour, dans leur contour net. Le soir, même caressés par les rayons de lune, ils lui semblent moins attirants. Michel trotte aussi vite qu'il le peut dans la grande allée, cherche à se persuader qu'il n'a rien à craindre, mais son cœur qui bat la chamade lui fait comprendre qu'il a, tout de même, une certaine crainte de la nuit.

Alors il accélère l'allure pour se retrouver au plus tôt à l'abri de cette petite angoisse indéfinissable...

★

— Tiens-toi droit... Ne crispe pas tes poignets ! Là... Ne tire pas sur le mors. C'est mieux... Mets-toi au trot ! Allez ! Veux-tu m'obéir... ou je... Bien... C'est ça... lève ton derrière... appuie-toi sur les étriers... rentre le bout de tes pieds... ne prends pas l'habitude de monter « en gendarme », c'est très laid... Voilà... c'est mieux ! Rentre encore la pointe de tes chaussures... c'est ça...

Le gosse, dents serrées, évolue autour de son oncle qui tient à la main une longe fixée à la bride du cheval.

— Bien. Les reins souples. N'aie pas peur, je suis là !

Et Michel tourne en rond, les cuisses douloureusement écartées autour des flancs du puissant étalon, les genoux raides, les mollets encore un peu flageolants.

Armand avait dit un soir à Alexis : « Je suis désolé, Michel a peur des chevaux. Je ne sais pas quoi faire, mais je suis réellement désolé. »

Alexis n'avait rien répondu mais, par la suite, il s'était efforcé d'observer Michel. En se promenant, le gosse évitait avec soin de passer auprès des écuries. Il préférait effectuer un détour plutôt que risquer un contact quelconque avec l'une des bêtes de selle. Qu'à l'âge de Michel on ait peur des chevaux, c'était assez excusable quoique décevant pour un Anderly. Alexis le déplorait. Il découvrit pourtant que l'enfant les admirait bien que s'en défendant. Un après-midi, il surprit le petit contemplant, d'abord de loin puis de plus en plus près, les ébats des poulains dans leur pré. Ne se sachant pas observé, Michel avançait en procédant par bonds successifs, se cachant de troncs d'arbres en boqueteaux. Alexis se réjouit : les animaux avaient adopté le gosse. Ils venaient se frotter contre les clôtures, agitant leur crinière, saluant, piaffant, ondulant pour le gamin. Michel, qui avait apporté du sucre, le déposait délicatement dans l'herbe, puis se reculait précipitamment derrière le rempart d'un buisson. Or le poulain à qui le cadeau était destiné ne le trouvait pas. Michel composait alors mille singeries pour faire comprendre à l'animal où il fallait chercher : vains efforts !

L'enfant mit un certain temps à se décider à offrir

comme il se doit, mais en tremblant, le morceau de sucre dans la paume de sa main tendue !

La joie du garçon, lorsque la bête s'empara doucement du cube blanc, ne pouvait pas tromper l'observateur. Il n'y avait aucun doute : Michel aimait les chevaux, se sentait attiré par leur force et leur beauté, mais en même temps il s'effrayait à la vue de leur stature, de leurs muscles saillants et luisants qui jouaient sous les poils satinés de leur robe.

Alexis ne se fit pas voir, mais le lendemain matin il assista au petit déjeuner familial. Cela lui arrivait si rarement que chacun en fut agréablement surpris. Michel se précipita pour l'embrasser mais s'arrêta net. Alexis n'aimait pas qu'on le touche. Il n'embrassait personne hormis sa mère. Le gosse lui dit : « Bonjour » en tendant sa petite patte. Alexis lui serra la main comme à un homme. Michel faillit crier : « Aïe ! », mais se retint en se mordant les lèvres.

Alix et Armand se demandaient ce qui motivait la présence de leur fils par ce matin d'été, car le travail du domaine réclamait partout sa présence en cette saison. Toutefois, ils ne posèrent pas de questions. Le petit déjeuner se déroula gaiement. Alexis s'exprima soudain :

— Mère, puis-je fumer ?

— Bien sûr, mon chéri.

Il bourrait sa pipe avec des gestes lents, les paupières baissées.

— Je suis ennuyé. J'aurais besoin d'un service, mais tout le monde est occupé aux champs. Donc, je suis venu voir s'il n'y avait pas ici quelqu'un qui voudrait bien m'aider pendant une heure.

— Moi ! fit Michel instantanément.

— Oh ! il faut des jambes solides. Tu n'as pas les jambes assez solides !

— Ben... si alors ! affirma celui-ci.

— Dans ce cas, ça va peut-être aller. Remarque, ce n'est pas du tout difficile, seulement il faut avoir un peu de courage... Tu as du courage ?

— Mais oui, beaucoup ! Pourquoi ?

— Bon ! alors on va voir...

— Qu'est-ce qu'il faut faire ?

Michel était très excité a l'idée d'être a même de rendre service à son oncle. C'était une marque de confiance qui le flattait au-delà de toute expression.

— Tu n'auras pas peur ?

— Mais non, comment veux-tu que j'aie peur avec toi ?

— Alors c'est parfait !

— Qu'est-ce qu'il faut que je fasse ?

Chacun se taisait autour de la table. On n'entendait que le bruit de l'argenterie frôlant la faïence.

— Eh bien, il faut que je vois mon cheval évoluer. Sa selle doit le blesser quelque part, mais je ne peux m'en rendre compte que si je vois un cavalier le monter devant moi.

Michel avait pâli. Alexis échangea un coup d'œil complice avec son père. Le visage du gosse était blanc comme sa serviette. Son regard s'affolait. Alexis évita de le remarquer. Le silence se prolongeait. Michel luttait, la poitrine battante, les jambes en coton. Il n'existait aucun prétexte pour couper court à la demande d'Alexis. C'était trop tard ! Pourquoi avait-il eu la bêtise de répondre si vite ? Et puis... devant toute la famille, il lui était impossible d'inventer une excuse. Cherchant une dérobade, il avouerait sa peur... Cela, jamais ! Plutôt se faire couper en morceaux, plutôt... n'importe quoi ! Plutôt monter sur un cheval que d'avouer sa panique ! Michel se pinça le bras sous la table, prit une inspiration et, d'un air qu'il voulait dégagé, déclara d'une voix chevrotante :

— Bon ! On ira quand tu voudras !

Puis, se penchant vers sa grand-mère, il murmura :

— Mammy, je peux laisser mon café au lait ? J'en ai plus très envie...

A présent Michel accompagne Alexis chaque matin dans sa promenade d'inspection autour du domaine. Il y a maintenant trois ombres qui se profilent sur les routes et dans les chemins qui sillonnent Manorlaine : Alexis sur Vandale, Michel montant son cheval, Satan, et Turc, le chien d'Alexis. Les trots et les galops alternent, s'entraînent l'un l'autre. Alexis vient de donner cet étalon a Michel. Satan est le fils de Vandale ; il est aussi noir de poil, un peu moins nerveux, bien que l'œil soit ardent, et deviendra sans doute tout aussi vigoureux et decouple. Michel caracole aux côtés d'Alexis.

Il est heureux.

★

Bien des choses ont changé depuis ce début de septembre. Tout a commencé un matin où Michel était en retard à un rendez-vous fixé. Le gosse approchait du pavillon de son oncle sans se presser, en chantonnant :

Mal'brough s'en va-t-en guerre
Mironton ton ton mirontaine
Mal'brough s'en va-t-en guerre
Ne sait quand reviendra
Ne sait quand...

Il est interrompu de loin par la voix d'Alexis :

— Tu te dépêches, oui ?

Il s'est mis à courir, arrivant essoufflé.

— J'suis là... J'suis là !

— Bon ! Eh bien on y va, monsieur Perceval. En selle ! Et... tu montes tout seul... s'il te plaît ! Allez, hop !

Ils sont déjà partis. Michel est parfaitement détendu. Alexis peut bien prendre sa grosse voix, le garçon sait quand il est sérieux et quand il gronde pour rire. Et puis... il n'a plus peur de lui poser des questions. Avant... avant qu'il ne monte à cheval, il n'osait pas. Aujourd'hui, par exemple, tout en chevauchant, il cherche ses mots et ne les trouve pas. Alors il pose ses questions comme elles viennent, mais il les pose tout bas parce que, quand on galope, ce n'est pas le moment de poser des questions, et ce n'est surtout pas le moment d'y répondre. Et comme

Michel veut que son oncle réponde, il attend le moment favorable. Pour l'instant, il préfère s'appliquer à bien se tenir en selle pour qu'Alexis soit content de lui.

Ils se déplacent ainsi des journées entières, ne faisant halte que pour avaler une omelette ou du pain et du lard dans l'une des fermes afin qu'Alexis puisse s'entretenir avec les paysans. C'est seulement à l'heure où le jour s'affaisse qu'ils regagnent au pas tranquille de leur monture le chemin des écuries, et là, Michel ose enfin d'exprimer.

Il puise son courage dans la nature environnante qui exhale une langueur préautomnale. Son regard inlassé par la longue promenade se pose et se repose sur le damier des champs et les premières fanures des bois.

Les peupliers jaunissent... Les hêtres se déparent. Au-dessus des herbages parsemés de colchiques, les éperviers rasent les haies de troènes, guettent les sansonnets tachetés qui volettent avant de regagner leur nid dans les buissons ou les roseaux. Les mouches s'apprêtent à disparaître et perdent de leur agressivité. Autour des murs bas de pierres branlantes, les corneilles en robe sombre se font des scènes de ménage en sautillant. La huppe au long bec, coiffée de grandes plumes flamboyantes à pointes noires, se prépare à émigrer. Son vol étonne Michel. Les ailes rayées, larges et arrondies, paraissent toujours hésitantes. Leur battement irrégulier donne à l'oiseau l'aspect d'un gigantesque papillon.

A cette heure, tout enchante le garçon. Avec le crépuscule naissant, sa timidité s'envole. Éclairée par les lueurs du couchant, il regarde avancer son ombre sur laquelle celle d'Alexis vient parfois se superposer. Turc trottine, allant de l'un des cavaliers à l'autre.

Michel est fatigué mais détendu. Il se balance, se dandine sur sa selle. Il se sent vivant et satisfait de sa journée. Il respire un grand coup avant de s'adresser à son oncle.

— Dis, Alexis...

— Oui ?

— C'est quoi une guerre ?

— Une guerre ? Une guerre... c'est affreux !

— Oui... mais qu'est-ce que c'est ?

Alexis fronce les sourcils.

— Eh bien... ce sont des gens qui se battent.
— Pourquoi ?
— Eux-mêmes ne le savent pas très bien.
— Alors pourquoi ils le font ?
— Parce qu'on les y oblige.
— Et s'ils refusent ?
— On les condamne à mort !
— Et on les tue ?
— Quelquefois.
— Mais alors... tout le monde meurt pendant les guerres !?
— ... Beaucoup trop de monde de toute façon...

Cette réponse ne satisfait pas Michel. Il attend un moment puis reprend :

— Dis, Alexis...
— Quoi ?
— Jusqu'à quel âge on peut vivre ?
— Oh, je ne sais pas, soixante-dix, quatre-vingts ans...
— Pas plus ?
— Si... si, mais c'est rare.
— Et quel âge il faut pour être soldat ?
— Vingt et un ans.
— Ah... Alors, comment ils ont fait, les gens, pendant la guerre de Cent Ans ?
— Comment ils... ? Eh bien... c'étaient leurs enfants.
— Ah... je comprends maintenant !
— Quoi donc ?
— Ce que c'est qu'un enfant de troupe !
— Tu n'y es pas ! Un enfant de troupe c'est un élève des écoles militaires préparatoires...
— Ah bon ! Mais... il y en a souvent des guerres ?
— Oui... hélas... trop souvent ! Mais ne t'inquiète pas... elles ne durent plus cent ans !
— Mais... enfin... pourquoi y a des guerres ?

Alexis prend un temps avant de répondre. Il retient Vandale, se place à côté de Michel, botte à botte. Il tente d'expliquer :

— Tu sais que le monde est divisé en plusieurs pays différents et que...
— Oui, interrompt le gosse, j'ai vu ça dans mon atlas.

Il y a une grande carte avec la France en rose, l'Italie en vert, l'Allemagne en gris, l'Angleterre en bleu pâle, l'Espagne en...

— Bon, fait Alexis, coupant court à l'arc-en-ciel des pays. Eh bien, les gens qui habitent en Espagne ne pensent pas forcément comme ceux qui vivent dans un autre pays, l'Angleterre par exemple. Alors les Anglais et les Espagnols vont se battre : c'est une guerre...

— Oui... ils ne pensent pas pareil parce qu'ils ne parlent pas la même langue.

— ... Ce n'est pas tout à fait ça !

— Mais alors... pourquoi ils vont se battre ?

— Eh bien parce que certains pays veulent imposer aux autres leurs idées...

— Ah, fait Michel, je comprends !

— Eh bien... tu as de la chance de comprendre ! répond Alexis, songeur.

— Tu comprends pas, toi ?

Michel n'a pas entendu la réponse. Alexis est parti au galop et il est inutile de chercher à rattraper Vandale. Il est surtout inutile d'insister auprès d'Alexis. Quand il ne veut pas parler... il n'y a rien à faire.

Michel flatte l'encolure de Satan et le ramène au pas vers les écuries tout en réalisant, qu'en fait, il n'a pas très bien compris pourquoi il y avait des guerres...

Un autre jour, alors qu'ils rentraient par le bord de mer d'une visite à Jean Lebedel, un métayer qui s'était blessé en tombant d'une échelle, Michel constata :

— Tu es gentil avec les cultivateurs.

— Non... Pourquoi ? Tu sais, il faut toujours faire sentir aux gens leur importance quand on leur parle. Etre ou paraître important est le désir naturel de la plupart des hommes.

— Oui... oui, je comprends. Comme Adam...

— D'abord, ne dis pas « Adam ». C'est ton oncle !

— Alors, rétorque le gosse, logique, alors je devrais dire « oncle Alexis » et « tante Aurélie » ?

— ... Oui! répond Alexis catégorique quoique amusé

par la remarque. Oui... parfaitement. Mais moi je te permets de ne pas le dire, et Aurélie est trop jeune par rapport à toi.

— A quel âge on est assez vieux pour qu'on vous appelle « oncle » ?

— Je ne sais pas ! Tiens... regarde plutôt ces tadornes à bec rouge au lieu de dire des bêtises...

Cette fois, Michel ne semble pas intéressé par ces gros oiseaux trapus au plumage bariolé. Il poursuit sa méditation et tout à coup, de sa petite voix ravie, il affirme :

— Ça fera bien, « oncle Michel ».

— Oui... mais en ce qui te concerne, nous avons le temps !

Alexis a souri malgré lui avant d'éperonner son cheval. Michel l'imite.

Ils galopent entre grève et sable. Le chien Turc les escorte. Au-dessus d'eux les goélands argentés se débattent dans le vent du large, effrayant les sternes rieuses de leur cri autoritaire. Ils obligent à la fuite une compagnie d'oiselets de mer qui se débande dans un bouquet désordonné.

Le vent du large balaye le front des cavaliers qui soudain bifurquent vers les terres, traversant les dunes que fixent les pâles roseaux des sables. Les sabots des étalons foulent les petites fleurs bleues des euphorbes. Leur poitrail fend les hautes tiges des fenouils marins.

Le galop se poursuit parmi les orties blanches où s'affolent des lapereaux. Dans un ciel gris tendre, ils aperçoivent au loin une bande de bécasseaux qui arrivent sans doute de l'extrême Nord. Ces myriades d'oiseaux évoluent dans un ensemble parfait qui intrigue Michel. Cette espèce de nuage blanc s'assombrit brusquement lorsque les petites bêtes changent de cap et montrent leur dos bistre. La branche d'un pin géant cache d'un coup les volatiles aux promeneurs.

Sur le sol, à présent moins sableux, Vandale et Satan avancent au trot. Turc ne se risque pas à passer trop près de leurs jambes. Michel et Alexis se taisent.

L'endroit est si simplement beau que parler serait peut-être rompre un charme. Deux amis véritables peuvent partager sans mot dire l'émotion que procure le spectacle toujours recommencé de la nature qui sait si bien le présenter toute seule. L'homme et l'enfant éprouvent la même admiration, le même bien-être.

Michel apprend et retient tout ce que lui dit Alexis : par exemple que le chevreuil peut tuer ses petits, que l'aigle est un sot et le corbeau un oiseau très intelligent.

L'adulte, depuis quelque temps, sourit davantage... La présence juvénile et les réflexions du garçon le rajeunissent et l'amusent. Michel a réfléchi après leur dernière conversation : c'est vrai qu'il appelle son oncle « Alexis » tout court, et c'est venu tout seul, sans qu'il s'en rende compte, et Alexis n'a rien dit. C'est drôle quand même et c'est gentil de sa part.

D'ailleurs, Alexis n'est pas seulement gentil, se dit le petit, il est... il est... Enfin Michel éprouve une attirance bouleversante pour cet homme et, analysant mal le sentiment qui provoque en lui tant d'émoi, il ne sait comment exprimer à Alexis la profonde affection qu'il lui porte.

Comment dire ce qu'il sent ? Il ne sait pas les mots. Il préférerait ne pas avoir à les chercher. Les mots... c'est embarrassant ! Il ne peut pas dire : « Alexis je t'aime ! » Et pourtant cette courte phrase résume ce qu'il ressent. Michel voudrait se jeter dans les bras d'Alexis, s'y réfugier comme un petit animal qui a froid et qui cherche éperdument à se réchauffer contre un autre animal de sa race. Le gosse aimerait se sentir protégé par cet homme.

Michel est seul, orphelin. Il n'en a pas conscience. Bien sûr il jouit de l'affection de ses grands-parents, de celle d'Aurélie, mais ce dont il a soif, ce à quoi il aspire, c'est recevoir la tendresse d'un homme, même si elle doit être un peu rude. De cela il a un besoin absolu, mais il ne sait comment l'expliquer à Alexis. Michel a si peur de se faire mal comprendre et de se faire rabrouer s'il est maladroit, qu'il hésite, malheureux.

Les semaines passent. Le gamin n'en peut plus de se taire. Il étouffe dans sa solitude affective. Il a trop envie de se confier, de la livrer, cette solitude, à celui qui, dans son esprit, est le seul qui puisse l'aider dans son désarroi.

Un soir ou son oncle a dîne au château, Michel lui a demande la permission de le raccompagner jusqu'à son pavillon. Et là, sous les arbres, dans l'ombre complice qui voile l'expression des visages, le gosse a voulu se confier.

— Tu sais... je voulais te dire... comme je n'ai pas de papa... il me semble que je... enfin tu...

— Tais-toi, s'il te plaît !

Michel a rougi et serré les poings dans ses poches. Ils ont continué à faire quelques pas, puis Alexis s'est arrêté.

— Allez, Michel... Maintenant, laisse-moi... Rentre te coucher. Va vite ! a-t-il ajouté un peu plus doucement et, après une tape amicale sur la joue du petit, il s'est enfoncé dans l'obscurité.

Michel a écouté les pas décroître et puis là, tout seul, il s'est mis à pleurer. Pourquoi... pourquoi, se disait-il, pourquoi il n'a pas voulu que je lui dise ? Et le grand chagrin de l'enfant noie ses pensées. Il sanglote dans l'herbe.

Alexis, de son côté, a fait un détour. Au lieu de rentrer directement chez lui, il a préféré marcher face à la nuit. Il a sifflé Turc. Le léger martèlement des pattes du chien a épousé bientôt le rythme des jambes de l'homme.

Alexis était navré. Il avait senti ce qu'allait dire Michel, mais sa réserve de gars solitaire l'avait empêché de recevoir les mots contenus dans l'âme enfantine. Alexis avait honte de se trouver en butte à tant d'authentique reconnaissance, à autant d'attachement. Se méfiant de la sensiblerie, il supportait mal l'attendrissement. Or, plus les jours passaient, plus il sentait Michel se rapprocher de lui, et lui se rapprocher de l'enfant.

Ce besoin de protection tourmentait Michel.

Ce désir de protéger inquiétait Alexis.

Et ce dernier luttait pour ne pas dévoiler la profonde tendresse que lui inspirait le petit. Alexis avait compris le sens et la valeur des silences de Michel, ces silences chargés d'élans retenus. Mais Alexis ne voulait pas entendre cette sincérité à l'aide des mots. Son cœur devinait suffisamment tout seul ; il refusait que l'enfant précise ce qu'il portait en lui comme un fardeau trop lourd. Car l'appel au secours du gosse, l'adulte se refusait à l'écouter, obéissant à une sorte de pudeur confuse.

Pourtant, Alexis était réellement chamboulé par le petit et aussi par sa voix legère et naïve, touchante comme un chant. Michel, lui, avait compris qu'Alexis prenait son ton bourru pour cacher quelque chose et ce quelque chose, l'enfant devinait que c'était l'émotion, une émotion forte comme une vague de marée d'équinoxe.

Il y eut cependant un geste qu'Alexis ne put arrêter. Cela eut lieu devant son pavillon, par un après-midi terne où le ciel bouché refusait de s'éclairer.

Michel était arrivé lentement. Son visage affichait un air mystérieux qui ne pouvait échapper à l'observateur. Que se passait-il encore derrière les yeux immenses ? Accroupi dans l'herbe, Alexis nettoyait une carabine. Turc couché près de lui grignotait un morceau d'os. Le chien se dressa à l'approche de Michel et vint se frotter joyeusement contre lui. L'enfant le caressa gentiment comme à son habitude, mais de la main gauche. Ce qui n'arrivait jamais car le petit flattait toujours de la main droite chevaux et chiens. Il avait un jour déclaré à son oncle que si l'on donne la main droite à un être humain à qui l'on dit bonjour, il devait en être de même pour les animaux, c'était une politesse à leur rendre. Alexis avait apprécié ce raisonnement. A présent, il regardait Michel s'approcher sans rien dire. L'enfant posa ses yeux dans les siens. Alexis se forçait à se taire sentant que le moment était particulier. Michel s'avança plus près encore sans le quitter du regard, puis, sortant la main de sa poche, il la tendit, paume ouverte.

— Tiens, dit-il doucement. Je te donne ça !

Alexis regardait la petite patte tremblante au creux de laquelle reposait une bague : un épais anneau d'or serti d'une pierre noire gravée. Il reconnaissait la chevalière de Paul Perceval.

— C'est la bague de ton père ! ?

— Oui.

Alexis ne pouvait laisser plus longtemps le gosse la

main tendue. Avec précaution il prit la bague entre deux doigts.

— Voyons, Michel ! je ne veux pas que tu me donnes cette chevalière.

— Pourquoi ? demanda gravement le garçon d'un ton calme. Pourquoi ? Tu sais que j'aime cette bague, alors...

— Justement, mon petit... je ne...

— Mais si, voyons. Pour la voir, il faut que j'ouvre un tiroir... et une boîte... C'est long, et puis je ne peux pas le faire tout le temps... Et puis, tu sais, c'est une bague morte puisqu'elle n'est sur aucune main. Alors... comme je l'aime beaucoup, si tu la mets à ton doigt, comme ça, je la verrai... sur toi... enfin, toutes les fois où on sera ensemble.

Alexis, plus troublé qu'il ne voulait le paraître, ne savait comment réagir.

— Mais... pourquoi... ce cadeau qui...

Michel l'interrompit.

— Oh, pour beaucoup de raisons... Si je la porte, je la verrai pas, parce que je ne peux pas regarder tout le temps ma main, et puis... Je vais te dire, avoua-t-il un peu tristement, elle est trop grande... enfin, j'ai les doigts trop petits, je la perdrais...

Comme le silence se réinstallait, Michel demanda, anxieux :

— Alors tu la veux, dis ? Dis-moi que tu la veux !

Alexis se racla la gorge.

— Oui, Michel, je la veux. Mais je te l'emprunte seulement. Je te la rendrai le jour où tu me la demanderas... C'est d'accord ?

Michel, ému, content de l'acceptation, ajouta cependant en plissant les paupières :

— Non, tu me la rendras le jour où je saurai vraiment monter à cheval !

— Entendu, murmura doucement Alexis en fixant l'enfant.

— Bon ! Eh bien... au revoir !

Le garçon, le cœur en déroute, se retournait déjà pour s'enfuir lorsque la voix de son oncle l'arrêta d'un mot.

— Michel !

— Oui ?

— Eh bien... tu pourrais me laisser t'embrasser pour te dire merci.

Les lèvres du gosse tremblaient. Il dit oui d'une voix blanche en se précipitant entre les bras ouverts qui se tendaient vers lui.

— Allons... allons... qu'est-ce que tu as... grosse bête ? Tu pleures ?

— Non ! fit Michel en souriant à travers ses larmes, non je pleure pas...

Le cou inondé par les pleurs du petit bonhomme dont la tête reposait sur son épaule, le bras replié sur le dos frêle secoué par les sanglots, Alexis reniflait avec vigueur.

Turc lui léchait la main.

★

Depuis quelques jours le ciel d'octobre déverse sur Manorlaine et ses alentours des cataractes de flotte. En forêt, les feuilles s'égouttent sans arrêt. Dans le sol des sous-bois devenus spongieux, les pas s'enfoncent. Des flaques se forment.

Les prés se métamorphosent en marécages, les rus jouent les rivières. Enivrée par une liberté inattendue, l'eau courante invente des cascades grisâtres en sautant par-dessus des morceaux de bois mort oubliés. Le long des chemins, les ornières débordent. On glisse dans des boues marronnasses. Les pluies diluviennes ont abîmé les jardins où les chrysanthèmes trop imbibés se penchent vers la terre détrempée au risque de briser leur tige. Le rouge des dahlias s'affadit. Les zinnias orangés, serrés les uns contre les autres, s'efforcent de ne pas céder à cette attaque céleste.

Les fouines n'osent plus sortir la nuit pour razzier les poulaillers. Les musaraignes craignent de se noyer dans leurs trous. Les rouges-gorges regardent, terrorisés, des serpents liquides couleur de cidre s'avancer sournoisement vers les racines où ils ont fait leurs nids. Les oiseaux ne chantent plus. Les rats noirs hésitent à s'écarter de l'abri des granges.

Tout semble maussade, en punition.

Dans l'immense cheminée de pierre du salon, quelques troncs d'arbres crépitent, agressés par des flammes grimpantes et victorieuses. Une certaine chaleur se dégage de l'âtre sans parvenir à chasser complètement l'humidité de l'air. La pluie tape à la vitre de son bruit de grenaille incertain.

Hier au soir, Michel a eu droit à une surprise.

A la fin du dîner, il est resté bouche bée en voyant arriver Joseph portant, avec un imperturbable sérieux, le plateau sur lequel reposait un gâteau à la crème hérissé de petites bougies allumées : dix ! Croisant le regard de sa grand-mère souriante, le gosse a réalisé que l'on fêtait l'anniversaire de sa naissance.

Il l'avait complètement oublié.

Il ne resta pas grand-chose du moka au café. Le gosse eut un geste charmant. Lui, qui mourait d'envie d'en reprendre... encore, non seulement retint sa gourmandise mais déclara gentiment qu'il voulait que Joseph puisse aussi goûter au gâteau de ses dix ans. Cette délicatesse de cœur fut très appréciée par les convives et fit briller les yeux du vieux serviteur.

Ensuite, ce fut la ronde joyeuse des cadeaux.

Son grand-père lui remit un livre sur l'art équestre, Alix un pull-over bigarré qu'il enfila sans attendre, fier de se laisser admirer en arlequin. Aurélie lui fit present d'un album de fleurs séchées et Alexis d'une cravache de cuir à manche en corne.

Michel se dominait pour ne pas laisser sa joie déborder. S'il s'était laissé aller, il aurait pu crier de bonheur. Il se sentait tellement comble, qu'il fallait le montrer à tous, à tout, même aux vieilles pierres du château.

Avant de s'endormir, se disant que personne au monde

ne pouvait être plus heureux que lui, il embrassa fougueusement son oreiller...

C'était hier.

A présent, dans le salon la pluie continue de frapper à la vitre, recopiant, inlassable, son bruit de grenaille.

Dans la grande cheminée, le feu murmure, frétillant de lueurs vermillon.

Il est six heures du soir. Michel termine un devoir d'arithmétique. Aurélie invente des cascades sur du papier Canson. Alix remonte ses lunettes et classe des factures, tandis qu'Armand lit des poèmes d'Albert Samain.

Alexis n'est pas la.

A l'office, le facteur vient de passer, apportant plusieurs lettres. Aurélie repose son carton sur ses genoux et avoue : « Je suis fatiguee. » Armand dépose son livre, se caresse la moustache d'un doigt machinal, et constate : « Je trouve qu'il fait froid. » Michel lève le nez de son cahier en annonçant : « J'ai presque fini ! », et Joseph frappe à la porte, apportant le courrier.

— Tout est pour moi aujourd'hui, constate Armand. Tiens ! une lettre d'Hélène.

— De maman ? a demandé Michel avant d'aller près d'Aurélie lui demander un conseil sur un autre problème qu'il ne comprend pas très bien. Il s'agit d'un robinet qui emplit un bassin et d'un trou d'évacuation d'eau activé en même temps. Aurélie ne peut rien lui expliquer et Michel est furieux contre ce problème. On n'a pas idée de remplir un bassin en le vidant en même temps par un autre côté ! Quelle bêtise, ces problèmes ! Cela n'arrive jamais dans la vie des histoires comme ça ! Il pense que c'est exactement comme s'il essayait de remplir l'abreuvoir des bêtes sans boucher le trou d'écoulement en bas... Mais Michel est interrompu dans ses réflexions par la voix de son grand-père :

— Michel.

— Oui ?

— Michel, viens ici... mon chéri.

Le gosse s'approche, intrigué. Il n'a pas l'habitude d'entendre Armand employer ce ton grave, surtout à son adresse, et puis il sent quelque chose d'inhabituel dans l'atmosphere. Armand, la mine serieuse, est assis dans son grand fauteuil en tapisserie. Alix, debout derrière lui, prend connaissance du libellé d'une lettre. Aurélie, elle aussi, est dans l'expectative. Le buste légèrement dressé, elle regarde son père intensément. Lorsque le garçon est tout près de lui, Armand prend les deux mains de l'enfant dans les siennes.

— Mon petit Michel, ta maman ne peut pas venir a Manorlaine cet hiver pour Noël...

— Ah ? C'est dommage...

Pour le gosse, l'information n'est pas dramatique. Il regrette... mais...

Armand reprend en adoucissant sa voix.

— Elle te réclame. Elle nous écrit que tu es assez grand garçon maintenant pour faire un voyage en train. Elle t'attend le mois prochain.

Michel regarde son grand-père un moment, au fond des yeux, puis il détourne la tête.

— Ah ! dit-il simplement.

Il est anéanti à la pensée de ne pas être là pour Noël. Il n'ose pas regarder Aurélie : il se mettrait à pleurer sur-le-champ. Et puis il ne veut pas avoir l'air trop attristé parce que ses grands-parents croiraient qu'il n'aime pas sa maman. Alors il dit en s'efforçant de sourire :

— Bon... ça fait rien, je reviendrai tout de suite après.

Armand fixe un instant son petit-fils. Le vieil homme cligne des yeux et cherche le regard de sa femme, réclamant son aide. Alix s'approche de Michel et l'entraîne s'asseoir sur le canapé.

— Voilà mon chéri. Ta maman estime, à juste titre d'ailleurs, que tu dois continuer et perfectionner tes études avec d'autres professeurs... à Paris. Alors...

— Quoi ? — ce mot a jailli de la bouche de Michel comme un cri d'alarme — maman veut...

— Oui, reprend Alix, et puis tu vas faire un beau voyage, mon chéri. Tu vas voir Paris, c'est très beau une grande ville...

Mais la cloche de cuivre agitée par Joseph résonne dans

le hall. Il faut se préparer pour le dîner. Alix en profite pour couper court à ses explications qu'elle sait inutiles. Mais il fallait que quelqu'un essaie de montrer le bon côté des choses à Michel.

— Allez vite vous préparer pour le dîner mes chéris, dit-elle.

Lorsque les enfants ont quitté la pièce, Armand et Alix echangent un regard navré. Ils savent qu'Hélène brise l'evolution naturelle de son fils, qu'elle casse son élan en lui faisant quitter Manorlaine pour un long temps. Mais Hélène est la mère de Michel quand ils ne sont que ses grands-parents...

Il est sept heures du soir. Dans la salle à manger un autre grand feu de bois pétille, sans réchauffer la vaste pièce aux murs granitiques. Les flammes font danser des reflets jaunes sur les incrustations de métal du bahut malouin. Le plateau de la table de chêne semble noir.

La place d'Alexis est vide. Il ne dîne pas là ce soir.

Alix et Armand prennent leur potage en silence.

Aurélie baisse le front vers son assiette.

Michel, l'œil fixe et sec regarde le rectangle sombre de la fenêtre.

Il fait nuit.

La pluie martèle les vitres en courtes rafales agressives.

V

Paris

VIENS voir ta chambre, mon chéri. Tu vas me dire si elle te plaît.

Au bout d'un long couloir à l'épaisse moquette beige, Hélène ouvre une porte sur toute une palette de bleus : un tendre sur les murs, un marine au sol, sur le divan-lit et de part et d'autre des fenêtres, et puis des turquoises plus ou moins soutenus sur le fauteuil et les deux chaises. Un pouf et des coussins forment quelques taches rouges. Des bibelots clairs sont disposés sur des meubles en bois blanc verni.

L'ensemble tricolore est si marqué que la pièce ressemble davantage à un décor qu'à une chambre à coucher.

— C'est la chambre que j'aurai ?

Michel a employé le futur comme si la réalite de son présent n'était pas effective.

Tout s'était déroulé suivant l'automatisme des horaires de chemin de fer. Armand d'Anderly avait conduit son petit-fils à la gare d'Avranches. Sans reaction, un peu inconscient de la rupture de sa vie, Michel somnola vite dans le compartiment où on l'avait installé. Il laissait vaguer son regard sur les tableaux mouvants, inachevés, aux contours incertains.

A la fin de la journée, il s'était retrouve dépaysé, inquiet, bousculé sur un quai de gare sonore, grouillant et lumineux, dans le hangar de métal, les murs noircis de fumée et le remue-ménage affolant des halls des grandes stations de chemin de fer.

— Michel ! Michel !...

Derrière les grilles d'accès, Hélène, élégante, l'attendait, lui faisant des gestes de bras comme si elle agitait un drapeau.

Et puis tout s'était passé très vite : la voiture, le chauffeur, Paris au crépuscule, ses artères klaxonnantes, la place d'Iéna et, finalement, le bel appartement. Le temps de voir des sergents de ville en pèlerine, képi en tête, déambulant sur leur bicyclette, le temps d'écouter siffler des agents de police qui jouent aux sentinelles en brandissant leur bâton blanc, d'entendre crier à droite, crisser a gauche, le temps d'être ébloui de clartés étranges, de lire des mots qui se succèdent sur un ruban lumineux, le temps de se dire qu'à Paris les journées doivent être plus courtes qu'ailleurs puisque chacun semble si pressé, et... il faut raconter son voyage.

Michel subit l'inquisition familiale :

— Tu n'as pas eu froid au moins ? demande Hélène.

— Alors, ça te plaît, Paris, petit campagnard ? questionne Frédéric Marchand.

Ils sont là tous les deux à chaque extrémité de la table et Michel au milieu. Lina les sert, en robe noire, petit bonnet et tablier d'organdi blanc : le tout bien empesé. Le gosse trouve que cet ensemble volanté ressemble aux rideaux de vitrage des fenêtres du pavillon d'Alexis, mais il n'en parle pas. Le nouvel arrivant connaît déjà la maison. Sa mère lui a tout fait visiter avant le dîner : cette salle a manger aux meubles de macassar, aux murs affubles de peintures qui ressemblent à des dessins geometriques, la chambre rose des enfants, avec Betty la gouvernante anglaise, en blouse d'infirmière, Béatrice et Bruno, très étonnés de voir un aussi grand frère leur tomber du ciel.

— Dis maman, c'est le Père Noël en avance qui nous l'envoie, Michel ?

La chambre de ses parents, à dominante jaune, le salon chinois aux laques noires et rouges avec des éclairages en faisceaux qui jaillissent des murs, le salon moderne en camaïeu de gris du même style et, dans le prolongement de la salle à manger, une autre chambre, « la chambre d'ami », avait dit maman, mais l'ami en question devait être en voyage, car la chambre était nue et encombrée de bagages et d'objets hétéroclites, et puis le bureau de « Daddy ». Hélène avait averti :

— Là, il ne faut jamais rien toucher, et ne pas venir sans permission.

C'était là le nouvel univers où l'on enfermait ce pur-sang de dix ans qui n'avait dans les yeux aucun sens des limites, dans les narines aucune des senteurs particulières qui imprègnent les villes.

— Alors Michel, tu es content d'être avec nous ?

Le dîner s'achevait. Le garçon songeait déjà aux rêves qu'il allait faire. Il savait qu'il s'endormirait en pensant qu'il était dans sa chambre, sa vraie chambre, celle qu'un couloir secret relie au palais d'Aurélie, celle d'où il voit s'éteindre la lumière d'Alexis quand celui-ci se couche.

— Eh bien, Michel, tu entends ? Daddy t'a posé une question.

— Laisse donc, Hélène. Ce gosse est fatigué ce soir. D'ailleurs, il est temps qu'il aille se reposer. Les Lemaire nous attendent pour un bridge.

On avait sonné Lina pour qu'elle dise à Lucie, la seconde soubrette, de préparer la « chambre de monsieur Michel » et de l'aider à se coucher.

— Va, mon petit. Lina va te conduire, et puis maman ira t'embrasser dans ton lit.

Michel était gêné. On lui parlait comme à un bébé. Ici chacun le traitait comme un invité. A Manorlaine, c'était lui qui connaissait tout, conduisait les parents dans leur chambre, courait partout pour apporter ce dont on avait besoin.

Il mit le pyjama, tout neuf, en percale claire, que Lucie lui avait préparé. Il se glissa dans ses draps puis, au bout d'un moment, se releva pour mettre en place, tout de suite, les photos qu'il avait emportées de Manorlaine : le profil d'Alexis sur Vandale, le visage d'Aurelie au matin du mariage d'Albert. Il se recoucha. Quelque peu etourdi, désorienté, il s'endormit sans s'en rendre compte.

Quand sa mère vint l'embrasser, Michel était plongé dans ses rêves. Hélène, attendrie, se dit que son fils devait sourire du plaisir d'être là...

Pendant les quatre semaines qui suivirent, Michel Perceval découvrit Paris, presque livré à lui-même. On lui avait accordé un mois de vacances en lui annonçant qu'il irait dès le début janvier dans un lycée de Passy avoisinant la place d'Iéna et que, par ailleurs, il aurait un professeur d'anglais trois fois par semaine à la maison. Frédéric Marchand avait énoncé tout cela comme on dicte un jugement plein de mansuétude, avec une bonhomie d'emprunt qui reflétait surtout une certaine indifférence. Très occupé par l'évolution de sa maison d'édition, il n'avait que peu de temps, le soir, pour bavarder avec Michel. Et, en fait, sa conversation se limitait à des questions distraites du type : « Qu'est-ce que tu as fait aujourd'hui ? », « Alors, les Invalides, ça t'a plu ? C'est beau, hein, le tombeau de Napoléon ? »

Michel en avait vu, des monuments... L'après-midi, Lina était chargée de le conduire là où Hélène le décidait. La mère avait ainsi prévu pour son fils un programme complet de découvertes obligatoires. Elle ne parvenait pas à se libérer de ses mondanités pour l'accompagner elle-même. C'est ainsi que Michel fit la connaissance de Paris comme on feuillette, sous surveillance, un album de cartes postales, guidé par une femme de chambre fort peu intéressée par ces visites qu'elle accomplissait comme une ennuyeuse corvée. Elle regardait constamment sa montre et s'asseyait dès qu'un endroit propice se présentait à sa vue. Elle ne posait nulle part son regard inexpressif, pas plus qu'elle ne conversait avec Michel. Celui-ci avait essayé, à deux ou trois reprises, de lui poser des questions mais comme, chaque fois, il s'était attiré la même réponse : « Oh moi... vous savez... je ne sais pas... », il n'avait plus rien tenté. Puisque Lina ne savait rien, à quoi bon l'ennuyer davantage. Sa figure renfrognée montrait assez à quel point elle était en service commandé.

Alors Michel découvrait, tout seul et sans explications, les trésors — ou supposés tels — de la grande ville. Il admira la Seine éclairée par une lumière maussade, sous un ciel laineux. Le soleil blanc, opaque derrière ses voiles de nuages, lui fit penser aux jetons de nacre de la boîte à jeux de son grand-père. Les oiseaux citadins, passereaux bruns et pigeons gris, lui apparurent frileux et tristes. Les péniches au ventre noir le divertirent un instant mais il trouva curieux que ces bateaux-là soient sans voilure.

Les barques des pêcheurs de Cancale...

La tour Eiffel n'était pas si haute, après tout, et puis elle était toute vide... Le Sacré-Cœur lui parut beau vu d'en bas, et moins beau de plus près... Le Panthéon lui sembla imposant et sévère. Il confondit la Madeleine et l'Opéra... En revanche, l'Arc de triomphe l'impressionna : il resta longtemps à ne pouvoir détourner les yeux de la flamme immortelle, et les perspectives qu'il découvrit du haut de l'arche le fascinèrent. Il aima, dès lors, les Champs-Elysées et l'Étoile... Il éprouva de l'aversion pour les jardins du Luxembourg et le parc Monceau. C'était inexplicable, mais il se sentait trahi par cette fausse campagne, ces arbres rabougris, ces allées de gravier bordées de chaises en fer abîmées et tordues peintes en jaune moutarde, qu'on louait pour s'asseoir, ces moineaux apeurés — qu'ici on appelait *piafs* — ne chantant plus, même s'ils becquetaient dans votre main, ces enfants pâles qui jouaient avec du sable comme au bord de la mer... qui n'était pas là...

Il préférait encore les musées froids et sévères où là, au moins, le spectacle était authentique. Il découvrit des peintres, voulut se souvenir des toiles qu'il remarqua, en oublia finalement la plupart. Michel fut éberlué en apercevant les triporteurs de « Nicolas » qui — il l'apprit par la suite — livraient des bouteilles de vin. Il avait cru avoir affaire à des fous en voyant ces tricycles à caisse exécuter, dans les rues pavées de bois, des virages sur deux roues en frôlant les coins aigus des trottoirs en pierre. L'affiche « Du Beau Du Bon Dubonnet » qu'il découvrit à de nombreux endroits sur de grands panneaux en couleurs le réjouit à cause de la consonance des mots. Il eut pitié des malheureux chevaux étiques, immobiles, condamnés à attendre des heures un maître invisible, les naseaux enfouis dans des sacs de toile déjà vides d'une avoine que les bêtes résignées n'avaient peut-être pas eu le loisir de goûter. Les ronds en relief de métal brillant placés aux extrémités des grandes avenues le laissèrent rêveur. Ces « passages cloutés » lui faisait songer à des rails pour les êtres humains. Est-ce qu'en ville il n'était pas permis de marcher à l'aventure ?

Il eut la révélation de toute une variété de spectacles. Médrano, qui l'étourdit, lui fit supposer que Paris était peut-être un centre réservé à tout ce qui est artifice. D'instinct, sa réflexion enfantine l'amenait à apparenter le cirque chamarré, tonitruant et malodorant aux couleurs, bruits et effluves de la Ville lumière. Le cirque valsant autour d'une piste de sciure, le cirque cosmopolite, le cirque effrayant, le cirque clinquant en façade comme le masque d'un clown enluminé de blanc gras, puis terne et décomposé quand le masque tombe, le cirque attirant, engloutissant des milliers de personnes, le cirque planté au sol, dressé vers le ciel, n'est-il pas après tout la caricature d'une métropole où la vie se joue sur les plus élémentaires canevas de tricherie...

La Comédie-Française et les matinées classiques, qui lui étaient autorisées, le lassèrent vite. Ici, l'on jouait la comédie « pour de vrai », en montrant qu'on la jouait. Il n'aimait pas le théâtre. Un jeudi, il prétexta un mal de tête et préféra rester dans sa chambre bigarrée pour écrire à Aurélie.

En fait, Michel s'ennuyait. Confusément, il se sentait la proie d'un engourdissement. Il ne se racontait même plus d'histoire à lui tout seul. Il se fatiguait au rythme d'une vie trépidante pour laquelle il n'était pas fait. Il s'isolait comme dans une prison dorée où il ne pouvait que se réfugier dans une méditation lénifiante et stérile. Rien ne le distrayait vraiment, pas même sa demi-sœur et son petit frère avec lesquels, pourtant, il passait ses matinées, en vase clos, à faire semblant de « faire jou-

jou » ! Ni son beau-père, ni sa mère n'étaient des compagnons pour lui.

Ils le gâtaient avec un détachement tel que Michel éprouvait une sorte de malaise, celui de ne pas comprendre pourquoi il n'appréciait pas autant qu'il l'aurait fallu les cadeaux luxueux qu'on lui donnait avec gentillesse, certes, mais en lui faisant tout de même remarquer la valeur des objets. Dans ces gâteries-là, il manquait quelque chose que le gosse ressentait sans pouvoir le définir. Il finit par se convaincre que les gens des villes avaient d'autres pratiques que ceux de la campagne, que c'était ainsi et qu'on n'y pouvait rien...

Ce qu'il ne parvenait pas à admettre, c'était la raison pour laquelle on le gardait à Paris. Il était de la campagne, non de la ville ! Alors pourquoi cette transplantation ? Était-ce une punition ? En quoi l'avait-il méritée ? Qu'avait-il fait de mal pour se voir imposer cet exil loin de son univers habituel ?

Michel se dit qu'une injustice involontaire, infligée et subie peut amener quelqu'un, peut-être, à devenir méchant.

Cette constatation ne le consola pas.

La neige était tombée sur la ville, mais une neige qui ressemblait seulement à une couche de peinture badigeonnée de façon inégale et sur laquelle on avait tant marché, alors qu'elle était trop fraîche, qu'elle était souillée de marques noires en forme de pas. Paris semblait avoir voulu se déguiser pour Noël, et son maquillage tournait, fondait, son costume était en lambeaux. Tandis qu'à Manorlaine...

Manorlaine s'apprêtait, lui, pour Noël. Son costume était, était... oui, comme une couverture d'un blanc pur. Michel revoyait le domaine tel qu'il était chaque année à cette époque, engourdi sous un long manteau de fourrure avec de minuscules points brillants disséminés dans l'hermine telles des pâquerettes printanières dans un champ. Et puis là-bas, Noël c'était une fête, celle du bonheur simple, vrai, de l'affection partagée.

Ici, à Paris, Michel passait Noël dans sa chambre. On lui avait même donné congé à neuf heures, car ses parents avaient organisé un réveillon chez eux et ils devaient se préparer. Il avait dîné tout seul : une omelette, du veau froid et une pomme. On lui avait promis que « demain ce serait bien meilleur » car il y aurait certainement les restes du buffet à terminer...

La journée s'était passée en courses avec Hélène. Il était allé dans les beaux magasins du faubourg Saint-Honoré, chez Hermès entre autres, et chez Ixe, le confiseur de la rue Royale. Et aussi au Nain bleu et dans les grands magasins de jouets. Michel avait été emporté dans ce tourbillon fiévreux et il en était ressorti épuisé, un peu grisé par les bruits et les lumières. Que faisaient tous ces gens à qui on ne dit jamais bonjour, qui vous bousculent et semblent si pressés d'aller on ne sait où, ou bien qui stagnent en grappe devant les vitrines comme les moustiques, l'été, derrière une vitre éclairée ? Et pourquoi tous ces agités dépensaient-ils avec une infatigable frénésie leur argent pour acheter tant d'objets inutiles, comme si la fin du monde était prévue pour la nuit du 24 décembre et qu'il faille absolument profiter de tout dans une sorte d'orgie clinquante et tapageuse ? Et pourquoi des arbres de Noël place Vendôme et des cloches carillonnantes dans les vitrines ? Les magasins ne sont pas des églises et les places publiques ne sont pas des scènes de théâtre où l'on doit dresser des décors, à moins que les gens ne jouent la comédie dans la vie...

Michel est seul dans sa chambre. Béatrice et Bruno dorment depuis plusieurs heures dans la leur. Eux, ils croient encore au Père Noël et ils sont persuadés que le 25 décembre est le plus beau jour de la vie. Un jour qui se renouvelle cinq, six ou sept fois selon que l'on est ou non précocement averti de l'irréalité de certains contes. Demain, Béatrice et Bruno s'éveilleront pour vivre un songe attendu. Demain, Michel sait qu'il ouvrira les yeux dans une pièce colorée dont la fenêtre ne pourra s'ouvrir que sur une place d'Iéna endormie, au milieu de laquelle caracole, figé, le symbole d'une indépendance... Sombre statue d'un cavalier brandissant une épée victorieuse qu'il verra de profil, trônant au milieu de l'asphalte souillé de traces de boue... Pauvre Washington sur son cheval de bronze, triste vainqueur immobile et solitaire cerné par des immeubles de pierres noirâtres...

L'appartement sera défait par les festivités de la nuit, et lui se sentira bien isolé.

Michel apprend ce qu'est la solitude sans connaître le mot. Il subit cela comme un accident imprévu survenant un jour de fête inscrit au calendrier des hommes et qu'il aurait aimé vivre ailleurs.

Michel avait imaginé le Noël de ses dix ans auprès de sa vraie famille, une soirée attendue, certes, prévue depuis longtemps, mais toute différente. Il regrette le cadre majestueux de ce château gothique et l'ambiance saine dont la nature sait vous faire don, même en plein hiver.

Le gosse ferme les yeux et croit distinguer le feu de bois. Il l'entend pétiller.

Il respire l'odeur de la dinde rôtie.

Il échange des coups d'œil de connivence avec ceux qu'il aime, au milieu desquels il se retrouve en pensée. Les regards d'Alexis, d'Aurélie et de ses grands-parents... Il a presque envie de pleurer mais s'en empêche, sans savoir pourquoi il se refuse à cet abandon. Il cherche à s'endormir parmi les images rassurantes qui lui sont familières, mais il n'y parvient pas. Le tableau de Manorlaine, un instant retrouvé, se disloque. Les visages s'effacent, brouillés, déchirés par les bruits et les rires qui résonnent sans lui, venant des salons où ses parents fêtent la fête, là-bas, au bout du long couloir...

Michel s'efforce de ne pas céder à la nostalgie qui l'étreint.

Alors, pour se persuader qu'il n'est pas malheureux, il se réfugie dans d'autres images et paysages qui se rapportent aux hiers. Il s'endort en compagnie des chevaux, des chiens évoluant dans des chemins bordés de saules ou d'ormeaux. Il entend le cri des mouettes et des courlis. Il se revoit déambulant au bord de la grève en train de ramasser des coques.

Et puis il bascule dans l'inconscience.

Il ne sait pas qu'une larme coule sur sa joue...

★

— Joyeux Noël, Michel !

Pénétrant dans la chambre, les voix ont fracassé le sommeil pourtant lourd où le gosse avait sombré. Il se dresse sur son lit. Hélène tient Bruno dans ses bras, Frédéric porte Béatrice.

— Eh bien, paresseux, il est dix heures !

— Déjà ? dit Michel en se frottant les yeux.

Et quand il les ouvre à nouveau, il découvre sur sa table de chevet une nouveauté.

— Oh, qu'est-ce que c'est ?

— C'est le Père Noël, dit Béatrice. Regarde, à moi, ce qu'il m'a apporté !

Elle brandit une poupée blonde au visage de Celluloïd peinturluré.

— Et puis j'ai aussi une voiture... et puis des albums pour faire de la décalcomanie... et Bruno, il a un chemin de fer électrique... et puis un automate qui fait de la gymnastique.

Michel contemple son cadeau : dans un écrin rouge, le stylo Waterman noir est allongé.

— Alors, dit son beau-père, ça te plaît ? Tu vois que nous t'avons gâté ! Avec ça, tes devoirs s'écriront tout seuls !

— Eh bien ! allons, debout maintenant, enchaîne Hélène. Le petit déjeuner nous attend. Viens vite, Michel... Lève-toi, viens en robe de chambre !

Ils sont tous partis en chantant, avec Béatrice : *Il est né le divin enfant...* Lui n'a pas eu le temps de dire merci.

C'est Noël ! Ils sont heureux ! Ils ont raison de l'être, se dit Michel, ils sont gentils, au fond. Pourquoi je suis triste ? Machinalement, il a enfilé sa robe de chambre. Il est occupé à en nouer la ceinture quand Hélène réapparaît. La jeune femme souriante tend à son fils une superbe écharpe écossaise.

Surpris, content, Michel s'en empare.

— J'espère qu'elle te plaît... Elle vient de chez Old England !

Comme le gosse ne semble pas réagir, Helène insiste :

— C'est du cachemire, tu sais...

Devant cette intention marquee de lui faire sentir le prix du présent, Michel cherche un mot plaisant à dire à sa mère. Il ne trouve qu'une expression banale : « C'est vraiment très joli... ça me plaît beaucoup. Je te remercie. » Il cherche à embrasser Hélène qui se penche en tendant la joue.

— C'est tout de même plus beau que le cache-nez que tu as apporté en arrivant ici...

— Mon cache-nez ! ?

— Oui... ce vieux morceau de laine beige que ta grand-mère a dû te donner il y a cent ans... Tu ne peux plus porter ça ! Ce n'est pas à la mode. On rirait de toi dans Paris. Pour qui nous prendrait-on de te laisser sortir avec ça ? C'est bon pour la vie aux champs ces grosses mailles-là !

Tandis qu'Hélène s'exprime, Michel se crispe.

Il tient à son cache-nez qu'Alix a patiemment tricoté à son intention. Ce « morceau de laine », comme le dit sa mère, fait partie de toutes sortes de souvenirs, alors que cette écharpe neuve...

Hélène ajoute :

— J'ai pensé qu'on pourrait le donner à Lina pour son neveu qui vit à Angoulême... Enfin... ce n'est pas pressé... Tu m'y feras penser un de ces jours... Bon ! A présent que je t'ai donné ton cadeau, viens prendre ton petit déjeuner...

Dès qu'il est de retour dans sa chambre, Michel tourne la clé dans la serrure.

C'est la première fois de sa vie qu'il s'enferme.

Il ouvre un tiroir, s'empare du cache-nez comme d'un trésor et se précipite vers un placard. Là, derrière une pile de serviettes de bain, il dissimule le lainage qu'il recouvre d'un peignoir.

Satisfait de son acte, il s'empresse de libérer l'accès à sa chambre.

Puis, s'asseyant sur son lit, il se met à chantonner en regardant le ciel par-delà la fenêtre :

J'ai du bon tabac dans ma tabatière...
J'ai du bon tabac, tu n'en auras pas...
J'en ai du bon et du frais rapé...
Mais il n'est pas pour ton fichu nez...

Ah ça ! non alors ! Le neveu de Lina n'aura pas son cache-nez !

Le petit garçon déplanté n'avançait pas dans la voie de l'épanouissement. Cette maladie en forme de recroquevillement, contractée dès son arrivée à Paris, ne fit qu'empirer dans les mois qui suivirent. Au lycée où il passait six heures par jour, il travaillait sans enthousiasme, avec le sentiment d'être un étranger de passage. Il ne se liait avec aucun de ses camarades parce qu'ils ne parlaient pas le même langage. Chez ces petits citadins de dix à douze ans, les dialogues s'échangeaient à propos de compétitions sportives et de cinéma, et il n'était question que de cela. Il y avait aussi un sujet qu'ils abordaient avec des yeux brillants. C'était celui où Michel avait le plus de peine à les suivre. Ce genre d'initiation aux plaisirs sexuels lui faisait l'impression d'un outrage et quand, entraîné, il se trouvait mêlé à la bande des trois ou quatre galopins qui s'expliquaient des choses, souvent dans les cabinets, le gosse rougissait, honteux, timide et dégoûté. Il pleura même le jour où Philippe, l'aîné de la bande, qui avait treize ans, voulut lui prouver par une suite de démonstrations précises qu'il n'était pas différent des autres.

Il prit bientôt ses camarades en horreur, le lycée aussi, ne trouvant pas auprès des professeurs, rendus impersonnels par le nombre des élèves, le refuge compréhensif qu'il espérait. En vain le chercha-t-il auprès de tout ceux qu'il côtoyait. Il lui semblait que, sur place, chacun fuyait. Il en concluait que ceux-là devaient être bien malheureux. Il ne connaissait personne à Paris qui donnât l'impression d'éprouver l'envie de parler pendant des heures comme il aimait à le faire avec Aurélie le soir, assis sur son lit, ou de laisser couler un temps de silence partagé, ainsi qu'il s'y était habitué auprès d'Alexis en regardant un feu de bois.

Ni Frédéric ni Hélène n'avaient conscience de cet état d'esprit. Ils s'aperçurent, une fois ou deux, que Michel ne parlait pas, riait peu et rêvassait, mais ils le remarquèrent sans y prêter une attention particulière. C'était un peu comme s'ils s'étaient dit : « Tiens, ce vin blanc est trop sucré, il faudra en commander un autre. »

Pour Frédéric, la bonne marche de ses affaires, le luxe de son train de vie et l'élégance d'Hélène étaient une garantie du bonheur commun. Pour elle, son carnet de rendez-vous noirci à presque toutes les heures du jour offrait la même assurance de sécurité. Un cadre de vie plus que confortable, tous leurs désirs réalisés (ou presque), des domestiques pour les servir : de quoi pouvaient-ils se plaindre, ces petits ?! « Au fond, comme le disait Frédéric, tu les gâtes trop tes enfants ! » Et il ajoutait : « Pour Béatrice et Bruno, nous avons le temps, mais pour Michel il devient urgent de le prendre en main. Tu devrais t'en occuper un peu plus, ma chérie ! Moi, tu vois la vie que je mène... Ah !... si j'avais plus de loisirs... » Hélène arrangeait sa coiffure, distraitement, répondant :

— Ne t'inquiète pas, il entre dans l'âge ingrat, ce gosse, et puis laisse-le s'habituer... Il a vécu très longtemps comme un petit paysan !

L'enfant sauvage ne s'apprivoisait pas. Au contraire : il avait peur de se laisser domestiquer. Il se repliait sur lui-même, apparemment indifférent mais rétractant ses forces vives. Il se libérait, s'épanouissait dans la correspondance qu'il échangeait avec Manorlaine, comme un pont dressé entre son existence passée et la lente maladie de sa vie présente.

On lui avait interdit de téléphoner là-bas... Dur veto ! Ayant dû promettre, il s'était soumis non sans souffrir. Contraint, frustré, trop orgueilleux pour tricher, il ressassait son chagrin sans se plaindre. Cependant cette intention délibérée de provoquer une scission complète avec ce et ceux qu'il aimait ne lui échappait pas.

En exerçant ainsi son autorité maternelle, Hélène, sans s'en rendre compte, semait dans l'esprit de son fils les graines de la révolte. Michel, secret mais volontaire, songeait déjà à échapper à cette tutelle qui le rendait malheureux.

Des idées frondeuses s'échafaudaient... des projets d'évasion..

★

A Manorlaine, chacun semble chercher la silhouette d'un petit garçon absent.

Michel est à Paris. Il est parti depuis deux mois. Il y a longtemps que la vigne vierge n'empourpre plus les murailles. A la place des feuilles rouge et grenat, les tiges agrippées aux pierres dessinent d'étranges arabesques qui ressemblent à des toiles d'araignées baroques.

Parfois, dans le grand salon, pendant les longues soirées d'hiver, Aurélie relève brusquement la tête, fixe son regard, tend l'oreille vers un bruit de pas qu'elle croit reconnaître... Mais ce n'est que le vent. Elle soupire et baisse les paupières.

Alexis, chez lui, certains soirs, s'attarde auprès du feu. Distraitement il caresse son chien.

Alix tricote, les doigts automatiques, la pensée tournée vers les souvenirs heureux. Armand, dans son fauteuil à oreillettes, essaye de se concentrer sur sa lecture.

Le château vit au ralenti.

Noël est passé, janvier se termine. Par accord tacite,

personne ne questionne personne au sujet de Michel. Satan, dans son box à l'écurie, tourne souvent ses prunelles vers le bruit que fait quelqu'un en entrant. Il interroge la porte, mais Michel n'est pas là. L'animal piaffe. Il s'ennuie. Turc semble parfois questionner Alexis tristement.

Aurélie arpente en cachette la chambre de Michel. Alix et Armand se demandent comment s'acclimate l'enfant, mais nul n'en parle.

Il semble cependant que, depuis peu, quelqu'un ait pris une importance certaine à Manorlaine : le facteur ! Sans se l'avouer, chacun le guette. Car Michel écrit. Il a écrit à Aurélie qui a montré la lettre à ses parents. Alix l'a laissé lire à Alexis qui n'a rien dit, le visage absent de toute expression.

... Bien sûr, j'ai fait bon voyage. J'ai regardé courir les paysages. Quand il a fait sombre, j'ai essayé quand même de mettre des noms sur ce que je voyais. J'ai dû me tromper souvent. Le train... ça va trop vite. J'ai entendu la musique des roues sur les rails. C'est assourdissant et toujours pareil. Je n'ai pas pu dormir. J'étais trop énervé et trop triste.

Paris c'est énorme et pas tellement beau... Je vois beaucoup de choses qui ne m'intéressent pas vraiment. C'est trop grand tout ça, et puis il y a trop de monde... Je respire comme quand on nage. Je regarde des photos, mais ce n'est pas la peine, je me souviens de tout par cœur. Je me demande quand on va se décider à me laisser revenir... Je m'ennuie ici. Je ne me sens pas bien. Je veux dire... pas chez moi...

Cette lettre avait peiné Aurélie et fait réfléchir Alix et Armand. Toutefois les grands-parents estimaient qu'il fallait attendre avant de se prononcer. Il était trop tôt pour juger des sentiments de l'enfant. Mieux valait patienter jusqu'aux premiers jours de l'été pour savoir si Michel s'acclimaterait ou non à la grande ville. Tracassés, ils attendraient l'évolution des événements découlant du choc produit par le brusque déracinement du petit.

En mars, Aurélie dut rester allongée. Fatiguée de tout, elle passait ses journées étendue sur le sofa de sa chambre ou sur le canapé du salon près de sa mère, les regards dirigés vers le parc. Elle songeait interminablement, les mains inertes, la tête mollement appuyée sur des coussins. Elle avait encore maigri et ses cheveux fonces encadraient un visage pâlot où les prunelles s'agrandissaient encore. Alix lui jetait parfois des coups d'œil qu'Aurélie ne pouvait surprendre. Ils exprimaient une certaine angoisse. Aucune des deux femmes ne parlait, sachant bien qu'elles pensaient aux mêmes choses. Elles concernaient l'absent.

Armand se promenait le long de son immense propriété, s'appuyant sur sa canne. Il se projetait dans le passé, réfléchissait au présent, tentait d'imaginer un avenir plausible. Alexis travaillait comme à son habitude, chez lui, dans les bois ou les champs.

Vers la mi-mars, Alexis reçut quelques lignes de Michel, qu'il dut laisser voir à ses parents et à Aurélie. Il n'avait pas pu faire autrement, la lettre étant arrivée au château alors qu'il était ailleurs. Alix l'avait envoyé chercher au pavillon et, dans le salon, lui avait remis la missive. Tandis qu'il s'apprêtait à la mettre dans sa poche, il avait été surpris par le triple silence s'abattant sur lui. Alors, il s'était senti obligé de décacheter l'enveloppe devant tous. La lettre se terminait ainsi :

... Tu sais... je pense à toi souvent... Je suis vraiment heureux que tu existes... ça m'aide à faire des efforts... Mais tu ne sais pas comme ce n'est pas drôle ici. Tu me manques. A bientôt... je l'espère tant...

Alexis s'était un peu troublé en parcourant ces lignes et, comme il ne disait rien, Aurélie debout, raidie, avait réclamé doucement mais d'un ton sans réplique :

— Montre !

Le frère et la sœur avaient échangé un curieux regard : dans celui d'Alexis, un peu d'étonnement, une certaine gêne, dans celui d'Aurélie, de l'anxiété, un désir violent et quelque chose d'aigre qu'Alexis ne put qualifier. Il donna d'abord la lettre à sa mère qui la lut avec Armand avant de la remettre à Aurélie. Lorsque cette dernière l'eut parcourue et se fut assise à nouveau, Alexis patienta un instant, respectant son mutisme, puis s'adressant à sa sœur :

— Donne !

Les doigts d'Aurélie se cramponèrent sur le papier puis, levant sur le regard attentif et limpide de son frère deux yeux bleus frémissant de dépit, elle attendit. Alexis attendait lui aussi... la main large tendue. Alors, Alix qui avait observé la scène s'approcha et, touchant l'épaule de sa fille, lui dit doucement :

— Rends-lui cette lettre, ma chérie... C'est à lui.

Quelques jours après cet incident, Aurélie ne voulut plus quitter son étage. Seule et désolée, elle traînait ses journées jouant avec des livres, des aiguilles et des étoffes. Elle s'abîmait dans des rêveries utopiques et refusait tout dialogue. Lorsque Alix grimpait jusque chez elle pour prendre de ses nouvelles ou accompagner la domestique qui lui apportait ses repas, elle trouvait sa fille les yeux voilés et fixes... Elle s'alarmait et s'attirait la même réponse :

— Ce n'est rien, maman... Laissez-moi tranquille, ce n'est rien... j'irai mieux demain.

Et, le lendemain, les mêmes mots s'échappaient de ses lèvres pour aller se ficher douloureusement dans le cœur de sa mère. Aurélie touchait à peine à la nourriture. Elle réfléchissait sans cesse, méditant à sa manière sur les causes et les conséquences des actes, considérant sa tristesse pour mieux la blâmer. Elle extravaguait, pesant les choses de la vie à l'aide de poids qu'elle truquait elle-même à dessein. Elle se jugeait, s'attribuant des torts imaginaires. Elle tentait de comprendre l'inconcevable, essayant ainsi d'accrocher des réalités sur ses visions excentriques.

La petite jeune fille déraisonnable, au cerveau à la fois puéril et tourmenté, souffrait des tortures excessives qu'elle s'infligeait. Vers le soir, ses pensées bifurquaient parfois, prenant un cours plus enfantin. D'autres images alors lui traversaient l'esprit : visions solaires dans lesquelles la même silhouette apparaissait immanquablement. Michel demeurait son unique préoccupation, son idée fixe. Elle espérait un signe de la part du petit exilé qui respirait loin d'elle, là-bas, l'air de Paris. Aux portes du sommeil, elle délirait à demi, cherchant désespérément à retrouver le son de la voix de l'enfant blond. Et puis Aurélie s'endormait, soucieuse.

Le 7 avril, dans l'après-midi, Alix monta chez sa fille. Celle-ci dormait. Elle déposa sur la couette de soie matelassée une enveloppe blanche.

Le soir même, Aurélie descendait dîner à la salle à manger, les yeux brillants, un peu de couleur aux joues et la voix claire.

... Tu sais, je crois que je perds mon temps. J'apprends des choses, bien sûr, mais ça ne me servira pas du tout à Manorlaine de savoir que Danton est mort guillotiné à cause de Robespierre, et que Mme du Barry — une amie du roi Louis XV — était une femme très dépensière.

Tout ça n'a rien à voir avec ce que je ferai quand je serai revenu. Alors, je trouve que je ferais bien mieux de rentrer tout de suite.

J'ai trop de chagrin, vraiment. La vie, ici, c'est triste. Je souris et je dois faire le gracieux avec des gens que je n'aime pas et qui ne me sont rien du tout. Ils ne me connaissent pas. Je ne les connais pas. Comme je ne sais pas quoi leur dire, je les laisse me parler et puis je ris avec eux. Ça s'appelle être poli et bien élevé.

Quand on m'habille tout propre, je sais que c'est pour aller dire bonjour au salon ! Je sens d'avance qu'il va falloir que je me laisse toucher et tripoter, toujours avec le sourire, bien sûr. C'est comme un jeu. Mais c'est un vilain jeu obligé que je déteste.

Quand tout le monde m'a bien vu et bien caressé les cheveux, on me renvoie dans ma chambre. Alors je me déshabille et je reste dans mon coin parce que ça me donne mal au cœur de faire des grimaces qui n'amusent ni moi ni personne. Je pense à toi qui me manques tellement. Je pense à vous tous ensemble et moi tout seul.

C'est pas drôle, ma chambre... tu n'y es jamais venue...

Je te dis à toi que je pleure, mais je le cache parce que si quelqu'un me surprenait il faudrait que j'explique pourquoi je pleure et je ne peux pas, je ne veux pas... personne ici ne peut comprendre.

Je t'embrasse tendrement.

Aurélie avait été comblée par cette lettre, au point de mentir à ses parents qui la questionnaient, affirmant que Michel allait très bien. Tout au long du dîner, elle avait rayonné. C'est seulement une fois installée au salon que le contenu sembla la frapper. Jusque-là, elle n'avait songé qu'au fait d'avoir reçu quelques lignes de l'absent. A présent, elle pensait aux nouvelles et se rendait compte que ça n'allait pas bien du tout pour le petit. Elle dit bonsoir rapidement et regagna son refuge. Après avoir relu plusieurs fois chaque phrase, elle réfléchit. Il fallait tout de suite le consoler, lui dire ce qui pourrait le réconforter, lui parler aussi de Manorlaine, lui rappeler comme le printemps est beau à la campagne...

Paupières plissées, elle prit un porte-plume et s'installa pour écrire. Elle souriait en cherchant son papier, mais dans ses yeux s'esquissaient des reflets pervers. Aurélie ne voulait pas s'avouer qu'elle allait profiter lâchement de l'occasion qui se présentait à elle. Elle allait aiguiser encore, au lieu de la calmer, l'inquiétude de l'enfant en lui parlant du domaine d'une certaine façon. Ne sentait-elle pas qu'elle allait mettre du sel sur des plaies ouvertes ?

Aurélie ne voulait pas y penser. Ce qu'elle désirait, c'était Michel auprès d'elle, et cela, elle était bien décidée à l'obtenir, par tous les moyens !

Elle allait le pousser à se rebeller ! Qu'importait puisque c'était pour son bien... Elle se refusait absolument à reconnaître qu'elle se préparait à intervenir, obéissant à une impulsion tendrement égoïste, sans vouloir songer un instant aux effets de son intervention, dont un soupçon de perfidie n'était peut-être pas exclu.

Mon Michel,

J'étais tellement curieuse de savoir ce que tu pensais de Paris... et de ta vie là-bas. C'est si loin... Cela n'a pas l'air d'al-

ler tout seul et je suis vraiment tracassée pour toi et désolée de tes ennuis alors que tout est si calme ici et qu'il y fait si bon.

Si tu voyais Manorlaine en ce moment, Michel! Le printemps n'a jamais été aussi beau, mais je ne veux pas t'en parler parce que cela risque de te faire de la peine!

Aurélie s'arrêta, hésita, puis reprit :

Je ne t'en parlerai pas.

Papa et maman vont très bien et nous parlons souvent de toi. Quant à Alexis, il travaille et paraît de très bonne humeur. Jamais je ne l'ai vu si gai : il rit souvent, tu sais... Cela nous a un peu surpris après ton départ, mais maintenant nous sommes tous habitués à son rire.

Là, elle s'arrêta de nouveau et, prenant Belle Aventure sur ses genoux, elle lui tirailla les moustaches en souriant, puis reprit son libellé :

Moi, je vais beaucoup mieux depuis que j'ai reçu ton message. Je crois que demain je me lèverai pour sortir faire une grande promenade le long de la mer. C'est si beau la mer, tu te souviens?

J'espère, mon petit Michel, que tu reviendras pour les grandes vacances; ici nous comptons tous sur toi. Ton cheval Satan, que deviendra-t-il si tu n'es pas là bientôt? Je frémis à la pensée de le voir monté par des garçons de ferme. Mais enfin, te n'inquiète pas, mon Michel, je pense à tout ce qui te concerne et je veille sur tout. Enfin, je fais ce que je peux...

Je t'embrasse tendrement. Écris-moi souvent. A bientôt, j'espère!

Aurélie fit une tache d'encre violette sur son buvard en lâchant un peu nerveusement son porte-plume. Après s'être relue, elle éclata en sanglots. Non ! Ce n'etait pas possible, elle ne pouvait pas envoyer une pareille lettre ! Michel en serait malade. Et pourtant... pourtant, si ! Il le fallait ! Il était nécessaire de bouleverser l'enfant, de l'obliger à prendre une décision : celle du retour !

Le 10 avril, Michel ne reconnut pas Aurélie à travers ces lignes et il ne lui répondit pas. Son esprit se refusait à admettre qu'Alexis pût rire. Alexis ne riait jamais. C'était sûrement une idée à elle... Quant à son cheval... Michel entra dans une fureur concentrée. Comment ! Satan... un garçon de ferme... ? Et puis, se calmant, il raisonna. Alexis ne laisserait jamais n'importe qui monter un pur-sang. Cela sentait l'invention : une invention d'Aurélie ? Mais alors, c'était un mensonge !? Aurélie, mentir ? Non !... Et pourtant...

Le lendemain soir, il s'adressait à Alexis :

... On dirait qu'on veut m'apprendre à penser autrement. Ils n'y réussiront pas. Mon beau-père est plein d'attentions pour moi et comme dit maman il est très intelligent mais je n'ai pas du tout envie de lui ressembler.

Ce n'est pas de ma faute si je n'aime pas ce qu'ils aiment.

Ici, j'étouffe. Les murs sont trop hauts. Les rues cachent le soleil comme exprès... toutes ces autos, ces klaxons, les bruits qui n'arrêtent pas... Je me sens écrasé... Je n'ai même plus envie de courir. Même les jardins sont enfermés derrière des grilles... Tout ça... je ne l'oublierai jamais.

Il y a des soirs où je pense à m'enfuir, mais je n'ose pas. Aurélie m'écrit que Satan s'ennuie et que bientôt tu le laisseras monter par un garçon de ferme. Ce n'est pas possible, dis ?

Elle dit aussi que tu ris tout le temps... C'est vrai ?

Le 13 avril, Joseph déposa dans le hall une enveloppe blanche. Aurélie se précipita. Ses yeux s'agrandirent de stupeur. Le geste qu'elle avait ébauché pour se saisir de la lettre s'arrêta net. Elle refusait de comprendre que la missive n'était pas pour elle. Alexis arrivait. Elle s'écarta du meuble, quitta le hall pour aller se cacher dans le salon désert.

Alexis appela Joseph qui accourut, venant de la salle à manger où il mettait le couvert.

— Vous m'excuserez auprès de ma mère, je ne peux pas déjeuner ici. Je pars pour Genêts tout de suite.

— Bien, monsieur Alexis.

Et comme ce dernier tournait les talons :
— Il y a une lettre pour vous, monsieur Alexis.
— Ah bon ? Merci !
Il prit l'enveloppe. Refermant la porte du hall, il s'éloigna vers l'écurie d'un pas rapide.
Aurélie, embusquée derrière une fenêtre, vit son frère enfouir la lettre de Michel dans sa poche, sans la lire. Elle passa une mauvaise journée, l'esprit partagé entre l'agacement, la jalousie et l'inquiétude. Elle verrait son frère au dîner. Alexis aurait encore la lettre dans sa poche, sûrement. Il serait bien obligé de la lire devant eux tous puisqu'elle le lui demanderait.
Mais Alexis se fit excuser pour le repas du soir, prétextant une occupation urgente.
Aurélie rongea son frein toute la soirée. Elle dessina d'un index nerveux de petites étoiles sur les pages d'un livre de poèmes de Verlaine auquel elle faisait semblant de s'intéresser...

C'est seulement au moment de se rendre au château pour dîner qu'Alexis songea à la lettre. L'ayant lue, il envoya un garçon d'écurie dire qu'on ne l'attende pas. Il rentra chez lui et répondit à Michel.

Mon petit,
Merci de tes quelques lignes. Elles m'ont touché. Travaille et apprends tout ce que tu peux apprendre. J'aurai besoin de toi ici plus tard pour m'aider efficacement et me seconder. Ne t'occupe pas si je ris ou non, cela n'a aucune importance, mais je t'en prie, ne me pose plus de questions stupides comme celle concernant ton cheval.
Allez, sois sage et travaille bien.
A bientôt, mon garçon, je t'embrasse.

En lisant les dernières phrases de Michel, Alexis s'était posé des questions. Aurélie avait sans doute écrit en obéissant à une impulsion subtile, presque méchante. Plus il y pensait, plus il voyait quelque chose de grave dans les insinuations de sa sœur et s'en inquiétait. Il se souvint de la scène du mois de mars, dans le salon. Il comprenait à présent cette expression très aiguë qu'il avait lue dans son regard, sans pouvoir, alors, la qualifier. Elle voulait faire revenir Michel en lui faisant croire que tout était changé depuis son départ, que lui, Alexis, riait, oubliait l'absent, et que son cheval allait être monté par des rustres. Seulement, là, Aurélie avait commis une faute : elle ne connaissait rien aux chevaux et, pour elle, un cavalier restait un cavalier, un cheval un cheval, la race n'entrant pas en jeu, ni celle de l'animal ni celle de celui qui le chevauchait.

Michel, lui, avait instinctivement saisi la nuance et devant l'énormité de cette déclaration il s'était adressé à lui, non à Aurélie. Elle s'était prise à son propre piège. Le constat de cette sournoiserie déplut fort à Alexis, même si l'intention était compréhensible.

Il colla l'enveloppe, la timbra, puis, sifflant Turc, il s'engagea d'un bon pas sur la route de Genêts afin de poster sa lettre au plus tôt.

La nuit printanière était claire.

Le lendemain matin il prit son petit déjeuner au château. Sa sœur descendit la dernière et lui dit bonjour en jetant un : « Tiens, tu es là ? »

Il ne répondit pas. Après avoir embrassé ses parents, Aurélie prit sa place et se servit. Elle avait dû passer une mauvaise nuit car son visage reflétait une certaine fatigue.

Alix et Armand parlaient ameublement. Aurélie surveillait son frère à la dérobée tout en grignotant une tartine. Alexis, placide, attendait l'attaque.

« Pour une fois, il n'a pas l'air pressé », pensait-elle.

« Attaquera, attaquera pas ? » songeait-il.

— Tu as de bonnes nouvelles de « Miche », Alexis ?

— Mais oui, très bonnes.

— Ah ! fit Alix, tu as une lettre de Michel ?

— Oui, maman, Alexis l'a reçue hier matin.

— Que dit-il ? s'enquit Armand.

— Pas grand-chose... Il vous embrasse tous les deux...

— Ah... oui ? fit Aurélie.

— Pardon... tous les trois... je t'oubliais !

— Tu vas nous montrer la lettre, n'est-ce pas ?

— Voyons, Aurélie... tu sais bien que je ne garde jamais les lettres que je reçois...

C'était vrai, Aurélie le savait, mais elle était sûre que son frère avait gardé la correspondance de Michel. Aussi reprit-elle vivement :

— Tu l'as déchirée, vraiment ?

— Oui, vraiment... brûlée même !

— Tu veux rire... ?

Alexis fixa sa sœur intensément, puis il articula tout spécialement pour elle :

— Non, je ne veux pas rire ! Quoi que tu en dises, je ne ris que très rarement, Aurélie, tu devrais le savoir...

Alexis se leva pour s'adresser à sa mère.

— Excusez-moi de partir si vite, mais je vais voir Satan. Il paraît, ajouta-t-il en regardant sa sœur, il paraît... que des garçons de ferme ont essayé de le monter l'autre jour !

Les yeux bleus affrontaient les yeux bleus. Aurélie avait compris. C'était un chantage. « Je ne parlerai pas, mais n'écris plus à Michel de telles inepties. Si tu recommences, je montre la lettre aux parents... Tu sais bien que je l'ai gardée. »

Les prunelles d'Aurélie étincelèrent, puis elle baissa la nuque, vaincue. Elle avait envie de pleurer de rage impuissante tandis que son frère quittait la salle à manger, mais il ne fallait à aucun prix qu'Armand et Alix se doutent de quoi que ce soit. Aussi se contint-elle jusqu'à la fin du repas.

Le 20 avril une lettre arriva pour Aurélie ; elle patienta pour la lire, après l'avoir laissée jusqu'au soir sur le plateau d'argent, dans le hall, pour qu'Alexis la remarque.

Je suis les cours de catéchisme. L'autre jour l'abbé nous parlait de l'extase. Je lui ai demandé de m'expliquer, mais je ne lui ai pas avoué que je ne pensais pas comme lui. Tu comprends, Aurélie, moi, j'ai jamais ressenti ce qu'il appelle « extase ». Moi je trouve que le silence dans la forêt, les fleurs, un coucher de soleil, une grosse tempête, un orage très fort me font penser au bon Dieu parce que je trouve ça beau. Alors je le remercie de tout mon cœur d'avoir inventé tout ça. C'est bien mieux que dans une église de Paris où c'est triste, sombre, sale et froid.

La messe, ici, ne m'émeut pas, même avec la musique des orgues qui résonnent drôlement plus fort que l'harmonium de Genêts. Ça fait tellement de bruit quelquefois qu'on aurait presque peur. Moi il me semble qu'on est plus près du Créateur, de tout ce qui est naturel, quand on est en plein air. Enfermé, ce n'est pas la même chose. Et puis les prières écrites qu'on apprend à dire, on finit pas les réciter sans penser à ce qu'on dit. C'est comme les Fables *de La Fontaine mais beaucoup plus ennuyeux. Moi je n'ai pas besoin d'un prêtre pour dire au bon Dieu que j'admire tout ce qu'il a fait. Tu sais, je suis sûr qu'il m'entend quand je lui parle avec des mots à moi.*

Je n'aime pas le livre de messe que m'a donné maman. C'est trop compliqué, toutes ces phrases. Mais j'aime bien la couverture, en cuir bleu foncé.

Quand on va à la messe le dimanche, à Genêts, je me sens bien parce que c'est petit, l'église, et que tout le monde se connaît. Ici elles sont immenses, les églises, comme la cathédrale d'Avranches, et puis il y a tellement de gens qu'on n'a jamais vus avant qu'on se sent perdu comme à la foire aux bestiaux de Saint-Jean-le-Thomas. Moi je ne peux pas arriver à croire que toutes ces personnes-là ont envie de prier vraiment en même temps en lisant dans un livre. Au milieu de toutes ces têtes penchées, il y en a sûrement qui pensent à autre chose qu'à ce qu'ils murmurent ensemble.

Tu crois que c'est grave de penser comme ça ?

Moi je n'en suis pas sûr du tout. Enfin, j'espère que non !

Si je rencontrais quelqu'un qui me dirait qu'il ne croit pas en Dieu, je le prendrais par la main et je l'emmènerais à Manorlaine où il assisterait à un beau crépuscule ou à un lever du jour sur les grèves, avec le Mont-Saint-Michel et Tomblaine dans le fond du paysage. Eh bien, je suis presque sûr qu'il repartirait en remerciant le ciel d'avoir inventé tout ça.

Je prie souvent pour vous tous, pour mon cheval, pour tout ce que j'aime au monde. Quand je fais ma prière je ne dis presque jamais bonsoir au bon Dieu de la même façon. Je lui dis ce que je pense, comme ça me vient. Des fois c'est court, parce que j'ai sommeil. Des fois c'est plus long, surtout quand j'ai du chagrin. Alors je lui parle, je lui raconte, et tu me croiras si tu veux, mais j'ai l'impression qu'il me répond.

C'est bête, hein ?

Mais quand même, je crois qu'il regarde plus souvent du côté de nos campagnes parce que c'est plus joli, et il entend sûrement mieux ce qu'on lui confie parce qu'il y a tellement moins de bruits que dans les villes. A Manorlaine, on sent vraiment qu'il est toujours là, partout, autrement le domaine ne serait pas si magnifique.

A Paris, c'est pas pareil.

Ce qu'il y a d'effrayant c'est que les gens d'ici, avec leur manie de vouloir tout expliquer, disent des choses horribles. Ils arriveraient presque à me faire peur avec tout ce qu'ils racontent. Ils parlent tout le temps de péchés véniels, mortels, capitaux, et au bout de tout ça une vengeance affreuse du bon Dieu et une atroce punition. Si on les écoute, on ne peut pas vivre sans risquer d'aller en enfer si on n'obéit pas à leurs règles terrifiantes. Moi, je ne les crois pas.

Quand je mourrai, le bon Dieu qui me jugera saura trouver tout seul le bien et le mal que j'aurai faits. Je te jure que je ne pense pas mériter de brûler dans les flammes éternelles. Je ferai tout ce que je peux pour ne pas y aller.

Tu sais ce qui me déplaît le plus dans les églises d'ici, même quand elles sont vides ? Eh bien, c'est qu'il me semble que le bon Dieu ne s'y plaît pas. Moi, je ne le sens pas là. Ne répète ça à personne parce que je me ferais gronder d'une drôle de façon ! Si tante Anne savait ce que je pense...

Ce qu'il y a de dégoûtant, ce sont des vieilles dames qu'on appelle des chaisières et qui viennent vous déranger pour vous faire payer le droit d'être là, tu te rends compte ? Payer pour faire sa prière ! Moi je trouve ça épouvantable. Je ne crois pas qu'au ciel ils soient très contents de voir ça... Ces chaisières-là, elles se feront sûrement tirer les oreilles le jour du Jugement dernier.

Le 25 avril, il y avait une autre lettre, mais pour Alexis. Il la laissa traîner toute la journée, afin de bien montrer à sa sœur ce qu'il pensait de son jeu... particulier. Elle ne pouvait plus réclamer qu'il lise devant tous. Elle se trouvait à sa merci à cause de mensonges idiots. Alix et Armand étaient trop discrets pour demander à leur fils de dévoiler devant eux le contenu d'une lettre. Alexis avait gagné. Aurélie enrageait.

... C'est vraiment trop difficile d'être loin.

Je suis si fatigué des choses d'ici que je ne sais plus comment cacher ce que je pense. Alors je commence à mentir, pas souvent, mais un peu quand même pour ne pas faire de peine à ceux qui m'entourent. Je fais semblant d'être content. C'est très fatigant.

Et puis le temps passe. Personne ne parle de mon retour. Moi je n'ose pas poser des questions. Je crois que je sais ce qui va se passer si on veut me garder. Je suis sûr que tu me comprends. Toi non plus tu n'aimes pas les villes puisque tu as choisi de vivre à Manorlaine.

Moi aussi je veux vivre là, pas autre part...

★

Le 7 mai : jour anniversaire d'Hélène Marchand, née d'Anderly. Le 7 mai : jour de la première communion solennelle de Michel Perceval. Il est dix heures. Saint-Honoré-d'Eylau carillonne de tous ses bronzes. Les retardataires sont à leur place, debout, immobiles au fond de l'église.

Il est dix heures cinq, la messe a commencé.

En ce matin printanier, Michel s'est eveille vers sept heures, énervé : Lucie lui a remis trois télégrammes.

Huit heures : Michel s'est lavé plutôt deux fois qu'une, puis il est allé embrasser sa mère dans son lit. Hélène s'est couchée tard la veille. Elle n'est pas encore levée. Michel est un peu fébrile.

Neuf heures : il est prêt. Lucie vient de finir de l'habiller. Son brassard lui plaît. Michel est content. Il aime ces deux pans de soie aux bords effrangés qui voltigent à son bras gauche lorsqu'il le remue. On dirait deux ailes blanches comme celles des pigeons-paons de Manorlaine, se dit le petit garçon en Eton gris perle qui contemple son reflet dans un long miroir.

Neuf heures trente : maman n'est pas encore tout à fait prête. Michel, dans l'entrée, fait les cent pas, anxieux de l'heure. Et l'heure, il la regarde chaque minute à son poignet où scintille le cadeau que vient de lui faire sa mère : une montre en or tenue par un bracelet de crocodile noir.

Neuf heures quarante-cinq :

— Vite ! Dépêchons-nous !

Hélène, très élégante dans un ensemble soyeux beige de chez Worth, entraîne son fils par le bras en froissant un peu le brassard blanc. Elle s'arrête à la porte d'entrée, en enfilant ses longs gants de peau claire :

— Lina ! Lina !

— Madame ?

— Dites à Monsieur que je lui renvoie la voiture.

Et hop !... Ils sont partis.

L'avenue du Président-Wilson, la place du Trocadéro, l'avenue Raymond-Poincaré et la place Victor-Hugo.

Michel descend le premier et tend fièrement la main à sa ravissante mère pour sortir de la voiture. Hélène remercie son fils et manifeste son étonnement.

— Mais tu deviens galant, lance-t-elle dans un rire cristallin. Puis elle se retourne vers le chauffeur.

— Vite, rentrez chercher Monsieur à la maison.

— Dis, maman...

— Quoi, mon chéri ?

Michel, intimidé par la présence de nombreux passants, se trouble un peu.

— Qu'est-ce qu'il y a, Michel ?

Le petit prend une inspiration. Il est rouge comme une boule de houx. Il a la sensation que sous le porche de l'église tout le monde les regarde... Enfin il se décide :

— Voilà... Bon anniversaire, maman !... Et avec un sourire radieux, le gosse sort de sa poche une toute petite boîte de carton qu'il lui tend.

— Qu'est-ce que c'est ?... Merci, mon chéri...

Hélène veut l'entraîner vers l'église. Michel, désappointé d'abord, se reprend.

— Non ! dit-il en se dégageant, regarde d'abord si ça te plaît.

La jeune femme défait vivement l'élastique et ouvre la boîte. Les sourcils levés, elle contemple ce qu'elle tient dans le creux de sa main gantée.

Michel, deux jours plus tôt, a vu à la vitrine d'un magasin de bijoux « fantaisie » deux boucles d'oreilles si brillantes qu'elles plairont sûrement à sa mère. Alors, pour trois cent vingt francs, Michel a acheté les pendeloques en cailloux du Rhin.

Hélène regarde alternativement son fils et sa paume sans rien dire... Mais, devant l'air à la fois fier et anxieux du gosse, elle sent qu'elle doit réagir, et réagir joyeusement. Alors elle se précipite sur son fils et le serre dans ses bras en le décoiffant :

— Merci, oh merci, mon petit chéri !

Michel entend ces mots-là sonner faux. Il est surpris et sa gorge se serre. Mais, courageux, il s'efforce de garder son sourire. Il entre dans l'église tandis qu'Hélène, après avoir jeté le cadeau dans son sac, s'ingénie à rajuster la cravate de l'enfant, déplacée pendant leurs effusions sur les marches du parvis.

Dix heures sonnent. Chacun est à sa place.

Dix heures cinq, la messe est commencée.

Michel est entouré de garçons habillés comme lui. Il se sent tout seul entre une chaise et un prie-Dieu avec la foule tassée derrière eux.

En face, l'autel est illuminé. Les orgues sont lancées, tonitruantes comme pour un signal guerrier. Michel tient un chapelet, son livre de messe recouvert de peau blanche, et un cierge très haut que l'abbé Daubin vient de lui remettre. C'est trop. Il voudrait bien poser quelque chose mais, voyant que ses camarades restent immobiles, il ne bouge plus. Il s'aperçoit cependant que ses condisciples portent leur chapelet enroulé sur l'avant-bras gauche. Il cherche à enfiler le sien mais, embarrassé par son cierge et son missel, il laisse tomber ce dernier qui dégringole avec fracas le long du prie-Dieu. Michel s'affole. Le livre de piété a précisément chu dans un moment de silence alors que les orgues se sont tues. Il jette autour de lui des yeux effarés, persuadé d'avoir commis un sacrilège. Il essuie les regards réprobateurs et ironiques de ses deux voisins et croise les yeux courroucés de l'abbé Daubin. Heureusement une claquette résonne et tout le monde s'assied. Le gosse peut enfin ramasser son livre. Le cierge se place dans un petit trou fait exprès dans le prie-Dieu, et les orgues recommencent à résonner, couvrant la voix des choristes qui semblent jeter vers la nef des harmonies de cantates furibondes.

Maintenant il a passé à son bras le chapelet aux grains de lapis-lazuli au bout duquel une croix d'or brimbale.

Michel regarde l'église. Comme c'est grand ! Quelle foule ! Tous ces garçons dans leur costume gris pareil au sien, et toutes ces petites filles en blanc dans les rangées parallèles... On dirait une armée d'enfants ! C'est joli. Le gosse se prend à sourire distraitement. Un coup de coude brutal de son voisin le rappelle à l'ordre.

— Eh bien, lis ta messe !... murmure ce dernier, l'air fâché, et Michel s'aperçoit qu'en effet tout le monde a le nez plongé dans son livre.

Il aimerait mieux regarder l'autel scintillant de lumières, mais il faut lire la messe dans un missel... Seulement, il ne sait pas où est la bonne page dans un si gros volume aux feuillets si fins qu'on a peur de les déchirer en les tournant. Il se penche vers son voisin qui l'a si brusquement rappelé à l'ordre et, doucement, demande :

— A quelle page, dis ?

— Chut ! Tais-toi ! répond celui-ci, le regard dur.

Alors Michel a honte. Le cœur gros il ouvre son livre au hasard et fait semblant de lire. Il pense à ce que lui a dit Lina ce matin : « C'est de la peau d'ange... »

« C'est tout de même pas possible ! pense-t-il. Les anges... ça n'a pas de peau puisqu'on ne les voit pas ! » Il soupire, perplexe. Une nouvelle claquette le force à se lever, à s'agenouiller, à prendre son cierge dans sa main gantée de blanc. Et il s'assied... se relève, et il chante comme les autres, pas mieux, mais un peu moins fort. Encore des claquettes. Les orgues lui cassent la tête ! Debout... assis... à genoux... debout... à genoux... et puis tout se tait, plus rien.

Plus d'orgues. Plus de claquettes.

Plus que des visages tendus vers un autel étincelant où un prêtre en chasuble d'or psalmodie des mots incompréhensibles et... oui... un grand bruit de chaises. Toute l'église bouge et ses voisins aussi. Celui de droite le pousse :

— Allez, vas-y !

Les orgues reprennent en sourdine. Michel avance, cierge en main, chapelet ballottant. « Où allons-nous ? » songe-t-il. Tout en marchant, n'ayant pour horizon que le dos de celui qui le précède, Michel pense que les brassards n'ont plus du tout l'air d'ailes qui s'envolent. Et puis il se prend à détester son costume : tout le monde est habillé pareil ! C'est vraiment affreux, l'uniforme ! Alexis a bien raison.

Le gosse a communié sagement, avec les autres, paupières fermées. Il est de retour à sa place : à genoux. Il lève la tête et regarde ses camarades qui ont la nuque penchée. Il est le seul à regarder devant lui. Alors, vite, il baisse la tête et, ce faisant... il avale le petit Jésus ! Michel rougit. Traversant l'un des vitraux, un rayon de soleil a jailli sur le côté, et trois rangs de petits garçons en prière s'éclairent de bleu, de carmin et d'or. Michel est ébloui car l'or est tombé sur lui. Cet or est issu d'un visage de Vierge couronnée, à la robe ivoire et bleu. Alors l'enfant relève la tête et sourit... au soleil. Et puis, le visage radieux levé vers le rayon, Michel fait sa prière : sa prière à lui, en pensant à Alexis, à Aurélie, à Manorlaine...

Mais la claquette vient de le faire tressaillir : il se met debout comme ses voisins qui le dévisagent, étonnés. « Qu'est-ce qu'il y a ? » se demande-t-il. Il inspecte ses pieds, ses bras, ses mains et, sur l'une d'elles, tombe quelque chose... Quelque chose qui se refuse à quitter le gant de coton blanc et qui, dans le rayon solaire, miroite sur le tissu. Il s'aperçoit qu'il a pleuré en pensant sa prière. Il fixe toujours la gouttelette qui brille. De son autre main, il s'essuie les joues.

Ses voisins ne le regardent plus. Une nouvelle claquette... et le soleil a disparu.

Cette larme, qui a brillé comme un diamant sur son gant, ramène la pensée de l'enfant vers sa mère et le cadeau qu'il a tenu à lui faire. « Pourquoi maman n'aime pas mon cadeau ?... » Il croyait lui faire plaisir... Il a dû se tromper à un certain moment, mais il ne comprend pas où, quand, ni en quoi... Il s'attriste d'avoir commis une erreur. Puisqu'elle n'a pas aimé ce cadeau, il ira en trouver un autre... demain ! Demain ?

Et Michel songe à demain... à tous les demains et les lendemains qui l'attendent. Il en tremble un peu. Les lendemains étaient toujours si beaux à Manorlaine... Quelque chose se brise dans sa poitrine.

Ces orgues, ces claquettes, ces chants, ces odeurs de cire molle, l'encens, la chaleur qui monte... tout cela, c'est beaucoup pour un petit garçon qui évoque son chez-lui dont il est loin. « Et puis, pourquoi ne sont-ils pas venus ?... Au moins mammy », se dit Michel en pensant à sa grand-mère, les larmes au bord des paupières.

C'est trop... L'enfant blond, sans attendre aucun signal de claquette, s'agenouille, solitaire au milieu de tous, oubliant ses camarades debout. Le visage caché dans les mains, il adresse au bon Dieu des reproches, mais si doucement, avec une telle tristesse, qu'au ciel on l'entend sûrement. Prostré sur son prie-Dieu, il n'entend même pas le bruit des chaises que bougent les gens en se levant, pas plus qu'il ne sent son voisin de droite qui enjambe ses chevilles jointes pour quitter la rangée.

C'est l'abbé Daubin qui le sort de son rêve éveille en lui touchant l'épaule. Le prêtre l'entraîne vers la sacristie où il lui fait avaler quelques gorgees de vin de messe. Michel grimace Il est a jeun et le breuvage, même bénit, n'est pas tres delectable pour le palais d'un gamin de son âge.

Les enfants de chœur en robe rouge, aube et surplis brodés de dentelles se tiennent immobiles comme des soldats de plomb. Ils regardent, ébahis, l'abbé qui, avec un linge, essuie le visage de ce premier communiant. Le prêtre sourit gentiment en repetant comme un bègue :

— Là... la, la... ça va mieux, mon petit ?...

Comme il n'obtient pas de reponse, il ajoute :

— C'est très bien d'être aussi pieux !

Le mot a réveille Michel, tout a fait. « Pieux ! » C'est un mot de tante Anne. Et l'enfant ne veut lui ressembler en aucune façon. Il est persuadé qu'ils ne s'adressent pas au bon Dieu dans la même langue. Aussi remercie-t-il l'abbé Daubin en le quittant très vite. Sous les voûtes, les cloches lancées à toute volée retentissent, assourdissantes.

Michel traverse l'église de bout en bout, respirant avec dégoût l'odeur qui monte... entêtante et déjà froide des cires flambées aux mèches encore fumantes. Il atteint le porche... et la lumière du jour, enfin !

— Qu'est-ce que tu faisais, Michel ? lui dit son beau-père devant lequel l'enfant vient de passer sans le voir. Pourquoi sors-tu le dernier ?

Et puis, sans attendre de réponse, Frédéric Marchand l'empoigne sous le bras, l'emporte au travers de la foule qui encombre encore la sortie de l'église.

— Ta mère est dans la voiture. Nous te guettons depuis dix minutes... Dépêchons-nous, nous allons être en retard pour le déjeuner.

La somptueuse Hispano-Suiza démarre dans un ronronnement de luxe.

★

Encore exalté mais un peu fatigué, Michel Perceval, dans son costume de cérémonie qui lui donne un air grave, présidera tout à l'heure son déjeuner de première communion solennelle.

Place d'Iena, au centre de la grande table, un énorme bouquet de muguet étale ses blancheurs et embaume la salle à manger. Sur une impeccable nappe de damas, entre les verres de cristal de roche, l'argenterie ancienne et la porcelaine de Chine, il y a trois télégrammes venant de Manorlaine, trois rectangles bleus que Michel a reçus ce matin.

En rentrant de l'église, il les a extirpés de sa poche où il les avait emprisonnés comme des secrets, pour les placer devant lui sur la table que Lina a dressée avec une attention scientifique. Pour lui, c'est un peu « l'oiseau bleu » du conte, miraculeusement multiplié par trois. Trois oiseaux de papier pervenche aux ailes écornées, arrivés là comme de tendres messagers de la baie du Mont-Saint-Michel. Ce sont trois invités de plus, inattendus mais bien accueillis, qui manifestent leur présence chaleureuse. C'est aussi la proclamation d'un attachement que le petit garçon, en ce jour particulier, peut se permettre d'afficher sans risquer d'offenser personne.

Chacun a sollicité l'autorisation de les lire.

Michel a laissé faire, indifférent. Ils ne peuvent pas apprécier ce qui se cache derrière les mots d'Aurélie, d'Alexis et de ses grands-parents.

Il y a onze couverts autour de cette table superbe. Exceptionnellement, les deux enfants d'Hélène et de Frédéric font, ce jour-là, leur entrée dans le monde juchés sur des sièges où les coussins s'accumulent. Leur nurse, Betty, les surveille.

— Que voulez-vous, c'est une folie d'avoir admis nos deux petits amours à ce déjeuner, mais c'est une grande fête pour nous : la première communion de Michel... et mon anniversaire !

Hélène explique, joyeuse, brillante, énervée. Tout lui est prétexte à s'exciter. Comment pourrait-elle rester calme quand, à son cou, brillent ses vingt-huit ans en vingt-huit perles fines offertes le matin même par son mari ?

— J'ai été gâtée, n'est-ce pas ?

— Trop ! plaisante Frédéric en l'attirant contre lui.

— Comment ? répond-elle sur le même ton, moi, à ta place, je ne me vanterais pas. Si j'avais dû recevoir un cadeau à la grandeur de mes mérites, ce collier de chez Cartier aurait dû être double.

— C'est ça ! Pour que tout le monde croie que tu as cinquante ans !

A cette boutade du maître de maison, les six invités protestent en roucoulant, bouche entrouverte et verre à pied tenu du bout des doigts. Frédéric secoue son shaker, mélange les alcools et prépare des cocktails à la mode : des *Rose*, des *Martini dry*...

Hélène, exubérante, s'agite, va et vient, distribue les apéritifs tout en poursuivant ses bavardages...

Michel a eu droit à un *porto-flip*. Trompé par la couleur laiteuse, il a bu d'un trait, s'étonnant peu après de ne plus entendre distinctement les propos tenus autour de lui. Sa vue, un instant brouillée, avait transformé les visages en ovales plats, clairs et opaques, l'empêchant de discerner les traits des personnes présentes : Anne et Jean d'Hablaincourt, Mireille et Adam d'Anderly, et un couple ami, Danièle et Pierre Lemaire. Elle, d'une élégance un peu voyante, ressemblait vaguement à Hélène, en plus pointu, avec un faciès anguleux éclairé par des pupilles de furet. Ironique, acerbe même, elle ponctuait ses appréciations de petits rires acides s'échappant de ses lèvres minces. Abusant des parfums, elle empestait *Jicky* de Guerlain. Lui — surnommé familièrement « Gros Pierre » par ses amis — faisait songer à un pacha repu, à un eunuque de harem turc. Court sur pattes et pansu, il avait le pouvoir surprenant de se mouvoir avec une légèreté gracieuse mais cocasse parce que éléphantesque. Peu disert, il souriait, attentif à tout, masquant avec soin ses réactions tel un grippeminaud dangereux sous l'apparence bonasse. Rien n'échappait à ses petits yeux porcins dissimulés sous des paupières alourdies par la graisse. Sa poignée de main était flasque.

Pierre Lemaire possédait une qualité majeure pour les gens du Tout-Paris : il était riche ! Aussi riche qu'il était adipeux ! Le snobisme de Frédéric Marchand s'en trouvait satisfait. Banquier, agent de change international, promoteur en tout genre, cet opportuniste avait bâti une large part de sa fortune sur la ruine des autres, ayant racheté à bas prix propriétés, terrains et fabriques aux malheureux perdants du krach de Wall Street en octobre 1929. De plus, cet arriviste avisé soutenait financièrement les éditions du mari d'Hélène, s'offrant ainsi le luxe de jouer les mécènes...

Assis non loin de lui, Mireille et Adam d'Anderly apparaissaient, comme toujours, lunaires et mal assortis. Quant à Anne et Jean d'Hablaincourt, ils s'efforçaient de sourire comme des sinistrés à qui l'on offre la grâce d'une condoléance. Deux années n'étaient pas parvenues à distraire leur détresse. Elle s'inscrivait en rides profondes sur le visage de cet homme de cœur, inconsolable de la mort de ses enfants. Anne, qui fumait à présent de longues cigarettes russes à bout doré, n'avait fait que s'effondrer davantage dans ses penchants alcooliques.

Desséchée, électrisée par ses stimulants, le quatrième *gin-fizz* qu'elle vient de boire lui fait perdre toute mesure. Heureusement pour tous, son humeur aujourd'hui la pousse vers la gaieté. Elle opte carrément pour une hilarité inconsidérée.

— Oh, Hélène... Non, merci ! Tu sais, c'est très mauvais pour moi ! J'ai déjà bu un verre ou deux... je ne sais plus. Ça me fait rire... c'est un miracle ! Tu entends, Michel, ta tante est l'objet d'un miracle pour ta première communion... Viens m'embrasser, mon chéri !

Michel, encore un peu troublé par son breuvage, hésite. Mais Jean d'Hablaincourt, gentiment, lui fait un signe : « Va... tante Anne sera contente. »

L'enfant se lance dans cette mêlée exubérante où l'on ne sait plus très bien, après ces quelques verres échangés, ce que l'on fête au juste...

Hélène n'est pas foncièrement égoïste, mais, distraite, rappelle toutes les deux minutes que c'est son anniversaire puis, attendrie, se précipite sur Michel et tente de remettre en place la mèche blonde qui lui balaie le front.

— N'est-ce pas qu'il est beau, mon petit premier communiant ?

Lina met fin à ces préliminaires en annonçant sur un ton péremptoire : « Madame est servie ! »

Les hommes, dans le salon chinois, jouaient aux cartes, fumaient des cigares en dégustant de la fine champagne.

Béatrice et Bruno dormaient depuis deux heures sur leurs extravagances, digérant tant bien que mal les filets de sole qui leur avaient servi de repas car on avait dû les emmener au début du festin, à cause du bruit, à cause de l'heure.

Les femmes papotaient, elles aussi, sirotant des liqueurs sirupeuses, dans le salon moderne.

Michel, étourdi, un peu perdu, ramassait ses télégrammes sur la table saccagée. Il avait envie de sortir, de respirer, de marcher, mais aussi de réagir parce que c'était trop bête de célébrer sa première communion comme ça : avec des rires sur le visage des autres, des mots d'esprit qu'il ne comprenait pas, des expressions qu'il ne connaissait pas. Une fois de plus, il était mal à l'aise. Tout semblait factice, inutile. Était-ce lui qui n'était pas à sa place dans ce climat exotique, ou l'inverse ? Sans pouvoir définir clairement ce qui le gênait, il éprouvait la désagréable sensation d'être un intrus dans ce milieu léger, n'y trouvant pas sa place. Il était l'étranger, celui qui s'est trompé de porte et de maison. Il se reprochait de ne pas être à même de s'adapter à cette atmosphère artificielle dans laquelle sa mère évoluait avec tant de plaisir apparent. S'agissait-il d'un jeu ? Un jeu dont on ne lui avait pas appris les règles ?

Il se sentait exclu de ces réjouissances, incapable d'y participer. Il voyait là une certaine injustice. Il jouait un rôle de figurant dans une sorte de représentation dont il aurait dû être le personnage principal. Il constatait à ses dépens qu'il y avait une erreur quelque part dans la distribution de cette comédie.

C'est ce mot-là qui lui vint à l'esprit. Douloureusement. Quelque chose en lui se cabrait. N'était-il donc qu'un prétexte à réunion d'adultes ?

Il aurait dû, pourtant, être le héros de la journée, mais personne ne lui prêtait une véritable attention. Durant le repas, on lui avait à peine adressé la parole. N'avait-on rien à lui dire, à lui demander ? Lorsqu'il avait accroché, par hasard, le regard de l'un des convives, celui-ci lui avait accordé un sourire automatique. Ici, se disait-il, on souriait par complaisance, à tout le monde, tout le temps, même quand on n'en avait pas envie. C'était machinal. Les lèvres s'entrouvraient mais les yeux restaient froids.

Michel éprouvait une sorte de somnolence provoquée par l'ennui. Malgré lui, sa pensée s'envolait vers Manorlaine. Les images se présentaient riantes et claires. Visages et paysages défilaient en un film au rythme rapide, joyeux et coloré. Ses yeux s'embuèrent.

En un peu moins de six mois rien ne l'avait conquis. Quelqu'un avait-il seulement essayé de le comprendre ? Non ! Le lycée était un gouffre où il n'était que Perceval, l'un des trente élèves de sixième. Pour ses camarades, il n'était que le timide, le blond Michel qu'on faisait enrager en l'appelant « Minouche » comme un chaton. Place d'Iéna, il n'était qu'une pièce rapportée qu'on traitait comme toutes les charges quotidiennes de la maison, dans un programme sans imprévu, et qu'on bécotait vite le matin et vite le soir, entre deux coups de téléphone, dans un nuage de poudre de riz derrière un maquillage savamment dessiné.

— Je viens t'embrasser... mais ne me décoiffe pas, mon chéri !... Je suis en retard.

Pour les domestiques, il était « l'ombrageux monsieur Michel », à qui il faut répéter constamment que « Madame a dit ceci », que « Madame ne veut pas cela »...

Alors que là-bas, dans la baie du Mont-Saint-Michel...

Alors non ! C'était trop absurde à la fin !

Le gosse se décide.

— Maman, je peux aller dans ma chambre ? Je voudrais me reposer.

— Va, mon chéri... Tu n'es pas bien ? Sonne Lina ou Lucie si tu veux quelque chose !... Dites-moi, Danièle, vous ne m'avez pas dit comment le petit de Gélouzac s'était débarrassé de Clara...

La chambre bleue, Michel s'y infiltre, s'y renferme. Il lui reste ce refuge, avec les lettres de là-bas dans le tiroir de sa table de chevet. Et puis, il y a un autre trésor dans la chambre. Mais celui-là, il l'a caché derrière la rangée des livres de botanique, dont personne ne se sert, mais qu'il aime bien à cause des planches en couleurs de fleurs et de plantes... Ce trésor, le gosse le possède depuis deux mois. Il l'a acheté à un kiosque à journaux, place du Trocadéro, un jour où il revenait à pied du lycée Janson-de-Sailly.

Il s'était arrêté sans but, sans même s'intéresser aux couvertures des magazines qui s'offraient aux passants dans les visages peints de quelques stars de cinéma... Et puis il avait vu, et pris en main ce fascicule bleu, qui s'appelait « Chaix », avec une carte de France sur la couverture, rempli de chiffres et d'horaires à l'intérieur, des noms, des ronds, des lignes... et Avranches, un petit point noir entouré d'un cercle.

— C'est combien, ça, madame ?

— Soixante francs, petit.

Il lui restait cent francs au fond de sa poche. Le butin de Michel entra place d'Iéna, dans sa chambre, pour ne plus en sortir.

Aujourd'hui, Michel renverse les livres de botanique et toutes les planches dessinées s'épanouissent sur le sol, comme un printemps modèle réduit.

« Le voilà ! »

L'enfant feuillette, sans chercher : page 65 ! Direction Paris-Granville par Avranches... Départs. Arrivées.

Départ : 15 heures... Trop tard... 18 h 10, c'est merveilleux !... Arrivée : 22 h 17.

Cinq heures sonnent à la pendule.

Sur la commode Michel s'empare d'une boîte en coquillage. Il en extrait des pièces et des billets. Il compte : trois mille francs... Il sourit, empoche le tout en vrac, sans plus penser, sans plus réfléchir.

Un pas dans le couloir accélère ses battements de cœur tout en lui rappelant qu'il a mangé trop de profiteroles. La porte s'ouvre. Du coup, l'indicateur se ferme tout seul, comme un coupable suspecté.

Hélène passe la tête, penche le buste.

— Ah bon ! tu as l'air d'aller mieux... J'étais inquiète, mon petit coco.

La jeune femme entre dans la pièce.

— Écoute, mon chou... Nous allons sortir... mais nous

rentrerons pour mon dîner vers sept heures. Alors, comme tu es un grand garçon... et puisque c'est un peu ta fête à toi aussi aujourd'hui, fais ce que tu veux... Je te laisse libre... Quitte ton brassard, change-toi et va te promener... Il fait si beau... Tiens, je t'ai apporté deux cents francs. Ça te fera du bien de prendre l'air... Mais ne rentre pas après sept heures et demie, car tu sais que nous attendons du monde pour mon anniversaire. Alors je veux venir t'embrasser avant que nos invités arrivent. D'accord ? Lucie t'apportera le plateau de ton dîner dans ta chambre. Il doit rester du poulet froid. Tu aimes le poulet, mon chou ?

— Oui maman, merci maman.

— Quitte ton brassard...

Hélène est partie en refermant la porte. Elle en ouvrait une autre sans le savoir.

Le gosse ôte son brassard, le dépose sur son lit. A la fin ça lui serrait le bras, ce machin. Il sent encore une gêne à son poignet... Ah oui, c'est sa montre neuve à laquelle il n'est pas habitué. Il enlève son bracelet de cuir... mais prend les deux cents francs.

Michel parvient à quitter l'appartement sans être vu. Il est dans la rue.

A six heures moins le quart, il a atteint la gare Montparnasse.

— Un billet pour Avranches, s'il vous plaît.

— Quelle classe ?

— Première... deuxième... ou troisième ! Ça m'est égal...

Il paye, ramasse sa monnaie. Il est en avance de vingt minutes. Il arpente la salle d'attente comme s'il voulait mieux connaître cet endroit où il recouvre sa liberté. Là où précisément on l'en a privé un 1er décembre.

1er décembre - 7 mai. 18 h 10 - 22 h 17...

Six mois, six jours et quelques heures pour un aller... et retour !

Michel s'étonne de son calme. Il se dit que quelqu'un qui s'enfuit doit avoir peur. Lui, pas ! Il en est tout de même un peu surpris.

Le train roule à présent, à pleine vitesse, à toute vapeur.

La locomotive siffle de temps à autre. Ses phares éclairent la nuit comme les yeux allumés d'un animal monstrueux. Le gosse a fermé les siens sur sa joie et se laisse bercer par le « ta-dac... ta-dac » régulier des roues qui glissent sur les rails d'acier. Michel trouve que ce rythme est plein d'allégresse.

Le train file. Il emporte vers l'ouest un petit garçon qui dort, s'abandonnant, heureux, sur les coussins de ce wagon dont la cadence lui fait dodeliner de la tête.

Sur ce quai de gare de province, le petit communiant sans brassard a l'air, avec ses yeux cernés et sa quiétude apparente, d'un fêtard attardé... Le car pour Granville qui passe par Genêts se trouve là. Il n'avait plus du tout pensé à ce car qui a dû souvent l'attendre, comme le train, depuis le 1er décembre...

— Monsieur, vous pourrez m'arrêter à Genêts ?

Le nom prononcé très fort donne à Michel l'envie de pleurer. Le conducteur lui répond :

— Mettez-vous là, à côté de moi.

Il y a deux autres voyageurs dans le vieux véhicule : un couple endimanché de villageois de Genêts qui l'ont reconnu. Michel les a salués poliment lui aussi. C'est le père Giret qui lui a dit :

— Si vous voulez, m'sieur Michel, j'vous amènerai chez vous dans ma carriole, parce qu'à c't'heure...

Plus tard, au cœur de cette nuit de mai éclairée par les rayons d'une lune presque rousse, le petit évadé est de retour dans le domaine qu'il n'a, au fond, jamais tout à fait quitté.

Dans un parc sombre aux ombrages complices, sous une voûte étoilée qui miroite, le manoir dort, sans vie apparente et sans bruits.

Si Michel avait dû penser à la façon dont il se présenterait, il aurait été bien embarrassé. Mais il savait inconsciemment qu'il irait d'abord à la recherche d'Alexis.

Alors, près du pavillon de chasse, il appelle Turc, doucement.

Le chien surpris grogne, aboie, puis se précipite. Le gosse se met à genoux pour mieux se faire accueillir à grands coups de langue par un animal devenu à demi fou de joie et aussi pour lui laisser le soin d'essuyer ses larmes.

La porte du pavillon s'ouvre soudain. La silhouette d'Alexis, torse nu, en pantalon de velours côtelé, se découpe dans l'encadrement de la porte. Il tient une lampe électrique à la main.

— Qui est là ?

Dans une auréole qu'il crée lui-même, il aperçoit l'enfant et le chien. Et puis il n'y a plus de lumière parce que Michel en sanglotant s'est jeté contre l'homme et que la lampe est tombée dans l'herbe.

A moins qu'Alexis n'ait préféré l'ombre pour cacher l'émotion qui marque son visage parce que deux petits bras lui ceinturent la taille et qu'une tête blonde mouille sa poitrine en bégayant la seule excuse d'un enfant à bout de tout :

— J'suis parti... J'suis parti !

VI

Alexis

Après avoir mûrement réfléchi, et en pesant ses termes, Armand d'Anderly écrivit à Hélène.

De Manorlaine, le 10 juin,

Ma chère petite,

Malgré le chagrin que te cause, j'en suis persuadé, la réaction soudaine de ton fils aîné, je te crois trop raisonnable pour ne pas avoir réalisé combien il serait nuisible à cet enfant de chercher à contrecarrer plus longtemps ses aspirations.

Je ne sais pas s'il aime Manorlaine parce que c'est la campagne ou la campagne parce que c'est Manorlaine, mais il faut simplement se rendre à l'évidence : ce petit éprouve le besoin de vivre ici.

Transplanté, il risque de souffrir. Son caractère, en pleine formation, pourrait s'aigrir ou se durcir et, par voie de conséquence, ne pas trouver l'équilibre et l'épanouissement que nous souhaitons tous.

Je te demande au nom de la tendre affection qui nous lie de bien vouloir nous laisser Michel. Ton frère Alexis, avec qui je me suis longuement entretenu, partage le sérieux de mon opinion. Il doit t'écrire.

Tu sais avec quel amour ta mère et moi avons veillé sur la prime enfance de ton fils. Je n'ai pas besoin de te dire, n'est-ce pas, combien elle insiste pour que Michel demeure ici.

Essaye de prendre sur toi. Je t'en prie, accepte de laisser à ta maman la joie de s'occuper d'un tout petit garçon.

Aurélie reprend des couleurs depuis le retour de Michel et nous nous en réjouissons tous. Tu connais son état de santé et sans vouloir trop insister sur ce point douloureux, il me semble que ta générosité pourrait t'inciter à considérer le bien que tu peux faire à ton infortunée sœur cadette. Je te le demande au nom de tous ceux d'ici, au nom de ton fils et au mien.

J'insiste aussi pour une raison moins affective. L'enfant s'entend avec Alexis. Ensemble ils continueront Manorlaine après moi. Si tu reprenais Michel, pourrais-je croire tout de bon à la pérennité de ce domaine auquel j'ai consacré mon existence? Alexis ne se marie pas. Je ne crois pas qu'il en soit question. Tu connais ton frère. Alors, Michel est tout désigné pour prendre la suite et assurer dans l'avenir des responsabilités auxquelles il aspire, instinctivement, sans en deviner le poids.

Et puis, pour moi, égoïstement pour moi qui t'ai donné tout ce que j'ai pu sans jamais rien te demander, pour moi, à l'heure où je me trouve dans l'hiver de la vie, je t'adresse cette prière: confie-moi Michel. Laisse-le-nous.

Pense aussi à lui. Ton fils existe en tant qu'individu. Il a déjà des idées bien ancrées dans sa tête. Nul ne saurait les lui ôter sans le blesser, gravement peut-être. Nous devons reconnaître aussi qu'il ne manque pas de détermination. Sinon, comment cet enfant si jeune aurait-il eu le courage de prendre un train, seul, sans en parler à quiconque?

Sa personnalité s'esquisse et s'affirmera d'autant mieux s'il se sent poussé dans la voie qui l'attire naturellement. Chercher à briser cette inclination, sans raison valable et précise, pourrait déboucher sur un résultat désastreux. Si nous nous laissions aller à bouleverser les impulsions de ce petit et, partant de là, influencer son destin, nous pourrions un jour être amenés à en éprouver du remords. Il serait catastrophique de faire de ton fils un inadapté, un révolté. Nous n'aurions alors pas assez de larmes pour déplorer les conséquences d'une mauvaise décision dont nous devrions nous tenir pour seuls responsables.

Michel veut vivre ici. C'est un choix. Il est fait pour ce genre d'existence. A Manorlaine nous en sommes tous convaincus.

Sans vouloir prophétiser, permets-moi de te dire que si tu le réclames nous nous inclinerons, bien entendu, mais il s'échappera de nouveau et plus il grandira, plus la fuite lui sera facile. Chaque fois, où qu'il se trouve, il reviendra là où il se sent heureux, là où sont ses racines. Ma petite Hélène, ne trouves-tu pas cela normal ? Il a vécu ses premières années au grand air parmi nos champs, nos bois et les grèves du Mont-Saint-Michel. Il connaît et reconnaît chaque parcelle du domaine et ne semble pas éprouver le désir d'aller à la recherche d'autres découvertes. A mon avis, tout autre endroit, aussi luxueux soit-il, ne saurait le retenir. Il se sentira étranger au site le plus extraordinaire, et, comme un petit lapin, regrettera son terrier. Il est trop tôt pour songer à en faire un oiseau migrateur. Plus tard, il voyagera sans doute pour son plaisir. S'il te plaît, permets-lui de grandir dans un cadre qui lui est familier.

Surtout ne t'imagines pas que tu te trouves au second plan de mes préoccupations. Tu es constamment dans mes pensées. Ton état d'esprit me tracasse, sois-en certaine, et je peux comprendre ta déception maternelle. Seulement ma chérie je m'autorise à te rappeler affectueusement que tu as un mari, deux enfants, un foyer. Ta vie, enfin ! Il faut te résoudre à admettre que les goûts de Michel ne seront jamais les vôtres. Ne prends pas cela pour une critique. Je ne me le permettrais pas. Je ne blâme ni ne juge la façon de vivre de mes fils et filles. Ils sont libres. Chacun vit comme il l'entend, selon ses aspirations, c'est pourquoi il me paraît logique de respecter celles de ton fils aîné.

Ma fille chérie, je t'embrasse de tout mon vieux cœur affectionné.

Mon bon souvenir à ton mari, caresses à Béatrice et Bruno.

A bientôt mon petit. Ton papa qui t'aime tendrement.

De son côté, Alix écrivait :

Ma petite Hélène,

Tu sais l'émotion que m'a causé le retour de Michel : ce fut une surprise, certes, mais bien douce pour moi. Je suis heureuse de revoir ce petit bonhomme tout blond gambader et faire son tapage autour de nous tous.

Je ne t'écrirai pas de longues phrases, ma chérie, je te dirai seulement ceci : tu sais que nous ne sommes plus jeunes, ton père et moi. Ton fils est un peu notre dernier soleil. Laisse-le nous encore, le temps qu'il soit un grand garçon.

C'est un peu de toi, Hélène, qui demeure auprès de nous. Nous te voyons si rarement ici. Et puis, il y a Aurélie, qui ne va pas bien ; le docteur ne peut plus prescrire que le repos. C'est affreux, mais n'en parlons pas, nous avons tous nos chagrins.

Seulement, c'est en son nom que je te parle aussi tu sais. Elle est si heureuse de s'occuper de Michel, et elle s'en occupe si bien... C'est une joie pour ton père et pour moi de la sentir revivre depuis que le petit est de retour. Alors, pense un peu à elle, à ton papa et à moi.

Tu sais que Michel est en sécurité, qu'il est bien, qu'il est heureux et que ton frère en fait un homme. Alors, réfléchis à tout cela et puis songe à cet enfant qui, quoi qu'il en paraisse, te demeure très attaché. Je lui parle souvent de toi.

Je t'embrasse comme je t'aime, ma petite fille chérie, c'est-à-dire de tout mon cœur.

Ta maman.

Alexis écrivit aussi.

Ma chère Hélène,

Je serai bref. Michel est revenu. Personne ne l'en a empêché, personne ne l'a poussé ; l'instinct seul lui a dicté son acte. Nous serions tous blâmables de chercher à aller contre ses penchants naturels.

Je m'en occupe et m'en occuperai davantage encore dans l'avenir.

Plus ton fils grandit, plus j'ai besoin de lui. Il faut quelqu'un pour me seconder ici et Michel prend de lui-même une place tout indiquée. Laisse-le faire, laisse-nous faire, laisse-moi faire.

A bientôt, je t'embrasse.

P.S. Après tout, ne suis-je pas son parrain?

Aurélie attendit deux jours de plus pour écrire à sa sœur, dans un style dont la candeur excessive exaspéra Hélène.

Hélène chérie,

Merci d'avoir permis à Michel de revenir. Tu ne devines pas quel bien tu me fais: je me nourris, je sors, je cours. Je m'amuse grâce à lui; enfin, je te dois mon bonheur actuel.

Merci, Hélène, et à bientôt.

Le 15 juin, Hélène répondait.

Cher Papa, chère Maman,

Je m'incline devant une si forte coalition. Que puis-je faire d'autre d'ailleurs?

Michel est parti tout seul, sans rien dire à personne, sans me dire au revoir, en laissant derrière lui toutes ses affaires. Il a même retiré de son bras le cadeau que je lui ai fait pour sa première communion. Il faut croire que mon fils est bien différent de moi; ou bien que je n'ai pas su m'en occuper. C'est plus grave et cette idée m'est très pénible.

Suis-je vraiment si peu maternelle?

J'ai de la peine. Non qu'il soit retourné vers vous, mais qu'il n'ait pas cherché à me parler de son projet. A-t-il si peu confiance en moi? Me croit-il incapable de le comprendre? Que pouvait-il craindre? Que je le retienne de force? C'est bien mal me connaître... S'il m'avait avoué son désir, il me semble que j'aurais su faire abstraction de ma douloureuse contrariété. A vrai dire, je n'en suis pas certaine, mais je crois, sincèrement, que je l'aurais laissé partir.

C'est sa fuite qui me blesse.

Ne suis-je vraiment rien pour lui?

C'est affreux de ne pas avoir su se faire aimer de son fils. Il faut avouer que j'ai eu si peu de temps pour me montrer à lui telle que je suis... Tout est de ma faute, et j'en souffre. J'ai bien du chagrin.

Gardez-le puisqu'il vous aime, gardez-le bien... et, malgré tout, malgré mon existence tout juste admissible comme le pense papa... rappelez-lui quelquefois qu'il a une maman... quelque part dans Paris.

Je vous embrasse comme je vous aime.

P.S. Frédéric a été furieux et voulait partir chercher Michel! Je l'en ai empêché! Après tout, je suis encore une Anderly, n'est-ce pas?

★

Aurélie a changé. Ses yeux de tourmaline paraissent avoir pesé le temps. Le front a gagné de la hauteur et se ride à présent lorsqu'elle s'étonne. Les nattes ont été abandonnées. Les boucles noires s'emprisonnent dans une résille. Les joues translucides se creusent légèrement dans ce visage au teint opalin. Le corail des lèvres a pâli.

Le cou s'est amaigri. Les épaules s'affaissent, rétrécies. Les doigts semblent plus frêles. L'esquisse d'une poitrine se dessine sous les légers vêtements de lin qu'elle porte volontiers. Sa démarche est hésitante à présent. Elle se déplace lentement comme si le sol intimidait ses pas. Quelque chose d'austère enlace Aurélie et semble l'entraîner dans une valse nostalgique.

Le retour de Michel l'a réveillée, puis dégagée d'une torpeur. Son visage a rayonné pendant les premiers jours, et son sourire revient graduellement comme il s'en était allé.

Cependant, Aurélie ne peut plus retenir Michel, encore moins le rejoindre.

Elle avait voulu croire que l'attachement du garçon se serait trouvé renforcé par l'absence. Mais lui, la retrouvant, ne s'était blotti qu'entre les bras de sa petite enfance. Il s'était agréablement laissé bercer par un ensemble de souvenirs. Elle ne se rendait pas compte que, si Michel l'écoutait lui parler, c'était une voix ancienne, remplie de parfums somnolents, qu'il aimait à reconnaître dans ses intonations. Petit à petit, bribe par bribe, tout s'effrita comme un calcaire trop friable. Jour après jour, Aurélie était amenée à renoncer à son rêve : Michel.

Toutefois, elle avait tenu à lutter encore, résolue à n'abandonner que devant une certitude. L'une de ses dernières illusions disparut un matin d'août, à l'heure où le soleil ne darde pas encore.

Habillée tôt, elle se trouvait la première installée dans la salle à manger pour le petit déjeuner. Sur la longue table de chêne, Joseph avait disposé comme à l'accoutumée les grands pichets de grès remplis de lait frais ou de café fumant. Dans une jatte de couleur terre cuite, le lait caillé reposait auprès du sucre en poudre. Les tartines grillées attendaient dans une corbeille de paille tressée, à l'abri de leur coton molletonné à petites fleurs multicolores. Le cylindre de beurre fermier suintait encore de son laitage à côté du pot de confiture de mûres sauvages. Les œufs à la coque viendraient plus tard, selon le désir de chacun. La pièce sentait bon. L'odeur du pain brûlé luttait pour supplanter l'arôme du café noir qui embaumait la salle. L'horloge à balancier du hall avait sonné huit heures.

Michel n'allait plus tarder. Elle avait hâte de lui rappeler que c'était vendredi, jour où l'on renouvelait les bouquets de fleurs. Elle comptait lui demander son aide. Il ne pourrait se dérober, se disait-elle. Forte des souvenirs que ne manquerait pas d'évoquer cette cueillette et ces compositions communes, Aurélie escomptait le retrouver tel que naguère.

Michel s'annonçait dans l'escalier par le bruit de sa galopade sur les marches de pierre. Prêtant l'oreille, elle crut l'entendre siffloter. Soudain il fut là. Elle l'accueillit gracieusement.

— Bonjour, lui répondit-il, distrait et léger en l'embrassant sur le front. Tu as bien dormi ?

Et déjà il est assis à sa place.

Aurélie répond faiblement :

— Oui... merci.

Elle sait bien que Michel n'attend et n'entend pas cette réponse par trop quotidienne. Elle poursuit :

— Et toi ?

— Moi ?...

— Oui, as-tu bien dormi ?

— Oh oui... oui, oui, très bien.

Il a mélangé le café au lait et se beurre une tartine. Comme il ne dit rien, elle se décide à énoncer sa proposition.

— Tu sais... c'est vendredi aujourd'hui...

Michel la regarde un instant, cherchant ce qu'elle veut dire par là, mais ne trouvant rien en dehors des mots eux-mêmes, il répond :

— Ah oui ? Déjà ?... Les jours passent vite depuis que je suis revenu !

Il a parlé la bouche pleine et déjà grignote une autre tartine.

Aurélie réalise qu'il a tout oublié. Elle murmure pour dire quelque chose : « Bien sûr, le temps file... »

— Donne-moi le sel, s'il te plaît, dit-il en tendant la main.

Aurélie prend la salière qui est devant elle et la lui présente. Elle retient l'objet de sorte qu'ils touchent à eux deux les extrémités de la salière. Michel est ainsi forcé de croiser le regard d'Aurélie qui lui demande avec gentillesse :

— Que fais-tu ce matin ?

Elle a lâché la salière. Michel s'en sert tout en parlant.

— Je monte à cheval avec Alexis, comme hier et comme demain... mon petit minet joli, ajoute-t-il en lui adressant un sourire frais.

Et puis il regarde l'heure, se lève, emporte un biscuit et ajoute :

— Du reste, je suis en retard ! Je te laisse... J'entends les autres qui arrivent. A tout à l'heure !

Il est parti.

Aurélie répond un « à tout à l'heure » que personne n'a entendu car elle a quitté la salle à manger, les larmes aux yeux, tandis que les rayons du soleil montant envahissent la grande pièce au fond de laquelle Joseph, immobile, hoche tristement la tête.

Vers la fin de cet été-là, le sourire d'Aurélie s'en alla aussi progressivement qu'il était revenu. Elle se promenait seule, mince et chancelante, sans but et sans idées, au son du sifflet coquin des merles qui semblaient railler sa solitude.

Un méchant vent du nord-est soufflait souvent. Cet aride et mauvais nordet qui incite les pêcheurs à demeurer prudents, à l'abri du port.

★

— Alexis, maintenant que je suis grand... tu peux m'apprendre tout ce que tu sais !

Avec le plus grand sérieux, Michel a lancé cette affirmation sur un ton définitif au lendemain de l'anniversaire de sa onzième année...

Son oncle se retient d'éclater de rire, devinant l'état d'esprit du garçon et dans quel sens il a cherché à faire comprendre ses bonnes intentions. Aussi lui répond-il avec calme.

— Écoute, ce que je peux t'apprendre n'est rien à côté de ce que tu peux apprendre par toi-même. Je n'ai rien à te dire : rien pour l'instant. Viens avec moi quand tu voudras, aussi souvent que possible. Je te le permets désormais. Observe, écoute et tais-toi. Si tu es attentif tu t'instruiras tout seul. Puisque tu n'es pas un sot, tu pourras tirer profit de ce que tu verras et entendras. Comme tu le dis si bien, tu es grand maintenant... enfin, assez grand pour sentir ce qu'il faut faire et éviter de faire. Et puis... quand tu seras tout à fait grand, tu sauras que tu devras être capable de faire toi-même le travail que tu demanderas à quelqu'un d'exécuter.

S'il croyait à la sincérité du garçon et à la spontanéité de son élan, Alexis hésitait encore au sujet des véritables motivations de son neveu. Le gosse était-il réellement déterminé ou n'obéissait-il qu'à son instinct ? Était-il conscient de ce qu'impliquaient ses déclarations enthousiastes ? Ne voyait-il pas seulement le beau et le bon côte des choses ? N'était-il pas simplement attiré par les decouvertes, les distractions, l'agrément des promenades à cheval et le plaisir de chevaucher seul en sa compagnie ? La vie avait appris à Alexis la prudence, aussi se défendait-il de se laisser aller à conclure trop vite, alors que tout l'incitait à céder aux impulsions affectives qu'il éprouvait à l'égard de ce petit bonhomme.

L'oncle s'obligeait à jouer les saint Thomas.

Sans se méfier tout à fait, il doutait encore, craignant d'être amené à constater que ce que Michel prenait pour une vocation n'était en fait qu'un engouement passager. Au fond, Alexis se précautionnait à travers ses incertitudes, voulant par-dessus tout s'éviter une grave déception. Pour mieux se convaincre, il se répétait que l'enfance est le moment de la vie où toutes les versatilités sont possibles. Ensuite...

Alors l'homme de cœur regarda vivre Michel, l'aida discrètement à apprendre à vivre, précisément.

Aux silences désapprobateurs succédaient des échanges de regards où le contentement se discernait. Parfois un mot bref, volontairement cinglant, venait frapper le gosse au plus sensible. Parfois l'esquisse d'un demi-sourire appréciateur le faisait rougir de fierté.

Un automne s'écoula, entrecoupé de pluies mélancoliques avant de se perdre dans ses horizons languides, laissant place à un hiver sec avec ses bises et ses danses de flocons.

Et puis un printemps jaillit de partout, éclatant ses sèves au milieu de mille gazouillis s'échappant des bosquets. L'été fut torride et généreux, dotant le domaine de récoltes abondantes.

Michel fêta ses douze ans... et quelques centimètres de plus.

Le garçon n'avait pas déçu son oncle. Alexis, rasséréné,

était assez content. Il ne laissa pas transparaître son sentiment.

En novembre, l'apprenti campagnard avait su se lever dès l'aurore pour piétiner dans la boue à travers champs au milieu des brouillards matinaux afin de suivre la dernière saignée de la terre fatiguée, soignée, fortifiée d'engrais. Au mois de janvier, ayant obtenu l'accord d'Alexis, il s'était astreint à faire un stage quotidien dans chacune des quatre fermes, celle réservée aux laitages, sa voisine où l'on élevait les porcs, l'autre attribuée aux volailles et enfin les bâtiments dont dépendaient les écuries.

A la fin de février, Michel était resté deux nuits auprès de son oncle qui assistait lui-même deux juments mettant bas à quinze jours d'intervalle. Bien sûr, après, ses jambes flageolaient, mais ses nerfs excités avaient accepté, sans qu'il en soit enivré, le grog fortement alcoolisé préparé par les fermiers.

Le garçon avait trouvé une solution pour drainer un champ qui menaçait de se transformer en marécage. Alexis l'avait félicité sans lui confier que lui-même avait prévu depuis l'année précédente le même système d'irrigation. En fait, Michel faisait ses classes agricoles avec succès.

★

— Dis... Pourquoi on dit que les chrysanthèmes sont les fleurs de la mort ? demanda-t-il à la fin de l'automne, ajoutant : c'est dommage... Personne ne doit les aimer. C'est pas juste... Moi je les aime bien les chrysanthèmes !

— Tu as raison. Ce sont des fleurs comme les autres, on les apparente à la mort parce qu'elles éclosent en octobre et novembre au moment de la fête de tous les saints.

— Alors, c'est des fleurs de fête ?

— Oui... si tu veux... Ce sont aussi celles du souvenir, celui des trépassés.

— Fêter le souvenir de la mort, c'est plutôt sinistre.

— Peut-être... mais si on ne fleurissait pas les tombes à une certaine époque, les vivants pourraient croire qu'on ne pense plus aux morts.

— Ah bon !?... Alors on porte des fleurs au cimetière à une date fixe pour bien montrer aux gens qu'on a de la mémoire... ?

— Oui... si tu veux.

— Ben alors... ça !!

— Quoi ?

— Si on fait ça pour bien faire voir qu'on a encore de la peine...

— Eh bien ?

— J'sais pas ! Moi, quand j'ai d'la peine... j'ai pas envie de le montrer... Et toi ?

— ... Michel... tu m'embêtes... !

En quelques mois de vie commune, une complicité, une certaine intimité est née entre l'oncle et le neveu. A présent, Alexis le sauvage sait qu'il a trouvé un véritable compagnon. Au début il l'avait admis dans son ermitage avec une franche gentillesse mais non sans réticence. Au fil des jours, sans s'imposer, le garçon s'est installé naturellement dans la vie d'Alexis où il a pris sa place au point que ce dernier se surprend à regretter les absences de Michel. Sans le faire exprès, le gosse a bousculé les réserves de l'homme, écartant les barrières dressées autour de lui comme autant de fortifications. Sans le savoir, Michel établit un climat juvénile partout où Alexis l'avait volontairement aboli.

Les journées aux couleurs changeantes passées côte à côte ont fait évoluer la qualité de leurs rapports en les renforçant. Une amitié s'installe dans le partage, l'échange. Une compréhension mutuelle, une entente tacite. Il en résulte une affirmation de la personnalité de Michel et chez Alexis la redécouverte inattendue d'une douceur virile depuis longtemps refoulée. Il en résulte surtout une communion d'esprit de plus en plus étroite. Ils en étaient au stade de se deviner sans parler.

La différence d'âge n'a pas empêché leurs deux natures

de se fondre dans le même élan où se mêlent la force, la volonté de bien faire et une certaine tendresse inexprimée que l'adulte entend garder rude et secrète. Ces deux êtres pudiques s'aiment en toute pureté sans s'autoriser à le laisser paraître.

Pour l'observateur affectueux qu'est Armand d'Anderly, l'accord établi entre son fils et son petit-fils le comble. L'image de cet homme solide au caractère fort tenant par la main ce tout jeune garçon blond et frêle peut l'émouvoir puisqu'elle représente de façon charmante et prometteuse l'avenir de Manorlaine.

Le petit gars rêvait parfois d'aller s'installer chez son oncle. En toute logique simpliste, il estimait qu'ils y gagneraient du temps. Ne partageaient-ils par leurs heures diurnes ? Mais Michel se disait qu'il n'avait pas à demander cela. Si Alexis y pensait, sa joie en serait plus forte. D'ailleurs, maintenant, il passait toutes ses soirées, ou presque, dans le pavillon.

Souvent, après le dîner partagé avec Aurélie et ses grands-parents, c'était son oncle qui prenait l'initiative de décider de leur emploi du temps.

— Mère, nous allons chez moi avec Michel car nous avons à travailler.

Armand souriait, Aurélie regardait son frère fixement sans rien dire et Alix répondait :

— Allez, allez mes enfants, mais ne retiens pas Michel trop longtemps, Alexis, je veux qu'il se couche tôt.

La recommandation n'était pas superflue.

Auprès du feu de bois, alors que l'un tirait sur sa pipe en rêvassant, l'autre restait coi, trop content d'être là. Il n'aurait pas bougé pour tous les diamants de Golconde ni prononcé un seul mot quand le silence leur tenait si bonne compagnie. Il craignait qu'Alexis s'avise de l'heure tardive et le fasse décamper.

A force d'observer la farandole des flammes, il arrivait à Michel de voguer dans une douce somnolence qui l'entraînait bientôt dans les bras accueillants de Morphée. Il dormait, la tête penchée sur le côté, le dos contre les bûches entassées près de l'âtre. Il respirait régulièrement dans une quiétude que seule la vraie fatigue physique peut provoquer. Alexis le remarquait très vite quand Michel s'assoupissait ainsi. Ce constat avait tendance à l'attendrir mais il se refusait à céder à cette sensation qu'il estimait facile et peut-être dangereuse pour lui. La première fois il l'avait réveillé tout de suite :

— Allons mon gars, tu n'es pas chez toi, ici !

Michel, sursautant, s'était remis sur ses pattes.

— Oh ! pardon. Tu veux que je parte ?

— Oui bonhomme. Nous avons bien travaillé aujourd'hui et demain le jour se lève tôt. Allez, hop ! Bonne nuit.

D'une tape amicale, il l'avait poussé dehors. Michel se frottait les yeux. Ce que c'est bête d'avoir sommeil juste dans les moments où l'on est bien, pensait-il. On ne peut pas en profiter !

Cela ne l'empêcha pas de recommencer. Les autres fois, Alexis fut plus lent à réveiller le garçon. Il le contemplait, heureux lui aussi. Il sentait naître un sentiment oublié dont il ne se défendait plus. C'était comme une ivresse qui lui noyait le cœur, un plaisir subtil et inqualifiable, une joie brutale qui lui humectait les yeux et le déconcertait un peu. Il prolongeait son émotion en regardant le gosse endormi, décoiffé, abandonné.

Dans son esprit s'installait le regret de n'avoir pas, à lui, un enfant qui ressemblât à Michel. C'était peut-être, chez ce doux sauvage, la naissance d'un sentiment paternel.

Turc, vieilli mais toujours beau, en profitait pour interrompre le monologue inexprimé. L'instinct de l'animal le poussait à venir prouver son attachement à son maître. Ou bien Turc était-il simplement jaloux de cet élan secret qu'éprouvait Alexis pour son neveu et dont personne ne saurait rien ? Turc léchait les mains de l'homme mais celui-ci, indifférent, se dégageait, et du bout des doigts caressait le front de l'enfant, là où les flammes de l'âtre faisaient sautiller l'ombre des mèches folles.

Un soir où la tête du garçon s'était appuyée de travers sur l'angle d'une bûche, Alexis se leva sans bruit pour glisser avec précaution un coussin sous la nuque gracile.

L'homme se pencha pour embrasser furtivement le front de l'enfant. Dans le même mouvement, il se redressa vivement, bougonnant contre lui-même, et se mit à vider sa pipe contre l'un des chenets. Le bruit réveilla Michel. Il entrouvrit les paupières mais ne bougea pas. A son tour il regarda longtemps son oncle. Au bout de quelques minutes, sa petite voix fit tressaillir Alexis qui se retourna brusquement comme s'il avait été surpris dans un moment secret.

— Dis, pourquoi tu as l'air en colère ?

L'homme eut un grand rire. Puis, empoignant Michel il le souleva à bout de bras. Il le fit sauter jusqu'au plafond avant de le rattraper.

— Parce que tu es un sale gosse !

Ce soir-là, avant de le renvoyer, il l'embrassa bien fort sur les deux joues. Michel tout surpris écarquilla les yeux.

— Qu'est-ce que j'ai fait ?

★

Le garçon travaillait au château avec un professeur du collège d'Avranches. Il avait brillamment passé son certificat d'études l'an dernier. Maintenant dans sa treizième année, il abordait une instruction générale doublée de leçons d'anglais et d'allemand. Michel aimait l'étude. Plusieurs heures par jour, souvent après le déjeuner jusqu'à six heures du soir, il était penché sur livres et cahiers sous la surveillance de son instructeur. Il voulait tout comprendre et voulait qu'on lui expliquât tout. La littérature était un terrain où il évoluait avec une facilité rare, retenant bien, citant les auteurs, appréciant les textes. En grammaire, s'il faisait des fautes d'orthographe, il tentait de les expliquer : « J'aime les mots pour ce qu'ils veulent dire, pas pour les lettres qui les composent. Est-ce qu'on aime un arbre pour une de ses feuilles, ou une maison pour un de ses volets ? Alors, qu'importe, disait-il à son précepteur, si je ne mets pas deux “f” à “affaire” ou deux “p” à “approvisionnement” et si, au contraire, je mets deux “l” à “auréole” et un “z” à “magasin”? D’ailleurs, la langue française, si vous me permettez de dire ce que je pense, eh bien elle se permet toute seule assez de fantaisies pour qu’on s’en offre quelques-unes avec elle!»

Il avait l’esprit ouvert, clair, des enfants appliqués qui savent assimiler leur savoir. Les mathématiques elles-mêmes, en abordant l’algèbre, le passionnaient à présent, ou plutôt l’intéressaient comme un mystère dont on aime à découvrir la clé. Michel puisait de sérieuses informations dans l’étude des sciences naturelles, qui n’étaient pas sans rapport avec les travaux du domaine. S’il accompagnait encore Alexis, le matin, dans ses randonnées équestres à l’intérieur des terres, c’était d’une façon plus oisive.

La nudité de décembre donnait à Michel une impression de bout du monde. Les vents furent intenses cette année-là, aussi le garçon restait-il le plus souvent au château. Il avait pris possession du grand salon bien chauffé, en avait fait son fief momentané, y installant ses livres. Alexis venait dans la journée l’y retrouver parfois quand aucun travail forestier ou de fermage ne l’en empêchait. C’était pour l’homme la saison de la détente. Alexis profitait de ses loisirs pour lire, bien calé dans un fauteuil, sa pipe toujours tiède posée à portée de main.

Vers cinq heures, Alix, souvent occupée ailleurs à des surveillances ou des rangements, leur faisait servir du thé. C’était le moment dont Aurélie tirait profit pour s’infiltrer entre Michel et Alexis. Elle n’osait pas se montrer quand son neveu travaillait car Armand lui avait précisé qu’il était préférable de ne pas le distraire.

Aussi le thé était-il un excellent prétexte. Le silence la gênait. Elle s’en défendait mal en parlant trop, comme si le bruit qu’elle provoquait devait la rassurer d’une certaine façon.

— Oh! comme ils sont sages les hommes des bois en hiver! Auriez-vous peur du froid ou joueriez-vous les loirs?

Elle se forçait à rire, s'approchait d'Alexis, regardait le livre qu'il venait d'abandonner et s'écriait :

— Proust ! Lecture défendue, monsieur mon frère. On ne sait pas pourquoi d'ailleurs ! Personne n'a jamais pu le lire jusqu'au bout, ce doit être pour ça.

Puis, vers Michel :

— Veux-tu encore une tasse de thé ?

— Merci. Ma récréation est terminée, répondait-il, jouant à l'écolier.

Alexis, qui avait repris son livre, levait la tête :

— Dépêche-toi mon garçon, je t'attends pour sortir.

Le silence se réinstallait, trop pesant pour elle. Alors Aurélie battait en retraite. Désœuvrée, désenchantée, elle retrouvait ses chambres. Cette jeune fille à la santé déclinante s'alanguissait dans le décor de son enfance. N'éprouvant plus le désir de s'en évader, elle s'y étiolait. Prisonnière de sa personnalité complexe à laquelle elle ne pouvait ni ne voulait échapper, elle vivotait, navrée, au milieu des images de ses souvenirs contradictoires. Elle s'était repliée sur elle-même, se cloîtrant, l'esprit tendu vers les plaisirs et les joies passés de sa jeune existence dont elle gardait jalousement les vestiges comme une amante délaissée les lettres d'amour d'un voyageur au retour incertain.

Mais il y avait, en outre, quelque chose d'inquiétant en Aurélie. Alix l'avait surprise monologuant auprès de ses poupées cabossées. Sa résille jetée à terre, Aurélie, cheveux défaits, enroulait et déroulait ses boucles brunes autour de ses doigts avec des gestes mécaniques. Elle disait des choses étranges, parlait des anges gardiens et des autres, les mauvais, ceux que l'on appelle des démons, affirmant aux objets inanimés que les premiers, souvent, se transforment pour devenir comme les seconds, expliquant, avec un effarant sérieux, qu'ils changeaient seulement de costume, c'est-à-dire d'apparence...

Alix, épouvantée de ce dont elle avait été témoin, s'était enfuie sans manifester sa présence, étouffant un sanglot. La malheureuse mère était en droit de se demander, à présent, si Aurélie ne glissait pas, volontairement ou non, dans l'univers irréel et effrayant de la folie douce.

A partir de ce jour, Alix et Armand firent preuve d'une patience incessante auprès de leur fille cadette.

Cette attitude échappa complètement à l'attention de Michel et à celle d'Alexis.

La neige fit semblant d'être exacte au rendez-vous de Noël, mais elle ressembla vite à de la dentelle déchirée. Alexis apprit à Michel à fabriquer des nids : c'étaient de minuscules guérites de bois qu'on clouait le plus haut possible sur les troncs d'arbres. Ainsi les petits oiseaux trouvaient-ils un refuge contre les vents froids et les gelées. Michel vint même ravitailler régulièrement les abris en miettes de pain. Il mit en place des boules de graisse durcie piquetées de graines. Presque chaque matin il se promenait longuement. Ensuite il revenait vers le pavillon où son oncle l'attendait. Leur hiver fut constructif et tranquille. Les gros travaux devenus impossibles furent remplacés par toute une mise à jour des affaires courantes du domaine. Michel essayait de retenir ce que lui expliquait Alexis. Petit à petit, il prit ainsi connaissance des dépenses et des recettes, des livres de fournitures, des livres de fermage, des états du matériel et des outils, de la correspondance classique pour les commandes, les délais de livraison dépendant des saisons, de l'acceptation ou du refus des envois, de leur règlement. Il fut très étonné de découvrir, sous un angle inattendu, les activités afférentes à la propriété. L'importance de Manorlaine en tant que foyer humain le stupéfia. Il eut ces mots : « Mais dis donc, Alexis, c'est comme une énorme entreprise ! »

Puisqu'il écrivait bien et calculait juste, son oncle lui permit de mettre à jour quelques carnets de comptes. Ce fut, en quelque sorte, l'entrée en fonction officielle du garçon en tant qu'adjoint débutant... dans l'intendance.

Aux premiers signes du déclin de l'hiver, le rythme du travail reprit. On dut procéder à de considérables coupes de bois. Michel assista à ce grand spectacle mais il fermait les yeux quand cessait le bruit des haches. Il retenait son souffle, attentif au silence particulier qui succédait aux coups sourds. L'arbre, immobile durant un instant très court, semblait hésiter, puis, après avoir vacillé, amorçait sa chute avec une lenteur majestueuse. Ensuite, le mouvement s'accélérait, le condamné s'effondrait dans un grincement pénible comme une plainte avant de s'immobiliser sur le sol parmi les craquements attristants de ses branchages brisés.

Découvrir à terre ces géants qu'il avait vus superbes, contempler ces troncs inertes dont les bûcherons, attaquant le fût, faisaient très vite la toilette, comme sur un cadavre, provoquaient chez Michel un malaise indéfinissable à base de tristesse.

— Je n'aime pas voir abattre les arbres, avoua-t-il à Alexis un soir où, revenus de la coupe, l'enfant était resté un moment chez son oncle en attendant de regagner le château.

Alexis était occupé à se rafraîchir après l'effort avant d'aller dîner. Torse nu, il se lavait, faisant mousser le savon autour de son cou et sur sa poitrine, se frictionnant à deux mains, plongeant ensuite une partie du buste dans l'eau. Michel appréciait cette intimité.

— Dis, tu aimes qu'on tue les arbres, toi ?

— Non, pas plus que toi ! Mais on ne choisit pas le moment de sa mort.

— Bien sûr, seulement, nous, personne ne nous coupe les pieds.

— Bravo, petit philosophe. En attendant, passe-moi donc ma serviette !

Michel s'empressa. Alexis s'ébrouait.

— Tiens, sois gentil, essuie-moi dans le dos.

Michel roula en boule le tissu éponge et frotta si fort que la peau devint rouge.

— Eh là ! doucement !

Le gamin se mit à rire. Il chatouilla Alexis à la taille. Aussitôt l'homme se retourna, voulut attraper Michel qui s'esquiva. Un instant ils se poursuivirent comme deux galopins. Michel se réfugia sur le divan, Alexis s'y jeta, l'empoignant et le chatouillant à son tour. C'était une bagarre puérile. Le gosse riait et criait, dominé par le corps de son oncle qui s'amusait autant que lui, s'esclaffant comme un adolescent. Ils s'ébattaient comme deux jeunes chiens qui font les fous. Turc s'en mêla en jappant joyeusement. Michel demanda grâce.

Haletants, ils arrêtèrent la lutte. Alexis reprenait son souffle. Michel restait étendu, riant encore. Alexis s'exclama :

— Dépêchons-nous, on va être en retard !

Et en effet, ils le furent. Alix s'étonna et Michel se surprit à répondre d'une voix bizarre :

— Pardon mammy, mais on est resté jusqu'à la fin avec les bûcherons et on a couru. Voilà !

Alexis le regarda, surpris.

Mais personne ne vit le gosse rougir.

Michel avait en Alexis une confiance illimitée et lui vouait une admiration sans borne. Armand s'en réjouissait. Aurélie semblait avoir admis que la compagnie d'un homme de trente ans fût plus attirante pour un garçon de l'âge de Michel que celle d'une jeune fille ne représentant plus, sans doute, que le reflet fané d'une enfance révolue.

— Comme tu changes, lui dit-elle une des rares fois où ils parlèrent seul à seule durant cette année-là.

— C'est un reproche ? rétorqua Michel, bougon. Tu sais, les poupées, j'ai passé l'âge...

Le petit jouait au grand !

— Ne te cabre pas, je voulais te dire au contraire que je suis contente de te voir si heureux.

Le ton lamentable sur lequel cette affirmation avait été énoncée lui ôtait toute crédibilité. Mais cette subtilité échappa complètement à Michel, égoïste et distrait.

Avec les beaux jours, Alexis et Michel ne s'enfermaient plus dans le pavillon.

Un soir de mai qui embaumait le chèvrefeuille et la menthe, ils marchèrent jusqu'à la mer. Là, dans le clair-obscur, ils s'étendirent sur une dune hérissée d'ajoncs agités par un léger frison. Alexis, calme, les bras repliés sous la tête, regardait le ciel. Michel, à ses côtés, était couché sur le ventre, les coudes dans le sable, le menton dans les mains. Tout près, la mer murmurait, les vagues bruissaient, formant des dessins d'écume aussitôt effacés. Les neuf heures du clocher de Genêts s'égrenèrent, apportées par le vent.

— Dis, Alexis.

Michel redevenait l'enfant aux questions. Michel voulait que l'instant soit intense, qu'il lui apporte quelque chose. Alors, quand on ne sait pas encore qui on est, qu'on a goûté à peu de choses, on est bien obligé de s'enrichir avec les connaissances des autres.

— Dis, Alexis ?

Il a parlé dans un souffle. L'homme tourne la tête vers le petit. Il lui semble que les yeux d'Alexis sont mouillés.

— Tu es malheureux ?

Ce n'est pas du tout ça qu'il voulait demander ! Tant pis, c'est fait ! Le gosse ébauche un sourire contraint et se tait.

— Pourquoi cette question ?

Alexis s'est redressé. Il s'appuie sur son coude pour mieux voir Michel. « Malheureux ? Qui ne l'est pas un peu ? La vie, c'est beau mais c'est difficile, tu sais mon garçon ! Tu verras quand tu seras plus grand. »

— Je ne voudrais pas l'être trop vite. Moi, je crois que je suis heureux... Maintenant... là... grâce à toi.

— Tant mieux, tu es gentil. Mais la vie est faite de périodes. Tu comprends, c'est comme lorsque tu entres dans un village inconnu. Il y a d'abord la ruelle de l'enfance, elle débouche dans la rue de la jeunesse et celle-ci conduit à la place de la vie. Tu n'y es pas encore. Moi, oui. C'est une esplanade où l'on tourne en rond bien souvent. Au milieu, il y a le square de la vieillesse : impossible d'en sortir quand on y est entré. Il y a une trappe sous le kiosque à musique, elle s'ouvre sur l'éternité, peut-être... Tu me comprends ?

— Oh oui ! Pourquoi tu me parles pas plus souvent comme ça ?

— Parce que ça ne sert à rien.

Alexis sourit et serre la nuque du gosse avec une infinie gentillesse. Michel en profite.

— Dis, Alexis, tu n'as jamais eu envie de te marier et d'avoir des enfants, comme les autres ?

La main se desserre, lâche la nuque. Alexis s'étend avec lenteur et répète pour la seconde fois ce soir-là :

— Pourquoi me demandes-tu ça ?

— Parce que...

Le gamin se sent soudain coupable. Peut-être que sa question a blessé Alexis... Il continue tout de même sa phrase, mais d'une voix hésitante :

— Eh bien, parce que... parce que tu es toujours tout seul !

Voilà le grand mot lâché !

Alexis réalise qu'il doit répondre. Il est sensible à cet intérêt candide que lui témoigne Michel et en même temps il se sent gêné. Aussi parle-t-il sans le regarder, comme s'il raisonnait sur son propre problème, sans oublier qu'il s'adresse à un enfant.

— Il ne faut pas croire qu'on est isolé dans la solitude. On peut la meubler de mille choses. J'ai choisi jusqu'ici de vivre seul, en effet, mais cela ne me rend pas malheureux. Toi, mon petit gars, tu es l'une des présences de ma solitude... et tu peux être un témoin continuel de ma vie parce qu'il n'y a pas une autre présence, constante, à mes côtés. Ça, je te l'expliquerai un jour, je te le promets... Pas maintenant, c'est trop tôt pour toi. Vois-tu, une des grandes raisons de vivre... c'est l'amour. Or l'amour ça peut être le meilleur ou le pire... Les gens font souvent semblant d'aimer... tu verras. Il y en a d'autres qui croient en la pureté de l'amour... Alors pour eux, c'est plus difficile ou plus rare, ou plus long, comme tu voudras. J'attends, Michel, j'attends... Mais je te promets que, lorsque je me marierai, tu seras mon garçon d'honneur...

Alexis a terminé sa phrase avec un drôle de rire pas drôle.

Michel sent confusément que l'autre ne lui a pas tout dit. Il est cependant flatté que son oncle lui ait répondu.

Alexis s'est levé.

— Viens, la nuit est là, il commence à faire frais...

Ils rebroussèrent chemin. Michel eut la discrétion de ne plus rien dire. Alexis lui en fut reconnaissant. Il s'interrogeait. A trente-trois ans, il commençait, en effet, à se sentir trop ermite. Et les saisons passaient... Si, jusqu'à présent, elles l'avaient rapproché de Michel, celles à venir lui faisaient maintenant craindre qu'elles l'éloignent de lui. Michel n'était pas son fils, tout au plus le fils dont il aurait pu rêver. Mais y avait-il songé avant aujourd'hui ? L'homme avait eu conscience de sa faille à cause d'un petit garçon rendu bavard et curieux par le printemps.

L'été forcené balaya jusqu'au souvenir des rêveries printanières tant il fut actif. Alexis et Michel oublièrent les discussions d'ordre sentimental pour n'être plus que deux compagnons de travail acharné. L'effort quotidien les prenait dès l'aube bleutée jusqu'au couchant de juillet et d'août. Les propos échangés ne concernaient que les activités du domaine.

Michel, une ou deux fois, tenta quelques attendrissements. « Pas le temps », répondait Alexis pressé par l'heure ou tendu vers d'autres préoccupations. Et puis peut-être se défendrait-il, dorénavant, de reprendre des conversations trop intimes avec le garçon.

Cet été-là marqua l'évolution de Michel vers la puberté. L'ensemble des modifications physiologiques et psychologiques qui se produisirent provoqua des réactions physiques normales qui le surprirent à peine.

Il grandissait, voilà tout.

Alors qu'il était en proie à des désirs inconnus, des sensations confuses se précisaient. Il avait l'impression de découvrir en lui des ressources insoupçonnées, délicieuses ou exaspérantes.

Il devint un peu plus sauvage ou, à l'inverse, se montra plus exubérant et même violent parfois, comme s'il combattait une seconde nature qui voulait prendre le pas sur la première. Il en était agité. Avec la ferme volonté de les méconnaître, il refusait les expédients qu'offre l'instinct dans ces sortes de perturbations si courantes chez les adolescents. Il savait dominer la frénésie voluptueuse de ses vertes années. Il s'attardait le moins possible aux sollicitations de ses sens et se défendait de céder trop fréquemment aux tentations d'assouvissement solitaire.

Souvent, à la fin d'un lourd après-midi de soleil et de travaux, il courait jusqu'à la mer, se débarrassait de ses vêtements et se précipitait dans l'eau salée. Son corps s'ébattait au milieu des vagues avides de cette proie vivante et blonde qui se donnait à elles de façon si farouche. Il rentrait calmé, détendu.

Alexis, la plupart du temps, ne dînait pas avec la famille. Michel allait le rejoindre au jour tombant. Une ou deux fois, Patricia, qui était là en vacances avec Albert, s'arrangea pour venir bavarder avec eux, le soir. Ils s'étendaient dans l'herbe, devant le pavillon. Patricia, plus enjôleuse que jamais, arborait des robes claires. « C'est pour ressembler à la lune », disait-elle avec son étrangeté incisive.

Alexis, oubliant un instant de tirer sur sa pipe, répondait presque charmant : « C'est une lune rousse alors... Gare aux orages ! »

Michel riait franchement, puis s'arrêtait, grave, comme si on lui avait dit : « Tais-toi. » Or ni Alexis ni Patricia n'avaient dit mot... mais ils se regardaient. Elle, suave et mystérieuse, lui, amusé et bourru tout à la fois. Cet échange de regards incommodait Michel sans qu'il sût pourquoi. Il admettait cependant qu'Alexis fasse une exception en tolérant Patricia dans sa fameuse solitude. Elle était si différente, toujours agréable à contempler et à entendre. Mais cela agaçait tout de même le garçon. Il avait peur de ne pas comprendre tout ce que signifiait l'échange muet de deux êtres comme Patricia et Alexis. Sa jolie tante était d'ailleurs délicieuse avec lui, et Alexis toujours aussi proche. Alors, pourquoi penser à autre chose ?

Michel se grondait. Pour interrompre son embarras, il voulut dire une gentillesse et se rendit compte à l'instant même que c'était une stupidité.

— Pourquoi ne restes-tu pas toujours avec nous, Pat ?

Dans la famille, il était seul à tutoyer Patricia en dehors d'Aurélie, et le seul aussi à l'appeler « Pat » comme le faisait Albert, son mari.

— Mais mon ange, tout simplement parce que personne ne veut de moi ici.

Patricia avait répondu comme à l'accoutumée d'une manière ambiguë. Comment pouvait-elle dire que personne ne voulait d'elle ?

Alexis se mit à rire :

— Pensez-vous... vous ne pourriez pas tenir plus de trois mois dans notre campagne.

Elle n'avait pas répondu, s'était contentée de regarder longuement Alexis, paupières plissées, une moue singulière aux lèvres.

Après un moment, il avait détourné la tête.

L'été marquait l'apothéose de Manorlaine. Devant les champs immenses, Alexis avait un jour pris Michel par les épaules et l'avait serré contre lui. Seuls, ils contemplaient les terres, leurs terres.

— C'est beau, n'est-ce pas ? Entends-tu comme le sol respire, sens-tu comme il vit ? Et si tu écoutes bien, tu l'entendras chanter. Tout ça est à toi, même si cela appartient à nous tous. C'est toi et moi qui devons garder Manorlaine...

Ne t'inquiète jamais de ton avenir ; où que tu sois, où que tu puisses te perdre, tu sauras qu'ici on t'attendra toujours, même si c'est dans bien longtemps, quand je ne serai plus de ce monde...

Non, ne dis rien... Écoute-moi.

Tu m'as demandé un jour si j'étais malheureux. Non, Michel, je ne le suis pas... Et toi non plus, tu ne le seras pas si tu restes fidèle à ce que nous aimons. Le malheur, c'est bon pour les paresseux qui le méritent, pour les malades qui ne le méritent pas, et pour les imbéciles dont il n'y a pas à se soucier. Mais ça n'existe pas pour les hommes en bonne santé, à qui le bon Dieu a fait cadeau de ses biens les plus précieux: la terre, les arbres, les fleurs, les fruits, les bêtes. Regarde, mon garçon, regarde comme c'est admirable ce que nous avons... Voilà le bonheur ! C'est ça la vie, c'est ça l'exemple...

On a inventé tout le reste, sous prétexte de rendre les

hommes plus heureux. On a seulement réussi à dénaturer le sens même de la vie... Tout le monde s'en rend compte, chacun le sait, mais personne n'a le courage de revenir aux vérités essentielles, aux simplicités naturelles.

« Au cours de leur existence la plupart des gens trichent, Michel, tu l'apprendras.

« Voilà ce à quoi il faut que tu penses en grandissant. Tu as gagné ton premier combat. Mais c'était le plus facile. Tu vas aller au-devant d'autres découvertes. Quelques-unes te troubleront, d'autres te retiendront peut-être...

Il fallait que je te dise cela...

L'amour aussi, c'est comme la nature, tu es assez grand pour l'avoir compris. Il faut aimer pour construire, pour créer... Il ne faut pas aimer pour s'amuser... C'est encore une autre tricherie des hommes. La nature te donnera l'exemple de ce qu'est l'amour. Ne te trompe pas, Michel. Ne t'éloigne pas de moi. Je te dirai toujours ce qu'il faut faire... Et un jour, bientôt peut-être car il est temps pour moi d'y songer, je donnerai une solution à ma vie et au problème de la tienne... Tu es un magnifique garçon, Michel, et je t'aime... vraiment. »

Le cœur d'Alexis cognait contre le dos du gosse.

Michel, bouleversé, se sentait comblé. L'émotion l'étreignait, le submergeait.

Dans un élan irrépressible, il se retourna pour embrasser son dieu de tous les jours avec une fougue juvénile, tremblant, inondé d'une joie incontrôlable, comme un enfant qui vient de retrouver son père.

Brusquement, il s'immobilisa, affolé par une idée soudaine. Il ne put s'empêcher de supposer, sans motif :

— Tu vas pas me quitter, dis ?

VII

Retrouvailles

ALEXIS est en Afrique. Il est là-bas depuis un mois. « Trente jours », pense Michel, trente-trois jours exactement, car il semble bien qu'Alexis ne soit plus ici depuis un long temps. Michel n'a rien dit quand son oncle est parti, seulement « reviens vite ». Deux jours après il a pris conscience d'un grand vide.

Antoine avait fait des bêtises. Un matin, Armand d'Anderly avait reçu une lettre, et Joseph était venu chercher Alexis alors que ce dernier s'ingéniait à redresser une clôture. Alexis avait quitté le travail, indiquant comment procéder en son absence. Michel avait voulu le suivre, mais son oncle avait décrété :

— Non, je reviens. Travaille. Donne l'exemple aux autres !

Le garçon s'était mis vaillamment à l'ouvrage pour montrer l'ardeur qu'il mettait à une tâche qu'Alexis lui confiait. Celui-ci n'étant pas revenu constater le résultat de trois heures d'efforts, Michel, affame, avait couru vers le château pour se restaurer. Il pénétrait dans le hall et il s'apprêtait à entrer au salon, quand sa grand-mère en sortit en larmes et balbutia :

— Va vite te laver les mains, mon cheri, nous dejeunons bientôt.

Pourquoi diable mammy pleurait-elle ?

Qu'était-il arrivé ?

Il patienta dans la salle à manger en compagnie de Joseph qui, les mains derrière le dos, attendait les convives sans mot dire. On était en retard d'une bonne demi-heure pour le repas et le garçon se rendait compte que Joseph, quoique muet, désapprouvait ce contretemps qui risquait de compromettre l'exacte durée de la cuisson des mets à servir. Michel faisait les cent pas. Aurélie déjeunait à Avranches, chez le docteur Lebrun. Pourquoi n'était-elle pas là, justement aujourd'hui ? Elle aurait pu lui tenir compagnie et ils se seraient interrogés ensemble. « Ah, du bruit dans le hall ! » Alix, Armand et Alexis arrivaient et s'installaient à table. Michel s'assit à son tour, intrigué par l'expression fermée de son oncle et de ses grands-parents. Joseph présentait à Alix une omelette qui semblait succulente. Après une légère hésitation, Alix murmura :

— Non, merci. Je prendrai seulement un peu de thé s'il vous plaît, Joseph. Voulez-vous en commander à la cuisine tout de suite ?

Armand, Alexis et Michel se servirent. Chacun se taisait à nouveau. Le garçon commençait à avoir moins faim. Il se trémoussait sur sa chaise, vaguement inquiet.

— Je partirai lundi.

Alexis venait de jeter ces trois mots qui firent l'effet d'une bombe dans les oreilles de Michel qui reposa sa fourchette très doucement.

— Le plus tôt sera le mieux, répondit Armand le front soucieux.

— Tu vas prendre l'avion ? murmura Alix.

— Je pense... oui, répondit Alexis. S'il y en a un qui va là-bas...

Qu'est-ce que cela voulait dire ? Alexis partir ? Pourquoi ? Pour où ? Pour qui ?

Joseph présentait un appétissant rôti de bœuf dont Michel se servit une tranche machinalement. Distrait, il dit « merci », alors que Joseph était déjà reparti vers l'office. Trois regards se tournèrent vers lui. Le garçon, penaud, questionnait des yeux les trois visages tour à tour. Alix tendit la main et serra celle de Michel dans la sienne. L'enfant s'émut et, tout à coup, se sentit coupable.

N'avait-il pas cassé sa lampe de chevet le matin même en s'éveillant trop brusquement ? Son pantalon le plus neuf avait deux accrocs aux genoux depuis le dimanche précédent... Mais non, ce ne pouvait être cela. Il avait fait de la peine à Aurélie la veille, il le savait, en lui répondant qu'il n'avait pas le temps d'aller avec elle au village. N'avait-il pas... Mais Armand coupait court aux *mea culpa* de l'enfant.

— Mon petit, tu es un grand garçon maintenant. Seulement ce serait trop long à t'expliquer... Sache seulement que ton oncle Antoine... que ton oncle Antoine... répétait Armand.

— Oui ? fit le gosse impatient.

— Enfin, Antoine a besoin qu'on l'aide. Alors Alexis va partir quelques semaines pour aller le voir. Voilà.

— Tu vas être sage mon petit, pendant qu'Alexis ne sera pas là ? ajouta Alix.

— Oui, oui.

Son regard se porta sur son oncle, qui cligna des deux yeux à l'adresse de son neveu en signe de complicité rassurante.

— Oui, oui, répéta Michel plus lentement, et le silence retomba jusqu'à la fin du repas.

Alexis partit un matin à l'aube, sans dire au revoir.

Le lendemain Michel travailla plus dur que d'habitude, il s'abrutit à classer des engrais. Le surlendemain il présida à l'abattement de deux grands ormes moribonds et, à la hachette, émonda lui-même les branches maîtresses. C'est seulement en rentrant le soir qu'il sentit quelque chose se serrer dans sa poitrine en passant devant les volets fermés de la maison d'Alexis. Au dîner, il apprit par un télégramme adressé à : « Anderly - Manorlaine » que le voyageur était bien arrivé. Peu après, Alix lui demanda :

— Si tu veux être gentil, mon enfant, tu prendras le soin de faire étaler des pommes au grenier. Je voudrais en garder pour les desserts de cet hiver.

— Oui, mammy. Pas demain car il faut que j'aille vérifier les pressoirs, mais dans trois jours ce sera fait.

— Merci mon chéri.

— Si tu veux... je t'aiderai.

La voix d'Aurélie fit se retourner Michel. Il allait lui répondre : « Allons..., tu ne seras pas assez forte ! », mais il n'en fit rien, au contraire.

— Je veux bien, répondit-il amical.

Ils échangèrent un long regard.

Michel, en bel opportuniste, retrouvait soudain un certain charme à la présence d'Aurélie. Elle semblait lui dire : « Tu vois, j'existe toujours. Tu m'as oubliée mais quand tu as du chagrin, je suis encore là pour te consoler. » Aurélie, c'était une bouffée d'air des anciens jours, remplie de réminiscences charmantes. Aurélie, c'était aussi une question timide qui signifiait : « Veux-tu mon alliance puisque tu es seul ? » Heureux de leurs retrouvailles, le garçon faillit se jeter à son cou comme il l'aurait fait naguère, mais quelque chose le retint. Il s'estimait trop grand pour... faire l'enfant ! Il se contenta de la regarder encore puis, fermant les yeux à demi, imitant Alexis, il murmura simplement : « Merci. »

Et les pommes furent rangées dans le plus petit grenier du château.

Comment avait-il pu rester tant de jours sans lui parler ? Mais c'était fini. Dorénavant il allait s'occuper d'elle, maintenant qu'il était presque un homme, il allait la protéger. Plus jamais il ne la traiterait à la légère, plus jamais il ne lui ferait de la peine, plus jamais ! « Toujours et jamais sont deux mots qui n'existent pas », lui avait dit Alexis... Et pourtant !

Aurélie et Michel se retrouvaient dans l'après-midi vers cinq heures. Lui avait fini le plus clair de son travail, elle cessait de se reposer à cette heure-là. Les vendanges avançaient et le garçon se contentait d'aller passer la matinée avec les vignerons près de Dragey. Du reste, il y avait peu de vignes à Manorlaine ! Après le déjeuner, Alexis étant absent, Michel faisait les comptes de la propriété avec son grand-père. Il s'en sortait bien à la grande satisfaction d'Armand. Puis, juché sur Satan, il inspectait les terres pendant deux heures. Il distribuait à chacun l'ouvrage des jours à venir tel que le lui avait recommandé son grand-père et se renseignait sur le travail terminé afin d'en rendre compte à Armand le soir même après le dîner. Cet emploi du temps serré laissait peu de loisirs au garçon, mais à présent, il avait redécouvert Aurélie et s'arrangeait pour lui consacrer le plus de temps possible. Leur plaisir était réciproque.

Aurélie allait avoir dix-huit ans. Elle paraissait toujours aussi menue, fragile et grave. Ses yeux semblaient plus enfoncés, leur couleur s'était assombrie. Les pommettes saillaient davantage, les lèvres restaient souvent entrouvertes comme pour mieux respirer. Une résille noire enserrait encore ses cheveux. Elle était le plus souvent habillée de gris. Un contraste subsistait pourtant dans cette petite personne. Si l'enfance avait disparu dans ses gestes, sa voix gardait les inflexions des premières années. Si bien que Michel, lorsqu'il l'écoutait, gardait l'impression d'avoir sept ou huit ans.

Aurélie l'avait invité à goûter dans sa chambre. Rien n'avait changé, ni les deux poupées, ni l'ours déchiqueté. La pendule marquait toujours trois heures. L'atmosphère de la pièce ressemblait fort à celle de leurs enfantillages. La fenêtre était ouverte. Il pleuvait cet après-midi-là sur le jardin et l'on entendait crépiter l'eau sur les ardoises du toit. De petits bruits montaient du parc tiède. Le thé de Ceylan dans les tasses anciennes en porcelaine de Sèvres ajoutait encore à l'univers délicat dont Aurélie aimait à s'entourer. Tout portait au repos, et entraînait aux confidences.

— Comme on est bien, avoua Michel en s'étirant, tu ne trouves pas ?

Aurélie regardait la pluie, les yeux vagues.

— Aurélie, reprit Michel, Aurélie !

— Oui ?

— Tu dors ?

— Non, non.

— Alors, tu rêves ?

— Oui, avoua-t-elle les joues rosissantes. Elle tripotait ses doigts, examinant ses mains.

— Quand tu rêves, où es-tu ? questionna-t-il, affectueux.

— Mon âme a des châteaux, je les visite.

Le garçon contemplait la jeune fille. Elle avait recommencé à parler et, exactement comme dans les années passées, il retombait sous le charme. Elle disait vraiment des choses uniques. Michel se demandait si Aurélie ne parlait pas plus pour elle-même que pour un interlocuteur, car jamais les explications qu'elle offrait ne ressemblaient à celles qu'un autre aurait pu donner. Ainsi, à la simple question : « Tu rêves ? », elle aurait pu répondre : « Oui, je suis dans les nuages », ou bien : « Je pensais à autre chose. » Mais non, elle poétisait tout, Aurélie ! « Mon âme a des châteaux, je les visite ! » Comment avait-il pu cesser de se laisser bercer par cette musique si singulière et si touchante ? Michel s'interrogeait en la dévisageant.

— Pourquoi me regardes-tu comme cela ?

— Pour rien. Je ne te regarde pas, je t'écoute.

Aurélie sourit en se levant.

— Ne bouge pas, je vais mettre un peu de lumière, on ne voit plus rien.

Elle posa sur la petite table qui les séparait un candélabre dont elle alluma les trois bougies, puis elle se rassit en l'observant.

— C'est joli ! constata Michel.

— J'aime la flamme des cires. La lueur qui en émane sert moins à éclairer qu'à montrer les visages à leur avantage. Et puis...

— Et puis quoi ?

— Je voulais te voir, toi, dans cette clarté-là.

— Alors ?

— Alors, tu me plais ! Tu es beau !

Le garçon rougit violemment. Il se souvint d'une phrase d'Alexis et lança :

— Un garçon n'a pas besoin d'être beau.

— Crois-tu ?

— Je suis sûr ! Les filles doivent être belles, et les garçons forts !

— Mais on peut être beau et fort.

— Tu sais bien que la beauté n'apporte pas le bonheur.

— Le bonheur..., répéta Aurélie songeuse.

— Oui, le bonheur ! Tu m'en as parlé une fois, il y a longtemps. Tu disais : « C'est une île qu'on voit de loin mais où on n'aborde pas. »

— Vraiment ? J'ai dit ça ! Elle baissait les yeux mystérieusement. J'ai dû changer d'avis...

— Comment ?

— J'ai dû changer... voilà tout !

— Tu n'as pas changé du tout, je t'assure, je te...

— Crois-tu vraiment ?

— Oh, écoute, tu m'agaces avec tes : « Crois-tu. » « Crois-tu », c'est la seule chose que tu répètes depuis un quart d'heure !

Il était en colère, persuadé qu'Aurélie lui cachait le fond de sa pensée.

— Tu sais, Michel, reprit-elle en allant vers la fenêtre, on change... Et c'est heureux d'ailleurs...

C'est bien possible après tout, pensait le garçon, mais tout de même, on ne peut pas devenir complètement différent de ce qu'on a été.

Aurélie lui tournait le dos. Elle écoutait le parc mouillé s'égoutter mollement sur lui-même. Maintenant qu'il l'avait redécouverte, Michel voulait se plonger davantage dans ses souvenirs, recréer l'ambiance sereine de ses premières années, toutes les douceurs de la petite fille qui l'avait enchanté, naguère... Il désirait entendre à nouveau, non seulement la voix, mais aussi les mots de son enfance. Il l'appela doucement :

— Aurélie...

Elle se retourna, comme éveillée en sursaut.

— Oui ?

— Viens. Assieds-toi, et raconte-moi une belle histoire, comme avant. Tu veux bien, dis ?

Aurélie le dévisagea tendrement, et vint s'asseoir à la place qu'elle occupait quelques instants plus tôt.

— Oui, je veux bien.

— Je suis prêt... Je t'écoute !
— Michel ?
— Oui ?
— Tu m'aimes... un peu ?
— Oh ! Évidemment je t'aime ! Je t'aime comme... comme... enfin, je n'aime personne... comme je t'aime, toi !

L'adresse avec laquelle il avait évité de mentir n'avait pas échappé à Aurélie, sensible aux nuances vocales. Ainsi, son frère Alexis, même absent, gardait la place privilégiée dans le cœur de Michel.

Le garçon, incapable de deviner les pensées de la jeune fille, interrompit ses réflexions comme un enfant gâté, impatient :

— Alors ? Dis-moi l'histoire... vite ! J'en ai tellement envie...
— Bon !

Elle prit une légère inspiration avant de commencer :
— Il était une fois... dans un pays lointain...

★

Aux confins de la Normandie et de la Bretagne, autour de cette baie légendaire du Mont-Saint-Michel, les crépuscules d'automne s'autorisent, parfois, à étaler des tonalités mirifiques. Ces soirs-là, le sang, le miel, l'or et le safran se mêlent et se superposent présidant à l'exil des oiseaux migrateurs dans des ciels qui virent au violet, tandis que des vents marins dégonflent les nuages et les étirent comme des lignes. Aurélie et Michel flânaient, silencieux, dans la tombée du jour.

Soudain le garçon, insatiable, questionna encore :
— Pourquoi les gens sont-ils si différents les uns des autres ? Tu comprends, toi ?
— Cela a si peu d'importance !
— Mais si ! Toi tu peux me répondre.

— Eh bien moi, je trouve que c'est une chance que les gens ne se ressemblent pas trop.

— Pourquoi ?

— Oh, c'est difficile à expliquer. Si nous avions tous les mêmes pensees et les mêmes buts, ce serait joliment lassant. Si toute l'espèce humaine voyait chaque chose de la même façon, on s'ennuierait beaucoup.

— Oui, peut-être... Mais explique-moi pourquoi.

— Prenons un exemple si tu veux : tu connais l'expression courante « meubler son esprit » ?

— Oui, bien sûr. Grand-père m'a encore dit l'autre jour : « Tu peux lire Chateaubriand, cela ne peut que meubler ton esprit ! »

— Bon. Eh bien, imagine une pièce vide, grande ou petite, comme tu voudras. C'est le cerveau humain avant qu'il ne pense. A mesure que les gens raisonnent, ils emplissent cette pièce de meubles comme pour installer leur chambre.

— J'comprends ! Continue.

— Imagine par exemple des gens qui n'ont que des chaises dans leur cervelle. Ceux-là sont des faibles. Les autres s'assoient sur eux : on leur passe sur le corps ! Il y en a qui ont des commodes : ils ont bon caractère... Certains ont des cabinets, meubles aux tiroirs bien rangés. Ils ouvrent celui qu'il faut au moment voulu : ce sont les gens très ordonnés, bien organisés. Il y a ceux qui n'ont que des tables, poursuivit Aurélie, plateaux aux surfaces lisses sur quoi tout peut glisser, les idées et les événements, les joies et les peines, sans laisser de traces : ce sont les gens pleins de sang-froid ou des inaccessibles, peut-être des « sans cœur ». Il y a les fauteuils pour les orgueilleux, les lits pour les paresseux et pour... enfin, pour les gens qui aiment beaucoup les lits, ajouta-t-elle précipitamment en rougissant. Il y a les bureaux en hauteur, ou secrétaires, on les ferme à clef, s'il le faut. Ce sont les caractères compliqués, secrets, et souvent timides : les renfermés.

— C'est drôlement chouette ces comparaisons. Où trouves-tu toutes ces idées ?

— Je ne les trouve pas, elles viennent toutes seules, comme ça !

— C'est merveilleux ! Raconte encore !

Ils continuèrent à déambuler. Leurs pas les conduisirent vers la mer dont le ronronnement lointain semblait les appeler. Le ciel s'était couvert à l'improviste de lourdes nuées aux tons perlés comme les ailes des mouettes. Michel, d'un geste vif, cueillit un brin d'herbe et le ficha entre ses lèvres. Il se sentait fort, sain, heureux. Il bombait la poitrine, redressait ses épaules en enlaçant le bras d'Aurélie. Elle marchait doucement, non plus en hésitant, mais avec lenteur, mollement.

— Aurélie, continue, je t'en prie !

— Eh bien, tu comprends, cette pièce vide qu'est le cerveau humain, les individus la remplissent à mesure que leurs idées se forment et se précisent, quand ils reçoivent des chocs, agréables ou pénibles et, après un certain temps, la pièce est toute meublée. Pour certains cela ne se produit qu'à la fin de la vie.

— A la fin de la vie... si tard ?

— Quelquefois plus tôt. Il y a des gens qui ont d'eux-mêmes, dès leur naissance, d'immenses richesses : ceux-là possèdent des meubles tout de suite. Ils ont leur pièce meublée avant les autres.

— Ce sont les plus intelligents ?

— Pas forcément, mais souvent les plus sensibles.

— Oui, oui, j'comprends.

— Et puis il y a ceux qui héritent des qualités de leurs parents, alors le cerveau est installé plus vite.

— Mais... dis-moi... ce n'est pas le nombre de meubles qui compte, c'est leur forme ?

— Tout à fait !

— Alors il faut essayer d'avoir un peu de tout dans son cerveau, enfin, dans la pièce ?

— Oui, c'est ça ! C'est comme quand on installe une maison. Il faut un lit, un bureau, une table, des chaises. Comme ça on a un caractère équilibré.

— Oui, je comprends, seulement...

— Quoi donc ?

— Eh bien, qui est-ce qui fait le ménage dans la cervelle ?

Aurélie émit un rire clair. Il y avait longtemps qu'elle n'avait pas manifesté de gaieté.

— Ah... tu es bien toujours le même !

Michel l'embrassa sur la joue et la garda serrée contre lui. Ils avaient la même taille à présent et le garçon trouvait la sensation agréable. Il trouvait même cela si bon qu'il prit la voix bourrue d'Alexis pour dire : « Allons viens, marchons », et ils repartirent. Aurélie souriait et hochait la tête.

— Personne d'autre que toi-même ne peut faire le ménage dans ta cervelle. C'est toi qui dois entretenir tes meubles, à coup d'encaustique cérébrale, par tes lectures, tes découvertes... Les gens qui sont paresseux ou stupides n'entretiennent pas leurs meubles, qui s'abîment et se couvrent de poussière.

— D'où l'expression « il en tient une couche ! », conclut Michel avec espièglerie.

Les deux complices éclatèrent de rire en même temps. Ils s'écartaient maintenant de l'arôme résineux des pins.

Le chemin débouchait sur les dunes. Ils s'assirent contre l'une d'elles, à l'abri du vent.

— Dis-moi, demanda-t-il, reprenant sa pensée interrompue par leur rire, dis-moi, les fous, ce sont ceux qui passent leur temps à changer leurs meubles de place, d'ou l'expression « ils déménagent » ?

— Voilà ! Tu as compris le jeu, dit-elle ravie. Il y a aussi une catégorie de personnes que tu oublies. On les appelle les tristes, les neurasthéniques. Ceux-la ont casse leurs meubles, ou bien d'autres les ont cassés sans le vouloir... ce sont des accidents qui arrivent... et vois-tu, ces gens-là ne réparent jamais... Ils ne savent pas. Il faudrait que quelqu'un répare a leur place, car en eux, il n'y a plus de courage. Les réparateurs, ce sont des médecins spécialisés... qui font ce qu'ils peuvent... sans réussir chaque fois...

Michel n'osait rien ajouter. Ils durent rentrer, le ciel s'assombrissait.

Dans les premiers jours d'octobre, Michel dut se consacrer entièrement au domaine. Il fallait surveiller la confection des fromages, le dosage du lait, de la présure, veiller à la température autour des clisses et s'occuper minutieusement du caillage. Le garçon passait toute la journée dans la maison attenante à la laiterie et ne réapparaissait qu'à l'heure des repas. Une semaine s'écoula sans qu'il pût parler seul à seule avec Aurélie. Il la retrouvait au dîner, avec ses grands-parents, et tout de suite après, fatigué, il grimpait dans sa chambre où il sombrait rapidement dans le sommeil.

Le samedi 6 octobre, Michel rentra content, se changea et prit sa place pour le repas du soir. Sa bonne humeur faisait plaisir à voir. Son grand-père lui en fit la remarque.

— Tu m'as l'air bien joyeux, monsieur Perceval.

— Oh oui, demain c'est dimanche !

Michel avait saisi la valeur du dimanche, ce jour béni que les oisifs dénigrent. Le dimanche, c'était être détaché de toute préoccupation laborieuse, c'était des heures de vacances, de récréation, de repos. Comment maman peut-elle dire qu'il n'y a rien de plus ennuyeux que le dimanche, pensait-il. Maman ne comprend pas !

Durant le repas, Michel but un peu plus de vin qu'à l'ordinaire. Il en avait envie et Armand, d'une moue complice, fit comprendre a Alix de laisser faire le garçon. Après le dîner, durant lequel Michel n'avait cesse de parler avec volubilité, ils passèrent au salon.

Le plateau de café Sanka posé sur une petite table basse attendait Armand ; c'était un cafe spécial, qui possédait le même goût, la même force que le vrai cafe, mais sans ses propriétés excitantes. Alix le faisait acheter en cachette de son mari. Tout le monde etait au courant a Manorlaine, excepté l'intéressé bien entendu, qui degustait son breuvage sans distinguer aucune difference. Si bien que lorsqu'il déclarait en famille : « Moi, le cafe ne m'empêche pas de dormir, au contraire, j'en prends chaque soir », bien des visages se détournaient pour cacher un sourire.

Armand, comme a son habitude, but son café avec delices tandis qu'Alix s'installait dans une bergere pres d'une lampe, pour tricoter. Aurelie, sur le divan, etalait des cartes semblables à des écailles rouges et bleues, pour faire une réussite. Michel avait envie de bruit, de rumeur, de faire quelque chose qui change un peu, une bêtise peut-être, mais quelque chose !

— Tu as vu la lettre pour toi dans le hall ? demanda Aurélie sans lever les yeux des cartes qu'elle retournait en réfléchissant.

— Une lettre ?

— Va voir, ajouta Aurélie.

Michel se précipita et revint avec une grande enveloppe égayée d'un timbre vert. Une lettre d'Alexis ! Il avait envie de la lire tout de suite, mais seul, sans témoin. Sortir du salon ou dire bonsoir sur-le-champ n'était pas possible, chacun savait qu'il n'avait pas sommeil...

— C'est d'Alexis ? demanda Aurélie.

Michel la regarda. Il avait l'impression qu'ils étaient seuls, les grands-parents semblaient s'être effacés du décor.

— Oui, c'est d'Alexis, je pense, avoua Michel avec une grosse voix. Je lirai cela tout à l'heure.

Du coup, Alix et Armand parurent être de retour dans la pièce. Les aiguilles à tricoter et le livre s'abaissèrent en même temps. Aurélie brouilla ses cartes, se leva, s'étira et après avoir embrassé ses parents, se dirigea vers la porte :

— 'soir Michel.

— Bonsoir Aurélie. Oh, écoute...

Le garçon ne voulait pas qu'elle soit fâchée parce qu'il n'avait pas lu la lettre à l'instant même.

Il lui réservait une surprise.

Depuis quatre jours, il se préparait à emmener Aurélie se promener dans une petite charrette qu'il avait réparée lui-même et qu'il comptait atteler le lendemain. Michel était fier de son véhicule.

— Écoute, si tu veux, demain après le déjeuner nous partirons nous balader tout l'après-midi, où tu voudras. J'ai une carriole, avec des coussins pour toi.

Dans l'embrasure de la haute porte de chêne, la main sur la poignée, à demi retournée, elle dévisageait le garçon.

— Je te remercie... vraiment. Ça me ferait très plaisir mais demain je ne peux pas.

— Comment tu ne peux pas ?

Il restait interdit, la lettre d'Alexis à la main, les bras ballants.

— Non. Excuse-moi mon petit ! Bonsoir !

Et Aurélie referma la porte sur elle.

— Aurélie...

— Michel ! lança Alix alors que ce dernier se précipitait vers la porte. Il s'arrêta net.

— Oui, mammy ?

— Laisse Aurélie veux-tu, et viens près de moi.

Il obéit, déçu, contrarié.

Alix posa ses lunettes sur ses genoux avant de dire :

— Nous avons des invités demain.

— Ah oui ?

— Le docteur Lebrun.

— Aurélie est de nouveau malade ?

— Non, mon chéri. Justement... enfin, au contraire...

— Alors, mammy, cela n'empêche pas qu'après le déjeuner elle...

— Non, Michel, le docteur ne vient pas seul. Il vient avec son fils.

— Oui, fit Michel, mais...

— Mon chéri, tu pourras aller te promener si tu veux, mais Aurélie doit rester pour nos invités.

— Ah... ? ... Bien !

Le garçon ne saisissait pas très bien.

Plusieurs fois il y avait eu des invités à Manorlaine et jamais Aurélie n'avait été contrainte de rester auprès d'eux après le déjeuner. C'était très ennuyeux !

— Oh, écoute, mammy — Michel avait découvert la combinaison idéale — écoute, j'ai trouvé ce qu'il faut faire : après le déjeuner le docteur Lebrun restera avec vous, et moi j'emmènerai son fils se promener avec Aurélie dans la charrette ! Elle est assez grande tu sais, et tous les trois nous pourrons...

— Michel, interrompit Alix en lui prenant la main gentiment et en changeant plusieurs fois de position dans sa bergère, ce que tu proposes est très gentil, mais vois-tu,

Aurélie est une jeune fille maintenant, et elle désire... enfin, elle aimerait se promener seule avec Gérard Lebrun. Tu comprends ? insista-t-elle.

Le garçon regardait Alix la bouche ouverte.

C'était donc ça ! Quoi, Aurélie, Gérard Lebrun... ça alors ! Du coup, Michel n'était plus énervé. Il avait souhaité quelque chose qui secoue l'atmosphère calme de la soirée : il était exaucé ! Il respira bien fort et embrassa sa grand-mère.

— Bon. Très bien ! Bonsoir, mammy. Bonsoir, dit-il à son grand-père sans même le regarder.

— Viens m'embrasser Michel, jeta Armand qui avait suivi toute la scène.

Michel s'exécuta, l'esprit ailleurs.

— Tu comprends mon petit... commença Armand.

— Oui, oui, je comprends, je comprends tout ! déclara-t-il sourdement, interrompant son grand-père.

D'un bond il fut à la porte qu'il referma sur lui.

Sa chambre lui parut glacée. Dans la pénombre, Michel se jeta sur son lit, les tempes battantes. Bien sûr, Aurélie avait changé, il s'en était rendu compte, mais elle avait changé si vite, pensait-il. Il imaginait déjà la cérémonie du mariage d'Aurélie... l'église... les fleurs... les rires... et Aurélie s'en allant. Non, ça n'était pas possible. Et puis ce Gérard Lebrun, il n'était pas venu à Manorlaine depuis des années, alors comment Aurélie... Mais enfin, c'était absurde ! On ne se marie pas avec quelqu'un que l'on connaît à peine ! Qu'Aurélie soit amoureuse comme une femme, cela dépassait Michel. Pour lui, Aurélie c'était les poupées, les belles histoires, les jeux enfantins. Aurélie, c'était les rires et les promenades, c'était la tendresse, c'était... enfin c'était toute la douceur qu'il aimait. Aurélie-Gérard Lebrun... Mais peut-être Gérard Lebrun ne pensait-il pas du tout à Aurélie... Peut-être venait-il simplement déjeuner demain avec son père, comme ça, parce que c'était dimanche et pour dire bonjour.

Michel avait mal à la tête et la poitrine lourde. Il restait immobile sur son lit, fixant le plafond et ne put trouver le sommeil que très tard, oubliant la lettre d'Alexis. Il s'endormit en formulant cent hypothèses différentes et contradictoires.

En s'éveillant, la première chose qu'il vit fut l'enveloppe restée intacte sur la couverture. Il la décacheta d'un geste rapide. Elle lui rappelait la soirée de la veille, et envers Aurélie, il éprouvait encore une sorte de rancune. Après tout, c'était une fille... et l'amour c'est bon pour les filles... Est-ce qu'Alexis aimait quelqu'un ? Alexis, heureusement qu'il existait ! Sans lui Michel ne pourrait plus vivre à Manorlaine, et cela il se le répétait encore en commençant à lire la lettre. Aurélie, c'était le passé... les bêtises... Alexis c'était l'avenir... la force... la vérité ! Vivement qu'il revienne.

... Ici c'est bouillant. Je passe mes nuits entre la douche et le dessus-de-lit car il fait trop chaud pour se glisser entre les draps. Dès que tu as quelque chose sur le corps, le linge est à tordre. Je pensais bien qu'on étouffait en Afrique, mais pas à ce point-là.

Michel en lisant cela ressentit une impression de froid et, s'étendant de nouveau dans son lit, il ramena les couvertures jusque sous son menton, ne laissant sortir que le bras droit qui tenait la lettre.

Dakar est une ville poussiéreuse. La chaleur est dure. L'air est moite. Le soleil abrutit. Il y a beaucoup de bruit. C'est fatigant. Les musiques monotones des indigènes finissent par agacer. La nourriture est exécrable, la salete grouille. La mer, non seulement n'amène aucun vent frais mais elle sent mauvais. Tu vois, ce n'est pas toujours amusant, les voyages! Antoine va bien et je compte rentrer à la fin du mois. J'espère que tu travailles sérieusement. N'oublie pas que tu auras à me rendre compte de ce que tu as fait dès mon retour.

Du coup Michel sauta sur ses pieds, s'habillant à la hâte comme s'il pouvait rattraper le temps perdu. C'était la faute d'Aurélie avec ses flâneries s'il n'avait pas eu le temps de s'occuper de faire couper deux vieux conifères...

Et la porte de la grange Mahut dont les battants étaient pourris... Le garçon était habillé mais la cloche du petit déjeuner sonnait. Ah ! c'est vrai, c'est dimanche ! Michel se rassit sur son lit pour terminer sa lecture.

J'espère que tu t'occupes de Turc, disait la lettre. Bien sûr Michel s'en était occupé ! Le chien l'avait accompagné presque chaque jour. Parfois Turc le quittait brusquement et s'en allait, indépendant. Michel avait beau le rappeler, hurler, Turc ne se retournait même pas et regagnait le pavillon, empruntant des chemins à lui.

Regarde sous ses pattes, ajoutait Alexis, *vois s'il ne s'est pas blessé en chassant, cela lui arrive parfois. Voilà, mon garçon, toutes les nouvelles. Embrasse tout le monde pour moi. Sois sage. Et travaille bien ! A très bientôt.*

Post-scriptum : Dis à ton grand-père que je lui envoie des nouvelles par le courrier de demain. Merci.

Michel était rasséréné maintenant. Il lui semblait avoir vieilli de plusieurs années en quelques minutes. Ces après-midi, ces soirées passés avec Aurélie l'avaient rajeuni et tout à coup cette lettre lui rappelait ce qu'il était vraiment à présent : presque un jeune homme ! Alors, se regardant dans la glace accrochée au-dessus de sa commode, il essaya un sourire gracieux mais un peu protecteur à l'adresse d'Aurélie. Il imitait une expression d'Alexis. Mais l'essai ne lui parut pas concluant. Le second coup de cloche fit sursauter Michel, il allait être en retard pour le repas du matin.

Il arriva dans la salle à manger. Armand s'y trouvait seul.

— Bonjour grand-père. mammy n'est pas là ?

— Non. Elle s'occupe du déjeuner avec Aurélie. Elles nous composent un de ces menus... !

Au cours de la matinée, Michel ne vit pas la jeune fille. Il alla chercher Turc pour lui donner sa pâtée et regarda sous les pattes du chien. En effet, sous l'avant droite, un minuscule morceau de verre s'était enfoncé. Il laissa Turc finir de lamper son festin puis il plaça le chien à côté de lui avec des gestes un peu craintifs. Il ôta avec une précision de chirurgien le petit tesson. Si Turc lui avait dit merci, Michel n'eût pas été surpris. Mais la brave bête aux yeux d'or se contenta de remuer la queue et de le regarder en retroussant un peu ses babines, comme pour rire, le garçon en était certain.

Il passa le reste de la matinée à se promener en songeant à Alexis. Son esprit s'égarait bien de temps à autre vers Aurélie et Gérard Lebrun, leur mariage, mais il chassait ces pensées-là, se répétant bien fort que c'étaient des pensées d'enfant, des pensées de fille, tandis qu'Alexis...

Le déjeuner finissait. Le garçon n'avait pas prononcé un mot, du soufflé au fromage au gâteau de marron qu'il goûtait à présent.

Il était à la gauche d'Armand, Aurélie à la droite de son père. Face à Michel, le docteur Lebrun racontait à Alix une histoire sans intérêt sur les poteries persanes. A la gauche d'Alix, face à Aurélie, muet, Gérard Lebrun s'ennuyait. Michel ne pouvait pas voir le visage d'Aurélie, Armand le lui cachait. Tandis que Joseph changeait les assiettes pour les fruits, Armand qui avait laissé le soin de la conversation à sa femme au cours du déjeuner, préférant se consacrer au délectable plaisir de déguster son lièvre, se décida à interroger le jeune homme transformé en carpe.

— Alors monsieur, vous êtes ingénieur à présent ?

— Oui, monsieur, depuis le mois de juillet, répondit poliment le fils du docteur.

Gérard Lebrun était un assez beau garçon de vingt-six ans, à la forte carrure, aux mèches collées au-dessus d'un front haut, et visiblement doté d'un tempérament nerveux. Ses mains martyrisaient des mies de pain depuis le début du repas. Il parlait précipitamment, avec précision et par saccades.

— Vous comptez rester dans le pays ?

— Je ne sais pas encore, monsieur, c'est possible, mais je ne crois pas. En août dernier, dès que j'ai obtenu mon diplôme d'ingénieur des Mines, j'ai fait un assez long séjour en Finlande et l'on m'offre là-bas une situation qui me tente beaucoup, je l'avoue.

— Ah, jeunesse qui aime à voyager! philosopha Armand.

— Oh non, monsieur, si je pars en Finlande c'est pour y demeurer et y faire ma vie, répliqua le jeune homme.

— Réellement, vous comptez...

Michel réfléchissait; jamais Aurélie ne pourrait vivre en Finlande. Il y faisait un froid polaire, et puis c'était plein de neige... Et comme Aurélie avait horreur de la neige...

— Et votre service militaire? Dans quelle arme? questionnait Armand.

— Dans le génie, monsieur, continuait Gérard Lebrun.

— C'est très intéressant...

— Si vous voulez passer au grand salon pour le café...

Alix s'était levée. Le garçon se trouva devant une Aurélie blanche comme de la crème fouettée. Sa robe écossaise enlevait toute vie à son teint. Elle avait à peine dit trois mots au cours du déjeuner, et Michel avait pincé les lèvres lorsque le docteur Lebrun avait demandé à Aurélie au moment du soufflé au fromage: « Vous vous souvenez de mon fils? Il est venu quelquefois avec moi il y a quelques années, avant de partir pour la caserne. »

Bien sûr qu'elle s'en souvient, avait eu envie de crier Michel, elle ne pense même qu'à ça!

Aurélie avait répondu: « Oui, oui, je me souviens » sur un ton timide.

Michel était déçu. C'était ça, l'amour d'Aurélie pour Gérard Lebrun? On lui posait une question et tout ce qu'elle trouvait à répondre, c'était: « Oui, oui, je m'en souviens! »

Ce qu'il avait l'air idiot maintenant Gérard Lebrun souriant à Aurélie de façon conventionnelle! « Mais elle t'aime, grand bêta, avait envie de lui souffler Michel, sois gentil! » Ce que c'est bête l'amour, songeait le garçon. C'est vraiment des histoires pour rien!

Ils étaient au salon. Armand et le docteur parlaient chasse. Michel se divertissait assez de l'air gêné de la jeune fille. Elle parlait d'une petite voix inaudible.

— Voulez-vous du sucre?

Et de surcroît le sucrier tremblait ! Mais pourquoi ne lui dit-elle pas qu'elle l'aime, s'interrogeait Michel, vivement qu'elle quitte cet air ahuri que je ne lui connais pas !

« C'est ça, mes enfants, allez faire un tour », conseillait Alix aux jeunes gens. Ça, c'était plus beau que tout ! Lui, Michel, avait voulu organiser une promenade, et c'est lui qui restait au salon ! Il avait une alternative : ou bien bouder en exposant sa déception de se voir oublié par Aurélie, ou bien jouer à l'homme en restant avec les « hommes » et écouter leur conversation. Il opta pour la seconde solution et vint s'installer à côté du fauteuil de son grand-père. Le docteur Lebrun était en face de lui, à côté d'Alix.

— Vous avez un fils tout à fait charmant, complimentait-elle.

— Vous êtes trop aimable chère amie.

— Ah si, c'est un beau garçon, surenchérit Armand.

— Je suis content de lui, répondit le docteur, il a travaillé consciencieusement et je dois dire que je n'ai pas de tracas pour son avenir.

— C'est toujours une grande chance de savoir l'avenir d'un fils assuré, laissa échapper Armand. Il regretta aussitôt sa phrase. Alix se mouchait discrètement. « Ils pensent à Antoine », se dit Michel.

— Son avenir matériel ne me préoccupe pas, répétait le docteur, mais je suis ennuyé d'un autre côté. Il s'est fiancé.

Michel se raidit, stupéfait. Puis il réfléchit. Ah non, ils n'allaient pas jouer ce vilain tour à Aurélie qui, elle, n'était pas au courant. Ils n'avaient pas le droit, ils... Michel sentit la main de son grand-père lui emprisonner le bras.

— Assieds-toi s'il te plaît, jeta Armand sans se détourner, ou bien va faire un tour.

— Je m'assieds, répondit le garçon.

Il n'allait pas quitter la place maintenant ! Il allait prendre la défense de l'absente si violemment que le docteur Lebrun serait convaincu qu'il fallait absolument que son fils épouse Aurélie, et vite encore, pour Noël ! Il allait...

— Viens près de moi mon chéri...

Alix fit une petite place à Michel et lui tapota la main. Il avait les oreilles tendues pour ne pas perdre un mot de ce qui allait être dit. Mais il fut désappointé car son grand-père avait tout de suite questionné le docteur sur les progrès de la chirurgie en général, et les voilà qui parlaient d'opération à présent comme s'ils n'avaient rien dit de plus important auparavant. Mais voyons... voyons, pensait Michel en s'agitant auprès de sa grand-mère, voyons, ce n'est pas possible! Il tourna vers Alix un visage interrogatif et dans son regard il comprit qu'elle l'avait deviné. Il allait dire quelque chose. Elle l'arrêta d'une moue désapprobatrice puis l'invita à se lever.

— Va prendre l'air mon chéri, lui chuchota-t-elle. Et si tu rencontres Aurélie, dis-lui que c'est moi qui t'envoie la rejoindre... et qu'elle n'oublie pas de se reposer.

— Bien mammy!

« Aurélie... Aurélie...! » s'égosillait Michel. Où pouvait-elle être ? Il avait parcouru en tous sens le jardin autour du château, d'abord en marchant puis de plus en plus vite, maintenant il courait. Elle n'était pas non plus dans les environs. Dans la carrière alors ? Il y avait les bords de l'étang, mais c'était si près de la retraite d'Alexis qu'Aurélie s'y rendait rarement. « Auré-é-é-lie ! Au-ré-é-lie... ! »

— Ne croyez-vous pas qu'on nous cherche ? s'inquiéta Gérard Lebrun.

— Oh non, sûrement pas ! affirma la jeune fille.

— Il me semble entendre appeler pourtant.

— Oh ce n'est rien, c'est sans doute mon petit neveu qui s'amuse, répondit Aurélie qui entendait aussi parfaitement que son interlocuteur la voix de Michel.

— Nous sommes partis depuis près d'une heure. Ne croyez-vous pas que..., tenta Gérard Lebrun.

— Vous vous ennuyez ?

— Mais pas du tout, mademoiselle, répondit très vite le jeune homme.

— Ah bon ! J'avais peur que...

— Mais pas du tout, je vous assure.

Ils se trouvaient dans une allée bordée d'arbres qui

conduisait au pavillon d'Alexis en côtoyant l'île Violet. Les bois résonnaient autour d'eux. Des souffles d'air, légers, se glissaient avec paresse entre la multitude des troncs. Ils marchaient l'un à côté de l'autre, Aurélie les mains derrière le dos, les yeux fouillant le sol sans le voir. Gérard Lebrun fumait en considérant le paysage. A travers les branches on devinait un ciel grège, troué de bleu. Dérangé dans son gîte, un geai ricaneur passait au milieu des futaies, cajolant dans sa fuite.

Dieu ! que les cris de Michel pouvaient agacer Aurélie : elle enfonçait les ongles dans ses paumes. Oh le sale gosse ! Il allait voir dès qu'ils seraient seuls ! Elle se vengerait.

— Cette propriété est vraiment magnifique, dit Gérard Lebrun en rompant le silence.

— Vous trouvez n'est-ce pas ? répondit-elle machinalement.

Ils approchaient du pavillon d'Alexis.

— Voyez-vous cette maison, commença Aurélie, elle m'appartiendra bientôt peut-être... Mon père compte m'en faire cadeau pour mon mariage, afin que je puisse m'y installer.

— Vous comptez vous marier bientôt ?

— Je ne sais pas encore... J'espère.

— Et quel est l'heureux homme... ?

« Au-ré-é-lie... Auré-lie... » La voix de Michel était proche maintenant.

— Cet enfant est assommant ! Que me veut-il ? marmonna-t-elle plus pour elle-même que pour son compagnon. Elle entraîna vivement Gérard Lebrun vers le bois, au bord de l'étang, sous les saules. Elle supposait qu'à l'abri des longues feuilles pendantes, Michel ne les découvrirait pas.

— Ne croyez-vous pas qu'il vaudrait mieux l'attendre pour savoir ce qu'il veut ?

— Mais non, pas du tout, minauda nerveusement la jeune fille, vous n'y pensez pas ! Il s'amuse, je vous dis !

Quelle drôle de fille, pensait Gérard Lebrun : drôle d'oiseau ! Elle mentait effrontément tout en faisant des sourires angéliques. Il en avait un peu assez de cette promenade dominicale. Dejà le déjeuner l'avait assomme et maintenant il fallait se balader avec la demoiselle du château ! Que n'etait-il a Paris !

Il faut que je lui parle, il faut que je lui parle, se repetait Aurelie en tripotant sa resille.. Comme il est charmant ! Il est calme, il aime le silence, comme moi... Allons-nous nous marier vraiment ? Ça va être délicieux... mais il faut que je lui dise, il faut que je lui avoue...

— Vous n'avez pas froid ?

Le jeune homme ne savait plus quoi dire. Il avait epuisé la plupart des sujets de conversation admis en compagnie d'une jeune personne qu'on ne connaît pas et, chaque fois, ses essais se heurtaient aux réponses en forme de monosyllabes que lui renvoyait Aurélie. Elle pourrait tout de même se donner un peu de mal et se mettre en frais pour un invité, pensait-il. Elle avait l'air de se morfondre... peut-être autant que lui.

Ce que c'est bête l'éducation, songeait Gérard en écartant les branches devant eux... Ce que c'est bête ! Si au moins elle avait le courage de lui dire : « Mes parents vous ont invité à déjeuner avec votre père, le déjeuner était excellent n'est-ce pas ? Eh bien maintenant faites ce que vous voulez, et moi aussi ! » Mais non, pas du tout, il fallait se promener. Quelle barbe ! Ah, si ce n'était pas pour son père, il prendrait congé tout de suite.

Le jeune homme allumait cigarette sur cigarette. Ils avançaient lentement, contournant le lac. Aurélie regardait Gérard à la dérobée. Qu'il était séduisant ! Et cette façon de respirer à grands coups, comme des soupirs... Voilà qu'il devenait nerveux à present, il fumait beaucoup trop... C'est une contenance, se dit-elle. Il est intimide par l'atmosphère, par moi ! Comme c'est exquis ! Le voilà, maintenant, qui ne sait plus que faire de ses mains ! Oh, il faut que je lui parle, il le faut !

Mais pourquoi ne dit-elle rien cette fille ? Gérard Lebrun était à bout de nerfs et d'imagination. Quoi dire ? Il s'exaspérait de sentir qu'il perdait ainsi son temps. D'un geste sec il jeta sa cigarette et s'immobilisa. La voilà qui rougissait !

Comme c'était merveilleux cet homme qui n'osait pas

lui avouer son amour... C'etait le moment de parler. Aurelie prit une grande inspiration, rougit encore et dit :

— Vous n'avez jamais aime personne ?

Gerard Lebrun se retourna brusquement

— Pardon ?

— Je dis : vous... n'avez jamais aime personne ?

— Moi ? Non... si... enfin, c'est-a-dire...

Il etait interloque... Elle etait completement folle cette fille ! Et elle le regardait d'une façon !... Ce que c'etait gênant !

Qu'il est beau ainsi, soupirait Aurelie. Il est trouble ! Sans aucun doute... il m'aime !

— Vous avez aime quelqu'un ?

— Mais mademoiselle...

— Non, non, ne me repondez pas. Non, je vous en prie... embrassez-moi.

— Mais... écoutez...

— Non, ne dites rien, vous en avez autant envie que moi, je le sais bien...

Aurélie, debout, croisa les mains sous son menton et ferma les yeux... Gérard avait envie de fuir et d'éclater de rire en même temps. Quelle fille bizarre... Il la dévisageait... Pas laide, pas laide du tout. Vierge sans aucun doute ! Joli visage, jolies lèvres... Allons bon ! De ses paupières fermées s'échappaient des larmes à présent ! Quelle étrange fille... Une pauvre petite fille... Il s'approcha d'elle, lui prit les épaules. Aurélie frissonna. Enfin il l'avait touchée ! Elle n'en pouvait plus d'attendre ce baiser. Les yeux toujours fermés, Aurélie tremblait de tous ses membres. Il était contre elle. Elle sentait le tabac de son haleine. Comment avait-elle pu detester l'odeur du tabac ! Elle entrouvrit les levres comme pour communier le matin de Pâques, mais elle se dit au dernier moment qu'il etait inutile de tirer la langue... Les lèvres de Gérard se posaient sur les siennes. Pour Aurelie tout s'effaça...

— Sale bête !

Une espèce de dragon blond se precipitait sur lui, lui frappant les flancs de ses poings, l'œil étincelant, les mèches en bataille et la bouche crispee

— Mais vous êtes fou, mais vous etes fou ! répétait Gerard.

— Sale bete ! vociferait Michel, lâchez-la ou je...

— Mais petit imbecile, je ne peux pas la lâcher, repondait Gerard.

— Ah vous ne pouvez pas ? Eh bien...

Il allait recommencer à boxer. Le jeune homme l'arrêta d'un mot :

— Non ! Vous ne voyez pas qu'elle est evanouie ?

Michel jeta un coup d'œil a Aurélie dont la tête s'appuyait sur l'epaule de Gérard. Ses deux bras pendaient, inertes.

— C'est vrai, constata-t-il. Posez-la tout de même.

Les poings serres, les coudes ramenes en arrière, il était tout combat. Gérard deposa Aurelie sur le sol.

— Et alors ? interrogea-t-il.

— Comment, et alors ? Vous avez un certain toupet... Je vais...

— Laissez-moi vous expliquer : je...

— Vous n'allez rien expliquer du tout, nous allons nous battre.

— Mais écoutez mon petit...

— D'abord je ne suis pas votre petit !

— Oooh !... quelle famille ! soupira Gérard. La fille de la maison qui lui saute au cou et le benjamin qui veut se faire casser la figure ! Délicieux dimanche champêtre.

Le corps d'Aurélie sur le sol séparait les interlocuteurs.

— Mais vous ne comprenez pas, essaya Gérard.

— Si, je comprends que vous êtes une sale bête méchante, et les sales bêtes méchantes et nuisibles, vous savez ce qu'on en fait ? On les...

— Allons, ça suffit ! Le jeune homme avait retrouvé son sang-froid. Ça suffit ! Ce que vous faites est très bien mais il ne faut tout de même pas exagérer !

— Mais vous...

— Non, moi je n'y suis pour rien ! Votre sœur...

— Ce n'est pas ma sœur, c'est ma tante !

— Bon ! Eh bien votre tante m'a demandé de l'embrasser.

— Ah vraiment !?

— Oui, vraiment... C'était un peu, comment dirai-je, surprenant, mais je...

— Mais vous l'avez embrassée quand même ?

— Évidemment ! Je ne pouvais...

— Une sale bête, c'est bien ce que je disais !

La colère de Michel un instant tombée allait reprendre de plus belle.

— Écoutez mon vieux...

— Vous lui avez dit que vous étiez déjà fiancé avant de l'embrasser ?

— Mais non, je n'ai...

— Non, bien sûr ! Et vous l'avez embrassée ? Espèce de lâche !

— Ah je vous en prie !

— Mais vous ne comprenez pas ? Vous ne comprenez pas ? répétait Michel, elle vous aime, depuis toujours ! Elle ne pense qu'à vous. Elle... elle avait refusé d'aller avec moi dans une charrette pour... enfin, pour vous ! pour que...

Gérard fronça les sourcils ne saisissant pas ce que venait faire une charrette dans cet incident.

Il écoutait Michel qui sanglotait.

Son regard se posa machinalement sur le corps d'Aurélie toujours étendue entre eux. Elle avait les yeux grands ouverts. Elle s'était ranimée toute seule. Les deux antagonistes, préoccupés par leur querelle, n'avaient pas pensé à s'occuper de la malheureuse évanouie.

— Mademoiselle... commença Gérard.

— Non. Allez-vous-en, j'ai tout entendu !

— Mais écoutez... je voudrais vous dire...

— Non, allez-vous-en. Allez-vous-en ! hurla Aurélie.

Le cri de la jeune fille fit cesser d'un seul coup les sanglots de Michel. Il s'agenouilla précipitamment auprès d'elle tandis que le jeune homme, très pâle, les contemplait, perplexe.

— Partez, monsieur, dit Michel.

— Oui, partez... partez !

Aurélie cacha son visage dans les bras de son défenseur imprévu qui la serra bien fort contre lui tout en suivant des yeux la haute silhouette de Gérard Lebrun qui s'éloignait des saules en allumant une nouvelle cigarette.

Les larmes de la jeune fille inondaient son épaule. Pour la première fois de sa vie, il se sentit solide. Aurélie pouvait compter sur lui, il n'était plus l'enfant qu'elle avait protégé, il était devenu le garçon qui la protégeait... Et n'en était pas peu fier !

Le samedi suivant, Armand et Alix abandonnèrent les enfants dès le début de la matinée. Ils se rendaient à Granville afin d'assister aux obsèques du maire de la ville, grand ami de la famille.

Le déjeuner se termina, silencieux. Aurélie regardait son assiette, Michel contemplait le jardin par la fenêtre. Le ciel bistre et violine communiquait ses reflets de cendre à la terre, un aquilon muet éparpillait des feuilles au passage et, perchées tout près, des colombes attristaient l'heure par de longs roucoulements. Ils quittèrent la table et se réfugièrent au salon où un large feu de bois grimpait en volutes cramoisies sur la plaque de fonte armoriée. Michel se sentait énervé. Aurélie semblait lasse.

— Tu veux jouer au jacquet ? questionna-t-il.

Elle fit non de la tête.

Joseph n'avait pas préparé de café pour eux, et le garçon en avait très envie.

— Je reviens, dit-il, je vais chercher le café.

Michel ne sonnait jamais un domestique. Il évitait de se faire servir lorsqu'il pouvait faire autrement. Il se souvenait d'un jour où Albert, ayant oublié ses cigarettes dans sa chambre, avait sonné Joseph pour lui demander de les lui apporter. Après la sortie du vieux serviteur, Alexis avait dévisagé son cadet en disant : « Tu n'es pas assez grand pour aller les chercher tout seul ? »

Un instant désœuvrée, Aurélie se dirigea vers le piano, s'assit sur le tabouret et commença à jouer l'andante du *Deuxième Concerto* de Mozart. Cette musique nostalgique exprimait assez le regret et l'enfance envolée.

— Oh non ! Ne recommence pas à pleurer, je t'en prie, n'aie plus de peine !

Michel avait déposé son plateau, s'agitait autour d'elle, l'étourdissait, jouant la gaieté.

— On va faire quelque chose, tu veux ? On va se raconter des histoires sur le printemps... Les petits oiseaux, l'am...

— Continue, répliqua Aurélie : sur l'amour !

— Mais non..., je n'ai pas voulu...

— Cela n'a pas d'importance, parlons-en. Je vais te servir ton café.

Elle lui tendit une tasse puis, se calant entre les coussins du canapé :

— L'amour... c'est... comme une plante verte. L'amour c'est fragile, facile à briser, périssable, comme un capillaire. Une plante verte, ça n'a pas l'air vivant, l'amour non plus. Et pourtant la plante verte soupire, comme l'amour. Elle respire le jour et expire la nuit... Il faut soigner une plante verte: elle craint le froid, les courants d'air et la sécheresse. Il faut prendre garde au climat dans lequel elle vit... l'arroser de temps en temps, lui parler, s'occuper d'elle le plus souvent possible, chaque jour... L'amour aussi a besoin qu'on l'entretienne. Avec des sourires, des regards caressants, des pensées tendres....

« Tu sais, il y a des plantes vertes qui durent des années. Il y a des amours qui meurent en quelques jours ! Non ! ne sois pas triste ! Ce n'est pas triste du tout ! Ça me plaît au contraire de parler ainsi de l'amour... que je ne connais pas... mais j'aurais bien aimé... pourtant...

Aurélie, détendue, réfléchit un instant et reprit :

— Tu sais, il ne faut pas trop s'occuper d'un capillaire, à force de le toucher, on risque de l'abîmer. Ce doit être pareil pour l'amour. Moi j'y ai trop pensé... j'ai dû le faire se faner...

Elle ferma les yeux. Lui ne savait pas trop s'il fallait parler ou se taire. Il dévisageait Aurélie et attendait il ne savait quoi. Il attendit tant qu'Aurélie s'assoupit. Alors Michel, oubliant son café refroidi, s'éclipsa sur la pointe des pieds, referma doucement le lourd battant de chêne et laissa au feu de bois le soin de veiller sur le sommeil de la jeune fille dont l'état d'esprit demeurait celui d'une inguérissable adolescente romantique.

Ce repas silencieux, la chaleur du feu, l'histoire d'Aurélie ont fatigué Michel. Il éprouve le désir de se secouer. Il change de tenue, va seller Satan et s'envole au galop parcourir les chemins.

A présent le garçon se retrouve a l'air frais. Il respire comme s'il se désaltérait à grandes lampees.

L'après-midi est splendide. Durant sa course il songe distraitement qu'il fait meilleur dehors que dans l'atmosphère confinée du salon. Ses cuisses et ses reins epousent les longs mouvements de Satan. Le galop du bel animal l'emporte plus vite encore !

A cheval, Michel est magnifique. La force contenue de l'étalon semble se communiquer au garçon qui se tient le buste droit, les épaules raides, mais la taille et les poignets souples. Le jeune éphèbe conduit sa monture avec une admirable sobriété de gestes. La bouche de Satan étant très sensible, il le dirige à deux mors. Il sait manier les lanières de cuir avec douceur et précision. Il ajuste, partage ou lâche les rênes selon sa volonté. Son jeu de doigts net entre rêne et filet, sa pression de genou, de mollet, pour faire bifurquer l'animal, son coup de talon sec afin d'accroître la vitesse, cette impeccable coordination de mouvements, avaient enchanté Alexis lorsqu'il l'avait constaté pour la première fois. Il n'en avait rien dit, trouvant naturel que Michel se soit affirmé comme un « homme de cheval ». Toutefois, il y avait une chose que Michel craignait encore sur le plan équestre : le saut.

Pour l'instant, le garçon blond galope éperdument. Il doit être près de cinq heures ; Michel traverse un verger déjà plein d'obscurités complices. Il ralentit, se met au trot. Il est en nage, essoufflé. Satan transpire, frissonne. Michel le flatte à l'encolure et relâche un peu l'étreinte de ses mains sur les rênes. L'étalon joue avec ses mors, les mâchouille et secoue la tête. Michel est au pas. L'atmosphère qui l'entoure sent la fièvre et le fruit trop mûr. Est-ce une impression ? pense Michel. Dieu qu'il a chaud ! D'un geste plus digne d'un laboureur que d'un gentilhomme, il s'essuie le front de son avant-bras droit au poing fermé. Sa chemise sous le pull-over lui colle au torse. Il a reposé ses poings sur le pommeau de la selle. Sa respiration s'est régularisée.

Face à lui, la longue allée forestière, où Satan marque ses sabots, se perd dans une perspective en fuite vers des masses ombreuses. Son cœur frappe encore dans sa poitrine à grands cognements réguliers comme un rythme sourd qui correspond au pas très égal de Satan : tom... tom-tom... tom... tom-tom... tom... fredonne Michel trouvant une cadence musicale dans le bruit créé par l'animal. Une chanson naît, d'abord incertaine, puis le garçon, content d'avoir retrouvé les paroles, oscille du buste pour accompagner son refrain.

Mon cheval est à l'écurie...i...e,
Sellé, bridé, prêt à... partir, prêt à partir...

Michel s'amuse. Il continue :

Quand tu seras dans ces montagnes
Tu ne penseras plus à moi
Non, plus à moi...
Tu penseras aux Piémontaises ai-ses...
Qui sont cent fois...

Et puis il cesse de chanter : sa mémoire le trahit !

Il ne doit pas être loin de la mer. Il entend le grondement des lames. C'est drôle, songe-t-il, les chansons qu'on apprend... Il se souvient de celles d'Aurélie : *Il était un p'tit homme, J'ai descendu dans mon jardin, Aux marches du palais...* Comme c'est loin !

Maintenant il préfère les chants de marche ou de guerres anciennes qu'Alexis lui apprend... et qu'il oublie parfois : *Orléans... Beaugency... Notre-Dame de Cléry... Vendôme Vendôme...* Qu'est-ce qui vient après ?

Le garçon comprend qu'il a dû évoluer lui aussi. Il n'y avait pas si longtemps, lorsque Aurélie lui avait avoué : « J'ai dû changer », il avait voulu nier mais il s'était vite aperçu qu'effectivement, elle n'était plus la même. Lui aussi avait changé, il s'en rendait compte aujourd'hui. Autrefois, il aurait pleuré du départ d'Alexis, de son absence. A présent, il attendait ! Avant, il aurait pleuré avec

Aurélie sur les choses qu'elle croyait être celles de l'amour. Aujourd'hui... eh bien... il ne pleure plus, tout simplement ! Chère petite Aurélie, pense-t-il, et cette idée de la trouver « petite » par rapport à lui rend le garçon confus.

La forêt s'arrête net, comme Satan. Le cavalier, sur un terre-plein, domine une large plaine brune hérissée par endroits de boqueteaux argentés. Michel est distrait par un petit cri flûté : Pu-ûp... Pu-ûp... ! En cherchant sa provenance, il repère au bord d'un marais un gravelot et se plaît à regarder l'oiseau rare trottiner à petits pas pressés, inspectant le sol de son gros œil rond de pluvier, hochant comiquement la tête avant de piquer son bec jaune dans l'herbe clairsemée. Et puis l'oiseau au collier noir s'envole ailleurs.

Le soleil descend pour se noyer dans une mer couleur d'ardoise. Si l'horizon rosit, il pleuvra demain...

★

Michel a pris froid. Il est rentré trempé par l'averse qui a déferlé sur la région. Il avait voulu panser lui-même Satan malgré l'avis du palefrenier qui lui conseillait d'aller se chauffer et se changer au plus vite. Le cheval, lui, va très bien. Mais le garçon est dans son lit depuis lundi après-midi ! Alix lui ayant trouvé « une drôle de tête », avait dû se fâcher pour qu'il se couche. Ce jour-là, avant le déjeuner, elle l'avait obligé à prendre sa température et le 38,5° était une sentence. Il avait eu beau supplier... Le bonhomme fut condamné à la chaleur du lit, aux grogs et aux cataplasmes à la farine de moutarde, ce dont il avait particulièrement horreur. Le soir, Michel, abruti par le rhum, s'endormit. Le lendemain la fièvre était descendue à 38° et ce matin il avait 37,5°. Alors...

— Je peux me lever, mammy ?

— Non, Michel, nous verrons ta température à l'heure du déjeuner.

Il était presque midi. Pourquoi déjeune-t-on toujours si

tard ? pensait le garçon qui se morfondait depuis deux jours. Comme par hasard, le soleil venait le narguer jusque sur son édredon. Ah ! là ! là ! quel ennui d'être malade ! Il se retourne sous ses couvertures. « Un homme n'est pas malade », lui avait dit Alexis. Mammy ne devait pas savoir qu'il était un homme, il faudrait qu'il le lui dise. Et là-dessus, Michel s'assoupit.

— ... saire... Bon anniversaire... bon ann...

— Quoi ? Quoi ? s'écria le garçon réveillé en sursaut.

Alix et Aurélie, les mains dissimulées, se tenaient au pied du lit. « Bon anniversaire !... »

Michel avait complètement oublié qu'il allait avoir un an de plus. C'était chose faite.

— Tiens mon chéri, ton grand-père et moi avons pensé que...

— Oh ! merci, mammy, qu'est-ce que c'est ?

— Regarde, mon poulet.

Michel ouvrit avec précaution la mallette en cuir naturel déposée sur ses genoux. C'était une trousse de toilette remplie d'objets en ivoire, cristal et argent.

— Oh ! merci, mammy, merci !

En refermant le bagage, Michel aperçut sur le coin les deux lettres « M.P. »

— Mes initiales ? demanda-t-il. C'était plus une constatation qu'une question.

— Bien sûr !

Michel plissa les yeux et levant le visage vers sa grand-mère lui dit : « M.P. ... M.P., ça veut dire Mon Poulet, mammy ? » Alix se mit à rire et, remontant les mèches folles sur le front du garçon, lui dit : « Bien sûr, ça peut vouloir dire « mon poulet », mais si tu n'es pas sage, cela peut aussi vouloir dire « méchant petit » ! Puis tendant à Michel une boîte en carton rectangulaire, elle ajouta :

— Voilà de la part de ta maman.

Il s'apprêtait à ouvrir le paquet lorsque Aurélie lui tendit un ravissant petit cadre où s'étoilaient quatorze trèfles à quatre feuilles sous un verre. Les deux enfants s'embrassèrent.

— Je crois que tu peux descendre déjeuner, dit Alix. Il y a une surprise en bas.

— Une surprise ?

— Oui, c'est...

— Laissons-le s'habiller ma chérie, coupa Alix. Viens vite, dépêche-toi, Michel.

Le pas des deux femmes avait à peine atteint l'escalier que Michel était debout. Encore une surprise, pensa-t-il, qu'est-ce que ça peut être ? Une culotte de cheval neuve, le chandail blanc dont il avait envie...

Michel s'était débarbouillé et enfilait une chemise, tout excité à l'idée d'une nouvelle gâterie. Ah mais ! il y avait encore le cadeau de sa mère ! En un instant le paquet fut défait. Sur le papier de soie qui encombrait la boîte oblongue s'étalait une feuille rose sur laquelle il put lire : « Pour te faire beau mon chéri ! De tout cœur, ta maman. Elles viennent de Londres. » Le garçon sortit deux cravates-club à rayures vives. Il rougit : il ne savait pas faire les nœuds de cravate ! « C'est tellement inutile les cravates... à Manorlaine. » Il regretta aussitôt l'excuse qu'il venait de se trouver. Ce n'était pas gentil pour Hélène. Il rangea l'étui de carton dans la commode, finit de s'habiller et s'élança hors de sa chambre.

Michel dévala l'escalier de pierre en spirale, sautant les marches deux par deux et chantonnant :

Le trente et un du mois d'a...oût
Une frégate vint à nous...
Une fré-gaaate d'Angleterre
Qui fendait la mer et les flots comme pour...

Il ouvrait la porte du salon.

— Alexis !

Le garçon faillit faire choir son oncle en se précipitant vers lui ! Alexis retenait Michel accroché à son cou. Les pieds du garçon ne touchaient plus terre. Quelques secondes ils tournoyèrent ainsi. Alexis valsait tandis qu'Armand et Alix, heureux, les contemplaient, attendris.

— Allez, Michel, ça suffit ! dit l'homme en riant.

C'est qu'il le serrait fort, le gamin !

— Arrête je te dis, grosse bête !

— Ah ça... quel beau cadeau !...

« Le déjeuner est servi », annonça Aurélie en entrebâillant la porte et, regardant le tableau qui s'offrait à elle, elle ajouta :

— Alors, Michel, tu es content de la surprise ?

— Allons ! à table ! je meurs de faim, lança Armand en attrapant à droite et à gauche les épaules de Michel et d'Alexis.

— Merci, grand-père.

— De quoi ? questionna celui-ci.

— Pour la surprise... Je veux dire... pour la trousse !

★

Octobre s'éteignit. Les roses trémières moururent. Des bises marines et quelques bourrasques ôtèrent aux bois ce qui restait de leurs parures fanées. Plus d'hirondelles déjà... Quant aux abeilles, leur bourdonnement avait cessé depuis longtemps.

Alexis et Michel avaient instantanément retrouvé le rythme de leurs occupations. Tout était calmement rentré dans l'ordre avec le retour du maître effectif. Ils procédaient, entre autres, à de fréquentes inspections dans les caves au sol sablé fleurant bon le jus de vigne s'apprêtant à fermenter. Ils s'attardaient aux chais de plain-pied où s'alignaient des tonneaux de cidre, tels des soldats ventrus au garde-à-vous. Ils arpentaient les greniers embaumés où les fruits reposaient sagement sur leurs clayettes d'osier.

Effrayant campagnoles des champs et mulots à la recherche de leurs provisions d'hiver, dérangeant le putois amateur d'œuf à gober, affolant le hérisson des jardins dans sa chasse aux escargots, faisant fuir les perdrix à leur approche, les deux compagnons déambulaient parmi les bois chauves et les prés ras, goûtant à la douceur des derniers beaux jours.

Ils entreprirent de récolter des lépiotes dans les clairières et au bord des haies. Michel s'esclaffa en apprenant que l'on qualifiait ces vegetaux, hauts sur pied, du nom de « parapluie ».

Ils allèrent encore dans les champs à la decouverte des mousserons blancs, jaunes, oranges. Le garçon s'etonna que ceux-là poussent en couronne... Alexis lui précisa que cela s'appelait des « ronds de sorcière » ! Leurs paniers remplis prenaient le chemin de la cuisine où l'on saurait apprêter savamment ces divers champignons dont chacun était friand.

A présent, novembre siffle dans les roseaux décolorés.

Michel est à cheval. Bottes neuves et pull-over blanc. Alexis enfile des gants et aussitôt après il est en selle. Sur les pavés luisants de la cour des écuries, les traces de pluie miroitent... Cette fin d'après-midi s'illumine en un ciel jonquille...

Les cavaliers galopent déjà sur le chemin caillouteux qui étincelle. Le vent cinglant les oblige à plisser les yeux.

— Gauche ! lance Alexis.

Talons, genoux, un mouvement du poignet, les deux étalons obtempèrent dans un ensemble parfait. Le virage a été négocié par des experts. Le galop n'est pas interrompu, au contraire, il se trouve précipité. Alexis ralentit le premier.

— Suis-moi, on va sauter.

— Ah !

La barrière blanche est là-bas, au bout d'une allée bordée de châtaigniers. Michel n'est pas tranquille. Il n'a pas très confiance en lui, mais il le faut !... Les talons s'enfoncent dans les flancs, les cuisses se serrent, le chemin s'étrécit, la barrière approche, les crinieres ondulent. . Alexis est passé, impeccable, et hop ! Un coup d'eperon, Michel est en l'air. Ouf ! Il a passe Il s'approche de son oncle, encore ému mais content. Il met sa main sous son nez, et renifle l'air froid d'un geste de collegien.

— Recommence, lui dit Alexis, je veux voir.

Michel n'a rien répondu mais, trois fois, il a recommencé dans les deux sens. La terre molle est couverte de traces de sabots.

— Bon, ça va mieux que je le croyais, avoue Alexis.

— On repart ?

— Tu crois ?

Satan secoue la tête de bas en haut et piaffe de l'avant droit.

— Rattrape-moi si tu peux !

Alexis est déjà parti tandis que le garçon reprend vivement les rênes en main. Michel flatte son cheval et lui parle. Il faut rattraper Alexis, allez... allez, Satan, en avant... en avant !

Ils galopent, galopent ! La vitesse augmente. Les chemins succèdent aux chemins, une barricade, une haie, tout obstacle devient prétexte à sauter. Un muret, là, et le bruit sourd et mat des sabots qui reprennent contact avec le sol, Michel y prend goût !

Les cavaliers filent, prodigieux de vitesse et de force : deux centaures qui se poursuivent ! Le bois maintenant : Michel perd un peu d'avance. « Allez... allez Satan... » D'un claquement de langue il appuie son invite. Ils croisent des femmes qui font des fagots, deux éclairs, pfitt... pfitt... Ils sont déjà loin ! Les cavaliers filent à travers champs, coteaux et vallons ! Michel aperçoit Alexis devant lui escaladant une colline ventrue : derrière elle c'est le bois de pins qui conduit à la mer. Michel grimpe bon train, les dents serrées. Il est en haut. Le vent le cueille violemment. Satan continue droit vers l'océan que l'on entend rugir. Alexis est arrêté au faîte d'une dune blanche.

Michel est à ses côtes en quelques foulees, essoufflé mais heureux. Des mouettes lancent leurs stridences et rasent en voltige les lents écroulements d'une ecume laiteuse coloree par le couchant.

Le soleil pourpre flamboie, aspire par la mer, et le Mont-Saint-Michel, sepulcral, semble un château de fer incendié par le ciel.

Le lendemain matin Alexis ne vint pas pour le petit déjeuner. Quand il arriva au pavillon, Michel trouva porte close. Turc non plus ne se manifestait pas. Le garçon entendit du bruit du côté de l'île Violet. Il marcha et découvrit son oncle qui, à l'aide d'une pioche et une pelle, semblait terminer un terrassement Son chien n'était pas avec lui.

— Alexis !... cria Michel de loin.

Celui-ci releva la tête, ne répondit pas, s'affaira plus vite. Enfin le garçon parvint auprès de lui au moment où, ramassant ses outils, il faisait mine de partir. Sur le sol, il y avait un rectangle de terre surélevée, entre deux marronniers.

— Qu'est-ce que tu...

Il n'acheva pas sa phrase. Alexis avait les yeux rouges.

— Viens.

Le garçon hésitait, se troublait, questionnait du regard.

— Oui, Michel, c'est Turc... Je l'ai trouvé ce matin, couché devant la porte. Il est mort sans une plainte, il n'a pas voulu nous inquiéter...

Michel n'entendait plus rien. Il fixait le petit tertre. Silencieusement il se mit à pleurer.

— Allons, allons... tu sais... Turc était bien vieux. Depuis deux ou trois mois déjà j'étais sûr que ça arriverait... Je ne voulais pas te le dire comme ça...

Alexis ne pouvait maîtriser sa voix qui se fêlait. Mais il fallait qu'il parle pour ne pas pleurer lui aussi.

— C'est mieux ainsi. Il devenait aveugle et il était déjà à moitié sourd... Je lui ai mis son collier neuf, celui que j'avais rapporté d'Afrique et que je lui gardais pour le printemps...

Michel avait compris qu'il devait se dominer. Il regarda le petit monticule de terre sous lequel reposait son ami. A son tour il murmura d'une voix tremblante :

— Je l'aimais, tu sais... Je croyais qu'il resterait tout le temps avec nous.

Comment n'aurait-il pas aime ce chien, ce compagnon de jeu, ce gardien vigilant, cet ami qui avait ete le premier à l'accueillir la nuit de son retour, qui lui avait fait peur, pour rire, quand il était bébé, qui le comprenait toujours lorsqu'il lui parlait et qui aboyait de plaisir à son approche...

— Turc... !

Cette fois-ci le nom du chien fut prononcé dans une sorte d'étouffement. Il n'y eut pas d'écho joyeux en réponse.

Dans les jours qui suivirent ils évitèrent toute allusion au départ de Turc. Michel avait le cœur gros.

Par réflexe, il lui arrivait parfois d'éprouver l'envie d'appeler le chien, ou bien, lorsqu'il marchait en forêt, de ramasser un bout de bois pour le lancer afin de jouer comme avant...

★

Les Anderly et leurs alliés poursuivaient leur marche sur leurs routes respectives. Hélène vint seulement passer quinze jours durant les grandes vacances de l'été. Elle arriva avec Béatrice, Bruno et leur nurse. Frédéric Marchand les rejoignit quelques jours avant de repartir avec sa femme. Elle laissa ses enfants aux soins de ses parents. Cela charmait Alix d'avoir à nouveau deux bambins auprès d'elle. L'affectueuse grand-mère s'aperçut bien vite que ceux qu'elle surnommait tendrement ses petits trésors étaient tout simplement insupportables ! Béatrice avait la grâce de sa mère, Bruno, un gros garçon joufflu, ressemblait à son père. Michel retrouva avec surprise cette petite sœur espiègle qui commençait à raisonner. Il l'aimait bien mais gardait ses distances. En revanche, son demi-frère ne lui plut pas beaucoup. « On verra plus tard, pensa-t-il sérieusement, quand il sera grand... »

Hélène avait trente et un ans. Elle s'était épanouie. Aucune ride ne lui griffait encore les traits. Son visage savamment soigné soulignait sa féminité et conférait à sa beauté plus d'ardeur, un attrait nouveau. Ses reparties spirituelles se perdaient, à présent, au milieu de futilités entrecoupées de petits rires. Son attachante simplicité semblait camouflée sous un travestissement composé de phrases artificielles. La mère de Michel s'était métamorphosée en une élégante parisienne au profil délicat, au sillage parfumé. Hélène d'Anderly avait disparu laissant sa place à la délicieuse et gazouillante Mme Frédéric Marchand.

On sentait chez elle une inextinguible soif de vivre. Mais Hélène avait perdu le sens de sa propre orientation. Elle devait se rendre compte que sa réussite mondaine, si elle était plaisante, risquait de l'entraîner, humainement parlant, vers une sorte de faillite morale. Elle s'extasiait sur Michel, l'appelait « mon chat », « ma poule », « mon canard », lui reprochait de ne pas écrire assez souvent, lui posait cent questions, sans attendre les réponses. Puis elle prenait tout le monde à témoin pour déclarer :

— Quel enfant terrible ! Pas moyen d'en tirer un mot... ! Est-il heureux au moins ? Ah, que je suis impatiente de le voir devenir un homme ! Il verra si c'est facile...

Elle déplissait sa jupe, jouait avec ses bagues, ébauchait un pas de danse :

— On ne s'amuse pas tellement ici... Ce que vous êtes sérieux... tous... Mais je suis ravie de vous avoir revus ! D'ailleurs, avant l'Italie, ça me fait du bien de prendre ce vrai repos.

A table, elle papillonnait, faisait semblant de s'intéresser au domaine en questionnant Alexis, puis parlait peinture — c'était alors son sujet de conversation favori — pour revenir ensuite à des anecdotes parisiennes qui sonnaient faux dans ce cadre champêtre et médiéval.

Frédéric, à cinquante ans, s'était épaissi, affaissé. Il s'essoufflait vite. Autant Hélène ne cessait de parler, autant Frédéric était devenu taciturne, comme si la vitalité de la jeune femme avait eu raison de sa puissance et de son importance. Il venait d'être fait officier de la Légion d'honneur. Sa situation s'affirmait, chaque année plus florissante. Hélène semblait apparemment y trouver son bonheur.

Elle était devenue une admirable maîtresse de maison au point de l'être instinctivement chez les autres. Durant son bref séjour à Manorlaine, elle énerva quelque peu son père en accablant Alix de conseils pour l'établissement des menus, les éclairages du salon ou la tenue vestimentaire des domestiques, sans parler de ses frères et sœur qui éprouvaient — c'était évident — une certaine difficulté à la reconnaître. Ils se tenaient retranchés dans leur univers personnel ainsi que l'existence l'impose parfois aux membres d'une même famille lorsqu'ils se trouvent brusquement réunis pendant un certain temps.

Anne et Jean d'Hablaincourt étaient devenus des personnages mornes au faciès figé. Elle se montrait excessive en toute chose. Lui, volontairement réservé, semblait vivre à l'écart du monde qui l'entourait. Il subissait sans répondre, mais en lui-même excédé, les critiques et observations continuelles de sa femme. Il était malheureux. Mais on ne divorçait pas chez les Hablaincourt ! Et puis, à quoi bon ? On ne refait pas sa vie après la cinquantaine, se disait-il, sans réfléchir sérieusement à cette fausse et stérile vision des choses. Il connaissait un léger regret: voir s'effriter les derniers vestiges d'une immense fortune. Sans conviction véritable, il s'efforçait de sauver ce qui pouvait l'être encore, son intention étant d'en doter Michel. Celui-ci, ignorant ce projet le concernant, éprouvait pour cet oncle triste une vraie sympathie. Sans s'apitoyer sur le sort de cet homme, le garçon savait reconnaître la sincérité des regards et des silences affectueux. Cette nostalgie latente l'attirait et l'effrayait à la fois.

— Pourquoi ne viendrais-tu pas t'installer quelques jours à Paris auprès de nous ? avait-il demandé à Michel au cours de cet été-là.

Rien qu'à l'idée de demeurer sous la coupe de tante Anne, le garçon en frissonnait, mais il répondit poliment :

— Tu es gentil, oncle Jean, mais ce n'est pas possible, j'ai trop de travail ici ! Puis, estimant que l'excuse n'était pas assez valable, il ajouta : Tu sais... Paris... ça ne me réussit pas !

Tante Anne resta souvent dans sa chambre, soignant ses nerfs, évitant ainsi de se donner en spectacle. Elle s'exaltait à l'excès et sombrait ensuite dans de pénibles dépressions. Elle sembla se détendre quand sa sœur Hélène fut partie. Cette accalmie fut de courte durée. Très vite, son aménite de commande se vit supplantee par sa tendance caractérielle à l'autoritarisme. Sans s'en apercevoir elle s'exprimait, et agissait comme un officier de cavalerie.

Prétextant qu'elle etait l'aînée de la famille, elle voulut, soudain, tout régenter. Cette attitude irritante eut pour effet d'exaspérer chacun. Son pere la prit a part afin de faire cesser cet inadmissible comportement. Elle parut accepter la leçon et, après avoir demande pardon comme une petite fille, promit de ne plus recommencer.

Effectivement, elle changea de registre. Ses crises intempestives décrurent, disparurent pour laisser place au maniement subtil des phrases aigres-douces.

Un après-midi où la famille se reposait dans le jardin sur des transats à l'abri des parasols — à l'exception de Michel et Alexis qui étaient dans les champs —, Anne fit preuve de mesquinerie :

— Hélène est devenue insensee !... Quand on pense à sa conduite...

Ne provoquant aucune réaction, elle poursuivit :

— Oh, les gens sont peut-être mauvaises langues, mais il n'y a pas de fumée sans feu... et puis si vous croyez que ça m'a flattée, chez les Douaumont le mois dernier... On m'a dit : « Il paraît que votre sœur aime vraiment beaucoup la peinture... » Je me suis renseignée, évidemment ! C'est une histoire croustillante ! Il paraît qu'Hélène aurait une aventure avec un portraitiste italien... Pietro... Pietro quelque chose... Et... comme il se doit... Frédéric ne voit rien ! Ah ! on comprend le pourquoi des lacs italiens...

Armand intervint brutalement :

— Anne ! Cesse immédiatement ! Je t'interdis de parler ainsi !

Ravalant son fiel, la pauvre névrosée ne se permit plus aucune allusion de cet ordre durant le reste des vacances.

Elle eut une crise plus grave que les précédentes. On appela le docteur Lebrun qui s'entretint longtemps avec Jean d'Hablaincourt. Celui-ci se montra plus soucieux encore jusqu'à la fin du séjour.

Quant à Mireille et Adam d'Anderly, eux ne songeaient qu'à profiter des bienfaits de Manorlaine. Adam s'était résolu à jouer pompeusement le rôle de l'intellectuel érudit ne s'intéressant qu'à ses lectures et ne condescendant à parler que de cela. Il était si imbu de sa personne et imprégne de son nouveau personnage qu'il ne savait plus dire bonjour avec naturel. Il ennuyait chacun, surtout son père, auquel il tenait des discours aussi prétentieux qu'emphatiques. Il se répétait, se contredisait, cherchait des références, compulsait le Littré... Il prêchait, décrétait, péremptoire et brouillon. Il était hors des réalités, et ne savait plus vivre.

Son laborafoire de produits pharmaceutiques periclitait, et quand il en fut question au cours d'une conversation de famille, sa femme, ayant encore perfectionné son sens inné de la gaffe, s'écria, grandiloquente :

— Qu'importe ! Nous reviendrons à la terre !

Elle voulait évidemment laisser entendre par là qu'une éventuelle installation à Manorlaine pouvait parfaitement entrer dans leurs prévisions.

Les regards des personnes présentes se détournèrent en entendant cette déclaration... d'intention.

Alix et Armand vieillissaient doucement, évitant avec sagesse de faire l'inventaire de leurs bonheurs et de leurs chagrins. Ce qui n'empêchait pas chacun d'y penser. Ils partageaient en silence satisfactions et regrets. Leurs enfants dispersés vivaient leur destin. Ils estimaient qu'envers leurs descendants ils avaient accompli leur devoir et même au-delà pour certains d'entre eux. Antoine, notamment, dont il avait fallu régler les lourdes dettes contractées à Dakar...

Sans hésiter, Alix avait fait vendre les diamants de sa mère afin que l'on ne retranchât pas une parcelle du domaine. De ce fâcheux incident, on ne parlait plus. Antoine « travaillait » à présent au consulat de France...

Ils ne se sentaient en rien responsables des succès ou des échecs des uns ou des autres. Bien sûr, le couple d'Hablaincourt les attristait, le ménage Adam-Mireille les décevait, Hélène et Frédéric Marchand les inquiétaient. La santé d'Aurélie demeurait une angoisse permanente.

En revanche, Albert et Patricia semblaient avoir emprunté le chemin qui mène à l'heureuse réussite. Ils s'en réjouissaient.

Leur satisfaction majeure se trouvait incarnée par Alexis et leur petit-fils Michel. Comme eux, ces deux-là aimaient le domaine et sauraient veiller à le laisser intact, voire à le faire évoluer en s'adaptant au progrès. La certitude de cet acquis leur apportait une sorte de sérénité. Pour eux le cercle était fermé. Ce n'était pas de leur faute s'il était cabossé par endroits...

Les soirs d'été, ils partaient en promenade, elle suspendue à son bras, lui ralentissant son pas pour éviter de la sentir s'essouffler, tout en s'appuyant élégamment sur sa canne d'ébène au pommeau d'argent.

★

Albert avait vingt-six ans, Patricia vingt-trois. Leur roman d'amour avait évolué depuis le fameux été où leur mariage fleurissait Manorlaine, juste avant que la mort d'Alain et des enfants d'Hablaincourt ne l'enveloppât de voiles tragiques. A présent nul ne faisait plus allusion à l'atroce accident.

Albert, garçon réaliste et pragmatique, avait trouvé en Pat non seulement une compagne intelligente mais une maîtresse imaginative. Originale, compliquée, sensuelle, elle donna à ce jeune homme des joies d'amant sans comparaison avec ce qu'il avait connu jusqu'alors. Leurs premiers mois de vie commune fut une fête des sens.

En même temps, le benjamin des couples d'Anderly s'installait à Paris. Après un an d'efforts, Albert avait réussi à obtenir une situation brillante et stable dans une firme américaine d'automobiles : Ford. Patricia, charmeuse, rusée, s'occupa avec habileté de la carrière de son époux, l'accompagnant dans un voyage à Detroit, recevant à ravir les directeurs de la société, sachant se lier avec leurs épouses.

A présent, Albert est directeur général de la firme Ford pour la France. Ils ont un très bel appartement à Neuilly, le plus luxueux et récent cabriolet Ford, et ils viennent d'acquérir une petite maison à Antibes au cours de leur séjour sur la Côte d'Azur lors des dernières vacances de Pâques.

Le bonheur de certains est souvent fait de la facilité de leur vie matérielle.

Pat est la bonne fortune d'Albert.

Il n'a plus à penser, plus à choisir.

Elle prévoit, organise et veille à tout, mais avec cette adresse rare de laisser croire à son mari que les idées et initiatives viennent de lui. En fait, le brave Albert a été pris dans l'engrenage de la vie industrielle à la manière américaine.

Son esprit est entièrement tourné vers ce dont il s'occupe : les voitures !

Sa réussite professionnelle est remarquable.

Sur le plan personnel les choses vont un peu moins bien. Si Patricia a su captiver son époux dans le domaine des échanges sensoriels, elle n'a pas su ou pas voulu mettre un frein aux ardeurs d'Albert. De sorte qu'après les folies et les débordements de la première année, elle est parvenue, désormais, à contingenter aussi leurs rapports intimes, avec d'autant plus de facilité que la vigueur d'Albert se trouve — momentanément, lui dit-elle — ensommeillée... Voulant faire montre de compréhension, elle lui a gentiment expliqué que cette fatigue musculaire provenait, sans doute, de son admirable acharnement au travail...

Albert l'a cru !

Il croit tout ce que lui dit Patricia.

Ce qu'elle ne lui dit pas, c'est qu'elle est déterminée à être celle par qui le nom des Anderly se perpétue.

Elle entrevoit déjà tout le profit qu'elle saurait en tirer auprès de son beau-père...

Adam avec une femme stérile, Antoine alcoolique, Alain mort, et... Alexis, toujours célibataire... Patricia avait des projets...

Cette année, le jeune couple est arrivé aux premiers jours d'août à Manorlaine.

— Darling-Dear, nulle part ailleurs nous ne serons mieux, avait-elle déclaré. Et puis tu as besoin d'un mois de calme... Pense à la rentrée et emmagasine des forces pour le Salon. Tu sais que tu dois mettre dans le mille cette année. Jo Sullivan y sera sensible. De plus, il ne m'a pas caché que, tout en restant à Paris, on pouvait fort bien te confier la direction de la représentation pour l'Europe...

— O.K. baby! répondait Albert, américanisé jusque dans son langage.

A Manorlaine, Albert passait ses journées à mettre au point des rapports, à étudier la campagne publicitaire qu'il préparait pour le Salon de l'auto, à rêver sur les plans et les maquettes des voitures Ford de l'avenir et... à regarder les collections des livres de son enfance : *Bibi Fricotin, Tarzan* et *Buster Brown...*

Deux incidents avaient marqué les trois premières années de mariage de Patricia et Albert d'Anderly : une fausse couche d'abord, quinze mois après leur union et qui la frappa, elle, beaucoup plus que lui. Pat n'était pas femme à supporter les grains de sable qui empêchent la vie de tourner rond, telle une mécanique bien huilée. Ainsi — et ce fut l'autre incident — elle amena son mari à rompre tout contact avec Hélène et Frédéric Marchand car, bien entendu, le brillant « démarrage » parisien d'Albert dans la firme Ford avait intéressé sa sœur au plus haut point. Elle avait poussé Frédéric à resserrer les liens avec son jeune frère. Au début, ce ne fut que protestations d'amitié, échanges de sourires, de flatteries, de promesses... Mais bientôt Patricia s'aperçut qu'Hélène empiétait un peu trop sur leur vie privée, s'immisçait dans leurs affaires, voulant tirer parti de tout et même, paradoxalement, donnait de mauvais conseils à son frère, comme si elle cherchait à semer la zizanie dans leur couple. Le drame éclata bêtement, pour une voiture « dernier modèle » réclamée à Albert par Frédéric et aussitôt fournie, mais que les Marchand ne voulurent pas payer. Frédéric argua de son importance à Paris, de sa notoriété et des avantages publicitaires que Ford pouvait en tirer. Hélène tenta de faire vibrer la corde sensible... en pure perte. Il n'en fallut pas davantage. Albert chapitré par Pat, et Frédéric, mal inspiré par Hélène, se dirent des « mots ». Les deux couples rompirent alors toute relation.

Patricia ne les épargna pas. Au cours des dîners parisiens, elle ne se priva pas de prononcer des phrases allusives. « Certains imprimeurs... — et elle en connaissait, disait-elle — ... commandent des voitures de luxe alors qu'ils n'ont pas les moyens de se les offrir... Navrant, n'est-ce pas ? »

Les auditeurs, avides de ce genre de potins, n'étaient pas longs à faire les rapprochements souhaités par la belle Anglaise, et se répandaient, comme elle l'avait souhaité, en rapportant ses propos.

Hélène, mise au courant des perfidies mondaines que sa belle-sœur propageait dans Paris, se vengeait en déclarant qu'elle ne comprenait pas comment son frère — qu'elle aimait tendrement, disait-elle — avait pu céder aux exigences d'une astucieuse rouquine en l'épousant. Elle ajoutait, faussement candide, que, d'après ce qu'on lui avait dit... les filles d'outre-Manche étaient tellement obsédées par le sexe qu'elles s'offraient au premier mâle venu pour calmer le feu qui leur dévorait les entrailles... Elle ajoutait, méchante, qu'elle ne serait pas surprise d'apprendre que ce pauvre Albert était un mari trompé...

Cette guerre de dames enchantait un instant les cancaniers et les colporteurs de ragots : parisianisme !

Bientôt, sans doute, une autre historiette du même type ferait passer au second plan le duel Hélène-Patricia avant qu'il ne soit tout à fait oublié.

A la fois féline et racée, Patricia Felton-d'Anderly pouvait aisément s'apparenter à une panthère apprivoisée. Insaisissable, mystérieuse, elle avait à sa disposition toutes les notes de la gamme de la séduction. Elle savait se servir de ses armes avec la précision d'un jongleur. Elle apprivoisait les êtres afin de les mieux connaître. Ensuite c'était un jeu pour elle de les manipuler. Elle excellait dans cet exercice, d'autant plus dangereux pour les autres, qu'elle ne se laissait pas deviner.

Dès que sa chevelure d'algue rouge avait fait son apparition à Manorlaine, l'ambiance s'en était trouvée changée. Quelque chose d'insolite planait soudain dans l'air.

Pat, tel un caméléon, devenait toujours celle qu'il fallait être pour plaire à chacun. Romanesque et tendre avec Aurélie qu'elle était la seule à traiter d'égale à égale, comme une complice, attentionnée auprès d'Alix et Armand auxquels elle ne parlait que d'Albert avec, dans la voix, des nuances exquises et admiratives de jeune mariée qui faisaient sourire le vieux couple. Avec Anne, elle devenait consolatrice et s'attendrissait à l'excès sur son sort déplorable. Elle la ménageait, la flattait pour mieux la dominer, la poussant à des confidences qui étaient autant d'abdications de l'aînée en face de sa toute jeune belle-sœur. Anne, surprise, un instant apaisée, était impressionnée de trouver enfin une oreille attentive à ses discours décousus. Avec Michel, la conquête avait été facile. Elle le regardait à la fois en camarade et en séductrice. C'était plus qu'il n'en fallait pour chambouler le garçon, sensible d'ailleurs à la grâce animale de sa tante autant qu'à ce trouble qui naissait en lui dès qu'elle parlait. Il était attiré par ce qu'il prenait pour du charme et qui était en fait une certaine perversité.

Dans un premier temps, face à Alexis, la pulpeuse jeune femme se sentit quelque peu décontenancée : sensation très inhabituelle chez elle.

Le regard émeraude observait le regard bleu, guettant avec intensité un signe révélateur qui lui permettrait, à elle, de choisir la meilleure attitude à adopter.

Mais l'homme demeurait indéchiffrable.

Alexis se voulait neutre et la fixait d'un œil illisible. Il attendait, lui aussi, qu'elle se manifestât la première pour traduire l'inexprimé et se comporter en conséquence.

Si quelqu'un les avait surpris à cet instant, il aurait pu être amené à penser qu'il assistait à une confrontation entre un jaguar femelle et un grizzly. Intuitifs, ils s'observaient, se jaugeaient, se méfiaient réciproquement l'un de l'autre.

Un certain soir, le duel des iris reprit entre eux.

Tout à coup Patricia, obéissant à son instinct, lui décocha un franc sourire qu'il lui rendit aussitôt, un peu moins éclatant. La seconde suivante, les lèvres de la belle Anglaise se refermaient lentement sur ses dents étincelantes, dessinant une moue boudeuse d'enfant capricieuse à qui l'on refuse un cadeau. En même temps les paupières se plissaient. Son regard pouvait ainsi se déguiser, et jeter parmi les lueurs prometteuses des éclairs provocants.

Alexis, stupéfait de ce qu'il devinait, se surprit à rougir et détourna la tête. Patricia se permit alors un autre sourire, ironique celui-là, que personne ne pouvait surprendre...

A quelques jours de là, à l'issue d'un dîner où chacun avait chipoté tant la touffeur était incommodante, les Hablaincourt, Armand et Albert décidèrent de faire un bridge. La méthode Albaran était à la mode. A la recherche d'un souffle d'air on avait ouvert en grand toutes les croisées. Peine perdue, la nuit claire, bruissante, exhalait des vapeurs chaudes, lourdes et parfumées qui enveloppaient les corps moites.

L'atmosphère était électrique, les nerfs tendus.

Alix tricotait mollement, Aurélie, incommodée par la température, s'était déjà retirée à son étage. Alexis et Michel, dans un coin du grand salon, parlaient de la guerre contre les doryphores qu'ils entreprendraient dès le lendemain car, en une semaine, l'épidémie risquait de compromettre la récolte de pommes de terre... Bruno et Béatrice dormaient depuis longtemps. Hélène et Frédéric Marchand étaient en Italie, ce qui avait évité une rencontre difficile avec Albert et Patricia.

Celle-ci portait ce soir-là une robe sans manches en soie vert vif qui lui moulait le buste, mettant en valeur ses seins ronds et fermes. Souple, longiligne, elle était attirante à force d'être saine. Sa peau légèrement hâlée faisait penser aux pêches mûres. Elle se mouvait avec grâce, s'appliquant à donner à ses bras des mouvements d'une indolence charmante. A son poignet droit une gourmette d'or cliquetait de multiples breloques. Son regard étincelait, plus vert encore dans la pénombre, à la lueur des photophores. Ses cheveux fauves paraissaient flamboyants par le contraste violent qu'ils formaient avec la robe.

Elle resta quelques minutes près de la table de bridge puis, se penchant vers son mari, murmura en lui mordillant l'oreille :

— Je vais vers la mer... A tout de suite...

Albert, condamné au jeu forcé, la regarda s'éloigner à regret. Mais déjà, en passant la porte, la silhouette incandescente semblait avoir été aspirée par la nuit. Albert s'essuya le front où perlaient quelques gouttes de sueur puis, remettant son mouchoir dans sa poche, il annonça sans entrain : un carreau.

— Bon... Eh bien, maintenant, je m'en vais... On étouffe ici... Bonsoir maman, bonsoir tout le monde... Tu viens, Michel ?

Alexis s'était levé, avait embrassé Alix et allait sortir.

— Oh Michel, sois gentil mon petit, s'empressa de dire Alix. Aide-moi à dévider ces écheveaux.

Zut ! Encore un jeu que Michel n'aimait plus ! Mais il ne pouvait refuser de rendre service à sa grand-mère.

— Oui, mammy.

Il cria vers la porte :

— Alexis, j'irai te dire bonsoir après... Attends-moi !

Paisible, mains dans les poches, Alexis marchait vers son pavillon. Il regardait la Voie lactée espérant y découvrir les signes avant-coureurs d'un orage. Hélas, rien ne semblait le présager. Demain, la température serait encore caniculaire. Il se sentait fatigué sans avoir sommeil, et un peu triste. Turc lui manquait. Que faire ce soir ? La lecture serait un narcotique dont il n'userait pas. Michel allait venir, le gosse le distrairait...

Devant sa porte il distingua une forme immobile adossée dans l'ombre, et la lueur d'une cigarette.

— Pardon, monsieur, c'est encore loin la mer ?

La voix était moqueuse.

— Ah, c'est vous Patricia... ! Vous voulez entrer ?

Curieusement, Alexis se sentait gêné. D'un coup de reins, elle se détacha de la porte et fit deux pas avant de s'accroupir dans l'herbe.

— Non... il fait si bon... Pourquoi rentrer... ?

Elle fumait. Les breloques à son poignet tintinnabulaient par moments. Ses prunelles miroitaient, lançant des éclats fugaces lorsqu'elle tirait sur sa cigarette. Elle souriait, assise, les jambes repliées.

Alexis restait debout.

Légèrement troublé par cette présence inattendue, il dit n'importe quoi pour meubler le silence.

— Oui... il fait bon... meilleur qu'à l'intérieur sans doute. J'ai peur que l'orage n'éclate ni cette nuit ni demain...

Comme elle ne répondait rien, il reprit sans penser à ce qu'il exprimait :

— Cette année il n'y a pas eu assez de pluie... pas assez d'eau...

Un éclat de rire l'interrompit. Il sursauta et rougit sans savoir pourquoi. Ses yeux habitués à la nuit discernaient mieux le visage de Patricia tendu vers lui, ses bras écartés sur lesquels elle s'appuyait, sa gorge pleine, sa poitrine offerte à travers l'échancrure de sa robe.

D'une pichenette elle se débarrassa de sa cigarette. Une seconde, un demi-cercle rouge traversa la nuit. Patricia murmura, d'une voix mélodieuse :

— ... Quel étrange personnage vous êtes...

— Ah oui ?

Pour une raison qu'il ne qualifiait pas encore, il perdait le contrôle de lui-même en présence de cette jeune femme qu'il ne s'était pas préparé à rencontrer, seule, en pleine nuit. Comme il se taisait, Patricia reprit sur un ton plus léger :

— Allons, asseyez-vous dans l'herbe... là... oui ! Quel singulier garçon vous faites... Toujours à parler comme un rustre alors que vous avez l'allure d'un seigneur... Alors que vous êtes un seigneur !

— Vous m'en direz tant que...

— Avez-vous pensé à ce qu'aurait été votre existence au temps de la féodalité ? Ah !... Elle aurait été extraordinaire... Vous auriez pu tout vous permettre...

— Vraiment ?

— Pourquoi vous enterrez-vous dans ce coin perdu... ? C'est dommage... ! Vous ne pensez donc jamais à vous... ? ... Vous m'étonnez...

Alexis commençait à comprendre. C'était donc ça... ! Patricia voulait flirter ! Sa belle-sœur venait le rejoindre pour s'assurer de son pouvoir de séduction... Il est vrai qu'il était actuellement le seul homme séjournant à Manorlaine susceptible de succomber à son charme, à ses charmes.

Elle ne manque pas de culot, se dit-il : la femme de mon frère...

Néanmoins il se sentait flatté que cette superbe créature ait jeté sur lui son dévolu et s'abaisse à lui faire des avances. Il avait envie d'en rire mais, en même temps, il ne pouvait se défendre de réagir comme un mâle. Elle était attirante, offerte, et lui si seul depuis un si long temps...

Elle parlait toujours sur un ton suave. Son léger accent britannique ajoutait du piquant à ses confidences de plus en plus incitatrices. Il entendait moins les mots que la musique de la voix. Il sentait plus la présence et le parfum de la jeune femme qu'il ne la voyait réellement.

— Vous êtes d'une sauvage beauté, continuait-elle, presque grave. A Paris, dans les salons, vous feriez sensation, cher homme des bois. Et je connais plus d'une de mes amies qui vous dirait... qui vous dirait... En somme, je suis favorisée car je vous ai trouvé en arrivant ici...

Maintenant il n'avait plus aucun doute sur les intentions de sa visiteuse. Ce n'était pas un flirt qu'elle cherchait. C'était tout simplement l'étreinte masculine la plus naturelle, la plus animale. Patricia désirait faire l'amour.

Comme pour le conforter dans cette certitude, la jeune femme déplia lentement son corps et s'arrangea pour placer sa nuque sur les cuisses d'Alexis. Il ne put empêcher son ventre de réagir. Sa virilité se manifestait. D'abord hésitant sur la suite à donner à cette situation très particulière mais à présent dénuée d'équivoque, il oublia qui était cette femme et, d'un mouvement brusque, irrésistible, il se retrouva sur le corps brûlant de la belle.

Celle-ci, au lieu de céder à ce qu'elle avait volontairement provoqué, se raidit, serra les jambes et articula d'une voix froide :

— Je vous interdis de...

Alexis qui la tenait ferme laissa échapper un rire un peu rauque, puis murmura d'une voix sourde :

— C'est très difficile de m'interdire quoi que ce soit, vous savez... Et puis... à qui la faute ? Ce n'est pas moi qui suis venu vous guetter en me cachant sous votre lit...! Quand on allume un incendie, il faut savoir l'éteindre...

En parlant il avait caressé la hanche de Patricia. Sa main puissante descendait le long de la cuisse. Au moment où il s'apprêtait à retrousser la jupe de soie, la jeune femme eut un sursaut.

La gifle claqua sèchement sur la joue d'Alexis qui ne s'attendait pas à une réaction si vive et si rude. Les breloques du bracelet lui griffèrent le menton. Il se redressa. Elle en profita pour se dégager et se mettre sur ses pieds.

Debout, face à face, ils se fusillaient du regard.

L'homme, frustré, le souffle court, lui enserra la taille et l'attira brutalement contre lui. Elle se raidissait, cherchait à échapper à la fougueuse empoignade. Cependant elle le narguait encore.

Alexis, furieux, la tenait si étroitement qu'il en tremblait, excité par les lèvres humides, entrouvertes, de cette femme qui luttait pour ne pas accorder l'assouvissement que leurs corps réclamaient. Éperdu de désir, à demi conscient, il emprisonna la nuque de Patricia d'une main ferme et presque sauvagement s'empara de sa bouche. Ses lèvres écrasaient les siennes. Ce n'était pas un baiser mais plutôt une prise de possession.

Alexis, qui sentait ses ardeurs près d'éclater, mêlait impétueusement sa langue à celle de Patricia qui paraissait disposée à ne plus lui résister ni rien lui refuser. Son ventre se collait au sien, son corps semblait consentir, réclamer une conclusion explosive. Certain qu'il allait la posséder, Alexis desserra son étreinte afin de se préparer à l'étendre sur l'herbe pour la prendre avec toute la violence qui lui martelait les tempes et lui brûlait les reins.

Profitant de cette seconde de relâchement, Patricia fit un bond de côté. Avant qu'il ait pu se ressaisir d'elle, la surprenante créature s'enfuyait vers le château.

Alexis, exaspéré, se précipita chez lui. La porte claqua si violemment qu'elle faillit se dégonder.

Quelques instants plus tard Michel était là, devant son oncle, pénétrant dans le pavillon à un moment tout à fait inopportun.

— J'ai rencontré Pat en venant chez toi ! Elle m'a embrassé très fort, dans le cou : c'était bon...

Alexis éprouvait davantage l'envie de rugir que de sourire. Il fit un effort pour répondre calmement.

— Ah oui ? Tu en as de la chance !

— Tiens... tu as du sang sur le menton ! Tu es tombé ?

La question resta sans réponse.

Comme Michel faisait mine de s'installer :

— Tu devrais rentrer. Je vais prendre une douche !

— A cette heure-ci ?

— Oui ! Pourquoi pas ? Je crève de chaleur...

— A ce point-là ?

— Oui, monsieur... A ce point-là ! Allez, bonsoir ! Va te coucher ! Laisse-moi tranquille...

Retournant vers le manoir en traînant un peu les pieds, Michel se demandait pourquoi son oncle avait soudain repris sa voix dure et son air bourru, comme un chien de garde qui gronde...

Avant de s'étendre auprès d'Albert endormi, Patricia, en brossant sa chevelure, se demandait pourquoi elle avait repoussé, au tout dernier moment, ce qu'elle était venue chercher auprès d'Alexis.

La prochaine fois...

Trois jours sans histoire suivirent cet incident. Alexis se montrait inchangé quand il venait au château. Il y trouvait sa belle-sœur égale à elle-même auprès des autres, pas même embarrassée en face de lui.

Pour Alexis cette aventure avortée ne représentait plus

rien, rien qu'un pas manqué sur un sol glissant. On évite la chute et on reprend son équilibre sans même s'arrêter.

Mais Patricia entendait que le faux pas conduise à la chute. Sa nature exigeante la poussait à désirer conclure. Elle ne doutait pas un instant de parvenir à ses fins.

Le quatrième jour elle apparut chez lui, à la faveur d'une soirée qu'elle avait rendue libre. Mais ce fut lui qui s'exprima le premier, sur un ton qui se voulait détaché mais qui dissimulait mal une vague rancœur sous des phrases quelque peu ironiques auxquelles elle ne s'attendait pas.

— Qu'est-ce qui me vaut le plaisir de votre visite ? Mon frère n'est pas avec vous ? Ah ! c'est peut-être un tête-à-tête que vous recherchez ? Allons-y ! Qu'avez-vous à me dire ? Allez-vous cette fois me proposer de faire du cinéma ? Regardez-moi bien, j'en vaux la peine. J'ai de beaux yeux, et puis j'ai l'air d'un sauvage. Ça plaît aux femmes de Paris, n'est-ce pas ? Seulement, figurez-vous que j'ai autre chose à faire et que...

— Alexis...

Elle l'avait interrompu, prononçant son nom d'une voix câline, presque affectueuse.

— Non, trancha-t-il. Non, Patricia, c'est assez ! Vous êtes très maligne... J'ai bien compris quand Albert, au dîner, a proposé à Michel de lui montrer ses maquettes de voitures. J'ai pressenti que vous alliez venir me jouer la grande scène du deux ! Vous cherchez toujours le chemin de la mer... ?

— Vous m'en voulez ?

— Vous croyez ?

— Oui... peut-être...

— Je ne savais pas que l'amnésie faisait partie de votre panoplie d'allumeuse.

— Ne soyez pas grossier, voulez-vous.

— Je serais curieux d'apprendre comment vous qualifiez votre comportement de l'autre soir.

— C'est pourtant simple.

— Vraiment ?

— Oui ! Vraiment ! Est-ce ma faute à moi ?

— Pardon ?

— Est-ce ma faute si je cherche à résoudre mes problèmes ? Je suis ainsi faite. C'est ce que j'appelle être fidèle à soi-même. Ne pas aller au bout de ses désirs ? Non ! Ça rend malade et ça donne mauvaise mine.

Entendant cela, Alexis ne put s'empêcher d'éclater de rire.

— Vous n'imaginez tout de même pas me faire admettre que je suis le responsable de... ce qui n'a pas abouti...

— Taisez-vous. Vous ne comprenez rien !

Elle s'exprimait avec autorité mais dans sa voix se glissaient des résonances presque pathétiques. Elle poursuivit plus doucement :

— Nous sommes de sexe différent mais notre complémentarité va plus loin que vous le pensez. Que vous le vouliez ou non, nous sommes de la même argile privilégiée. Pour moi c'est une évidence. Si ce n'était pas le cas, je ne vous aurais même pas regardé. J'ai eu envie de vous subir parce que je sens que vous m'êtes destiné.

— Qu'est-ce que c'est que ce charabia ? Si vous croyez que je vais avaler tout cru ce genre d'ineptie, vous vous trompez lourdement. Le truc du grand amour ou du coup de foudre, allez raconter ça à d'autres... Quel pathos ! De la même argile, dites-vous ? Certes pas ! Bien au contraire. Moi je suis sain de corps, d'esprit et de cœur. Voilà qui ne semble pas être votre lot. Si vous aviez eu quelque droiture, quelque sincérité et le courage de vos actes, vous m'auriez laissé vous prendre l'autre soir, là, sur l'herbe. Nous en aurions tous les deux éprouvé du plaisir. Mais non ! Vous vous êtes amusée de l'excitation que vous provoquiez en moi, escomptant sans doute que cette petite séance me troublerait l'esprit et les sens au point de m'amener à vous rechercher les jours suivants, jusqu'à vous supplier de m'accorder le privilège de vous faire l'amour. Non ma jolie ! Vous avez fait une erreur de tactique.

« Vous avez lâché, tout à l'heure, que ne pas aller au bout de ses désirs rend malade et donne mauvaise mine. Fort bien ! Permettez-moi de vous faire remarquer que vous manquez de logique, car si vous réfléchissiez à ce que vous dites, vous réaliseriez que vous m'avez bel et bien empêché d'assouvir mon désir, précisément.

« Désiriez-vous me rendre malade ? C'est bien ce que je crois : malade de vous ! C'était là votre but !

» Il est raté.

Durant cette mise au point, Alexis avait déambulé de long en large, martelant le sol de ses talons. Elle avait écouté, apparemment calme, les mains derrière le dos, les épaules appuyées contre le mur. Mais sa rage contenue prêtait à ses yeux des éclats presque phosphorescents.

Intuitive et expérimentée, elle devinait qu'il aurait été maladroit de répondre prématurément à cet homme en colère. Elle avait commis une erreur en s'exprimant sur un ton trop vif. Avec ce genre de personnage il ne fallait pas attaquer de front. En comédienne consommée, elle se dit que les larmes féminines auraient peut-être plus de pouvoir sur cet homme rude. Aussi, fermant les paupières, s'efforça-t-elle de faire monter en elle — le rimmel aidant — une émotion bien visible. Elle connaissait le système, l'ayant déjà pratiqué avec succès.

Tandis qu'à sa façon elle préparait sa riposte, Alexis s'était arrêté dans sa marche. Contemplant la nuit par la porte restée entrouverte, il lui tournait le dos.

Le silence se prolongeant, il reprit d'une voix calmée :

— Il me semble que nous n'avons plus grand-chose à nous dire. Vous devriez rentrer. Oublions tout cela, voulez-vous...

N'entendant pas de réponse, il se retourna.

Patricia s'était laissée glisser le long du mur.

Il la vit là, tassée sur elle-même.

Avançant vers elle, il s'apprêtait à l'aider à se relever. D'un mouvement rapide elle se mit debout et, le regardant en face, lui présenta un visage barbouillé de larmes.

Elle articula d'une voix lamentable :

— C'est bien ce que je disais... vous ne comprenez rien...

Ce changement d'attitude et de physionomie laissait Alexis pantois.

— Que voulez-vous dire ?

— Si je parle, vous ne me croirez pas.

— Essayez toujours.

— Mais non... c'est inutile maintenant... c'est trop tard.

— Dites-moi ce que vous avez en tête.

— Vous allez vous moquer de moi ou, pis encore, vous mettre à rire.

— De quoi s'agit-il ?

Patricia, comme si elle se sentait vaciller, s'appuya sur le mur d'une main, plaçant l'autre sur son front, se cachant ainsi le visage à demi.

— Ne me regardez pas... je dois être affreuse.

Alexis ne savait quelle contenance adopter. A tout hasard il lui proposa de la raccompagner jusqu'au château.

Alors qu'il était tout près d'elle, Patricia murmura dans un souffle :

— Si je vous disais que je vous aime et que...

Il l'interrompit pour dire froidement :

— Je ne vous croirais pas.

— Et pourtant...

— Ah, non ! Je vous en prie... un peu de décence.

— Alexis, je vous aime.

Elle se cramponnait à son bras. Des larmes mêlées au mascara recommençaient à dégouliner sur ses joues y laissant des traces brunâtres. D'un mouvement lent mais ferme, il lui empoigna les épaules et, nullement ému, riva son regard dans le sien.

— Écoutez-moi bien. Il faut en finir avec ce jeu ridicule. Cessez de prononcer des mots dont vous ignorez le sens véritable. Vous parlez sottement de ce que vous ne connaissez pas. Entre l'amour que l'on éprouve et celui que l'on pratique, il y a un abîme. Si vous aviez envie de moi, il fallait vous laisser faire l'autre nuit. Cet agréable moment n'aurait pas eu de suite et nul n'en aurait rien su. A présent, comme vous le dites si bien, c'est trop tard ! Je ne désire plus votre corps et vous m'avez guéri en me laissant découvrir votre perversité. Car vous êtes perverse, Patricia, malsaine et dangereuse.

— Vous n'avez pas le droit de me traiter ainsi.

— Oh que si ! Et je me félicite de ne pas être tombé dans votre piège. J'aurais eu du mal à m'en sortir.

— Vous êtes fou !

— Non ! Justement pas ! C'est vous qui souhaitiez me rendre fou de vous, m'asservir à vos charmes. Vous auriez pu, alors, me manipuler à votre guise, user de moi ou me repousser selon votre caprice. Je vous crois capable de tout ma belle, même de chantage.

— Vous avez perdu l'esprit !

— Oh mais non ! Après m'avoir rendu amoureux, vous vous seriez amusée à me provoquer, agitant votre crinière de feu sous mon nez, le corps arqué comme celui du toréador qui excite le taureau de son chiffon rouge.

— Vous m'insultez... vous dites n'importe quoi !

— Et si je n'avais pas cédé à vos quatre cents volontés, vous m'auriez menacé d'aller révéler notre liaison à mon frère.

— Qui m'en empêche ?

Sidéré, il relâcha son étreinte et recula d'un pas.

Patricia, les poings serrés, le masque mauvais, le défiait. Dans son œil sec à présent dansaient des lueurs vicieuses. Profitant de la stupéfaction d'Alexis, elle reprit :

— Oui... Si je dis à Albert que vous avez abusé de moi, vous ne serez pas à même de prouver le contraire... Il ne vous croira pas...

Atterré, étouffant d'indignation, il articula d'une voix blanche :

— Vous êtes une vipère !

— Et vous un imbécile !

Dressés face à face, le souffle court, ils s'affrontaient haineusement.

Dans le regard d'Alexis passaient des éclairs meurtriers. D'une voix lente et dure il ordonna :

— Vous allez me foutre le camp d'ici, espèce de saleté !

Patricia hésita deux secondes. Puis, le dévisageant d'un air méprisant, elle éclata d'un rire strident, presque hystérique.

— Je pars... mon cher ! Je pars ! Vous n'êtes pas celui que je croyais... voilà tout ! Votre allusion au taureau m'a fait sourire... J'aurais plutôt pensé au sanglier, voyez-vous, un solitaire... Vous n'êtes pas l'homme que j'attendais ! D'ailleurs... êtes-vous seulement un homme ?

La jeune femme faillit s'ecrouler sur le sol. La gifle assenee sans retenue aurait pu la faire choir. La douleur lui paralysa l'esprit un instant. Orgueilleuse, elle trouva la force de redresser le menton et de lui decocher un regard implacable avant de se diriger vers la porte.

— Vous êtes une brute, un grossier personnage.

— Allez au diable !

— Et vous au couvent !

Elle lui tourna le dos. Sa silhouette s'effaça dans la nuit.

En proie à un indicible écœurement, Alexis, pour se calmer, sortit à son tour. Il avait besoin de se rafraîchir les idées. D'abord il ne pensa qu'a sa répugnance pour cette méchante histoire. Et puis il se souvint d'un mot qu'elle avait prononcé : solitaire.

Il y revenait. La était son problème.

Solitaire ? Certes ! A cause de la bêtise humaine. Les stupides préjugés étaient responsables de son isolement, et non l'égoïsme foncier que l'on se plaisait à lui prêter, comme un vêtement particulier dont on vous affuble.

Avec quel bonheur se serait-il plu à lier son destin à celui d'un autre être, et il savait lequel, puisqu'il l'avait rencontré, connu, aimé.

Avait-il renoncé par couardise ? Pas même !

Il serait peut-être passé outre les conventions en usage, il aurait peut-être su braver le conformisme... Elle ne l'avait pas voulu : « Tu n'as pas le droit d'épouser une fille de fermier ! »

Solitaire ? Oui !

A cause de ceux qui ne peuvent ou ne veulent accepter ni admettre que d'autres puissent être heureux hors de certaines normes établies. Seulement, en définitive, elle avait eu raison : ils n'auraient pas pu se marier sans provoquer la mise à l'écart de leur couple par les sectaires et les sots. Alors... vivre en étant condamnés à se cacher pour s'aimer, tels des coupables ? Cela, Alexis ne l'aurait pas supporté !

A présent il était seul depuis trop longtemps. Lorsque

la nature manifestait ses exigences, il allait a Granville ou a Saint-Malo...

Dans la nuit, marchant au hasard vers les greves, Alexis se rememorait ce qu'il avait vécu dix ans plus tôt.

Cela s'était passé a son retour du regiment.

Des son arrivee, il avait parcouru le domaine pour reprendre contact avec chacun. Chez les fermiers les plus pauvres, les Merceran, il n'avait trouve sur place que leur fille aînée, Irène, une compagne de jeux de son enfance.

Elle avait bien change. Ses traits s'etaient affines. Mince, avenante, elle aurait été séduisante si une legere claudication ne l'avait déparée.

Gentille Irène... Elle avait alors dix-neuf ans...

Alexis revoyait la silhouette de la jeune fille, le charmant visage et ce sourire timide dont elle usait parfois pour exprimer ce que sa réserve naturelle l'empêchait de formuler.

Elle l'avait ému. Il était revenu la voir.

Dans un premier temps, il l'avait invitée à l'accompagner au cours de promenades dominicales. Ensuite, ils s'étaient retrouvés en fin de journee, marchant au hasard parmi les chemins bordés de fleurs odorantes.

Un soir, sur le sable blond d'une dune, a l'abri des touffes de genêts, Irene Merceran s'était donnée à lui dans un élan d'une emouvante simplicite.

Leurs amours furent violentes et tendres.

Il avait vingt-deux ans. Il éclatait de seve, de cette belle santé d'homme jeune et fort qui pousse a l'epanouissement physique, qui le réclame.

Irène, la petite Irène, devint son amie de certains jours et de toutes ses nuits. Personne n'en sut rien. Une douce habitude transforma l'aventure en liaison. C'est elle qui valorisa leur amour par un don total d'elle-même, une abnégation de tous les instants, une discretion sans faille. Etre aimee et aimer la transfigura. Elle sut demeurer dans l'ombre et taire ses joies, sachant que la durée de leurs échanges réclamait le prix du silence. Un jour, elle dit à son héros : « Ta vie ne m'appartient pas. Il faut nous séparer. Tu dois te marier et vivre comme un homme de ton rang. Va, je ne t'en voudrai pas. Tu m'as donné plus de félicité que je n'en avais jamais espéré. »

C'était il y a cinq ans !

Alexis avait alors réalisé la profondeur du sentiment qu'il éprouvait. Cet aveu l'avait bouleversé. Elle avait été si noble en lui disant cela, si belle, simple et vraie. Pour lui, elle représentait aussi Manorlaine et devant Dieu c'était rester fidèle à tout ce qu'il aimait que de garder Irène auprès de lui. Il aurait été comblé s'il avait pu officialiser cet amour et, l'ayant épousée, s'endormir chaque soir de sa vie auprès d'elle.

Mais non ! Ce bonheur-là lui avait été refusé...

Solitaire ? On avait su le contraindre à le devenir.

Alexis se souvenait de l'attitude de son père alors qu'il lui confiait la vérité et avouait ses intentions.

Armand d'Anderly n'avait pas même élevé la voix pour interdire. Seul un léger froncement de sourcils avait marqué sa désapprobation. Il s'était contenté d'exprimer la même pensée qu'Irène : « Un Anderly n'épouse pas une paysanne ! » Pour le chef de famille, une telle mésalliance n'était pas même concevable. Il le dit alors, simplement. Les descendants d'Alexis auraient été considérés, en quelque sorte, comme des bâtards. Des demi-rustres héritant des terres de Manorlaine et gérant de plein droit l'immense domaine sur lequel les Anderly régnaient depuis cinq générations...

Alexis s'était trouvé devant un choix cruel : partir avec elle, chercher ailleurs à construire une hypothétique vie à deux, dans un cadre inconnu, au milieu d'étrangers, ou demeurer là où étaient ses racines et tenter de l'oublier, elle.

Il lui avait fallu opter entre le remords et le regret.

Remords qu'il éprouverait comme une blessure inguérissable s'ils se séparaient.

Regret qui lui ôterait toute joie de vivre s'il abandonnait Manorlaine.

Longtemps il se débattit dans ce terrible dilemme.

Conscient que la décision à laquelle il allait s'arrêter engagerait son avenir de façon quasi définitive, il s'inclina finalement devant les raisons invoquées par son père, tout en s'accusant d'être un lâche. Pour l'aider dans ce moment crucial, la petite Irène Merceran avait eu le courage de quitter le domaine pour gagner le Bordelais où l'un de ses oncles était vigneron.

A dater de ce jour, où Alexis eut le cœur broyé, les relations affectives entre le père et le fils ne furent plus tout à fait les mêmes.

Armand savait qu'Alexis ne lui pardonnerait pas.

Alexis, intentionnellement peut-être, se refusait à donner satisfaction à son père en faisant souche.

Il avait cédé à des principes. Il en avait souffert.

A chacun sa punition.

Le comte d'Anderly ne pouvait se permettre d'aborder ce sujet douloureux avec Alexis puisqu'il était responsable du sort malheureux de son fils. Il éprouvait une sorte d'admiration pour cet homme encore jeune qui par honnêteté et respect de lui-même restait fidèle à une aventure estimable. Il ne pouvait cependant s'en ouvrir auprès de l'intéressé. Celui-ci n'aurait pas supporté d'entendre son père s'exprimer à propos d'un souvenir aussi brûlant.

Armand en était conscient et se taisait.

Les deux hommes restaient murés dans les positions prises à un certain moment, imposées par l'un, subies par l'autre.

L'attachement de Michel à Manorlaine les rassurait quelque peu quant à l'avenir du domaine. Cette espérance commune ne les rapprocha pas pour autant, ou à peine.

Ni Armand ni Alexis n'oubliaient le passé.

Mais Michel était une promesse vivante pour chacun d'eux.

VIII

Hélène

LA France se réjouissait alors des accords signés à Munich, peu de temps auparavant, par Daladier et Chamberlain avec les représentants du IIIe Reich allemand. Le spectre de la guerre s'éloignait. C'est du moins ce que chacun se plaisait à croire à l'automne de 1938.

Manorlaine accueillit Hélène un soir d'octobre. Chacun fut surpris de cette arrivée inattendue, mais nul n'en fit état sinon Armand qui, deux heures après le dîner, bavardait avec sa fille.

Ils étaient installés au premier étage, dans son bureau.

— Maman, si ça ne t'ennuie pas, je voudrais rester seule avec papa. Tu comprends, c'est déjà si difficile...

— Mais bien sûr, ma chérie, avait répondu Alix précipitamment, du reste, j'ai des factures à classer... Et puis...

— Tu fais de la peine à ta mère, et je ne vois pas pourquoi tu refuses qu'elle entende l'explication que tu nous dois, reprit Armand.

— Je ne vous dois rien du tout et si c'est ainsi que tu le prends, je crois qu'il vaut mieux...

— Hélène, ne t'adresse pas à nous sur ce ton... veux-tu ?

Armand avait scandé sa phrase.

— Oh papa, je t'en prie, ne me parle pas comme à Aurélie, je n'ai plus vingt ans.

— Je m'en aperçois, dit-il.

— Allons, allons, tenta de concilier Alix les mains agitées, ne vous affrontez pas ainsi... Écoute Armand, il est préférable que je vous laisse. Hélène le désire, elle sera plus libre de s'exprimer... Je... je comprends mal que ma présence puisse la gêner, mais... puisque... enfin, je vais sortir. Je serai là, à côté, dans ma chambre. Tu n'auras qu'à m'appeler.

— Je te préviens que je répéterai tout ce que tu me diras à ta mère.

— Je m'en doute bien. Ça m'est égal d'ailleurs...

Alix était déjà sortie, sans bruit.

Armand dévisageait sa fille qu'il reconnaissait mal, tant dans le verbe que dans l'attitude. Physiquement aussi elle avait changé ; pas à son avantage. Vive, amusante lorsque Frédéric l'avait épousée, elle était insensiblement devenue quelqu'un d'autre : une femme toujours attrayante, mais sophistiquée, nerveuse, agressive. Et aujourd'hui, là, devant lui, il rencontrait une personne dans laquelle il ne retrouvait qu'une parenté vague avec l'Hélène d'autrefois. Répondant à on ne sait quelle impulsion moderne, elle avait fait teindre ses cheveux. C'était un travail habile de spécialiste mais de sa belle toison brune il ne restait qu'un léger rappel, par endroits, dans le dégradé auburn et ondulé qui encadrait son visage. Son élégante robe violette ne semblait pas avoir été faite pour elle. Cette couleur trop voyante soulignait l'absence de distinction de son nouveau personnage. A chaque instant elle remontait les mèches de sa nuque d'un geste plus automatique que naturel. Sur sa gorge, trop de perles s'étalaient. Ses mains couvertes d'étincelles endiamantées se crispaient constamment pour se détendre et se crisper à nouveau. Un maquillage un peu trop soutenu changeait son expression. Le coup de crayon noir dont elle cerclait son regard lui apportait un côté populaire qui lui seyait mal. Sa bouche luisante, en grenat, paraissait molle et boudeuse. Lorsqu'elle terminait une phrase, au coin de ses lèvres se dessinaient des plis sarcastiques. Elle fumait constamment, même à table. Une toux rauque la secouait par instants.

« Pauvre petite », pensait Armand en observant sa fille. Elle était avachie dans l'un des grands fauteuils de cuir qui meublaient son bureau. Sur une table basse, près d'une bouteille de cognac et d'un verre, de nombreux bouts de cigarettes reposaient déjà dans un lourd cendrier qu'elle s'amusait à faire tourner sur lui-même avec son fume-cigarette en écaille.

— Je t'écoute, lança Armand.

Hélène ne disait rien...

— Je me demande si tu es contente de toi, ma pauvre enfant.

— Oh, écoute papa ! je ne suis pas ici pour que tu me plaignes.

Armand s'adoucit. Ce n'était pas en agissant ainsi qu'il aiderait la conversation à s'engager dans un climat modéré.

— Allons, allons mon petit, raconte-moi un peu ce qui ne va pas.

— Oh, c'est bien simple ! « Rien ne va plus », comme à la roulette, répondit-elle avec un rire mécanique.

— Dis-moi...

— Je ne sais pas par où commencer.

Armand était mal à l'aise. Il marcha lentement vers la fenêtre et là, jambes écartées, bras croisés, il plongea les yeux dans la nuit du parc qui s'étendait derrière la croisée.

— Tu ne sais pas comme c'est difficile de vivre à Paris, dans notre milieu.

Hélène geignait.

— Non, je t'en prie, coupa son père, ne commence pas par de mauvaises excuses. Parle-moi franchement, c'est tout ce que je te demande.

Le silence retomba, pesant. Seul le bruit mat du fume-cigarette tapant contre le cendrier de cristal rappelait à Armand qu'il n'était pas seul.

Il grondait en lui-même. Il ne voulait pas se retourner, mais tout entendre sans voir sa fille. Pourquoi diable continuait-elle à se taire ? Il n'allait tout de même pas lui tirer les mots un à un comme à une gamine ! Alors, après avoir pris une longue aspiration, il décida d'attaquer, au cœur de ses soupçons.

— Alors... tu as eu un amant ?

— Un amant ? répéta-t-elle, mon pauvre père... j'en ai eu plusieurs...

Armand ferma les paupières et s'exprima sèchement.

— Je ne te demande pas de détails.

— Alors ?... Qu'est-ce que tu as envie d'entendre ?

— Je désire savoir pourquoi tu es revenue ici aussi... subitement ?

— Que veux-tu que je te dise... Je ne sais pas, moi... pour être tranquille, pour me retrouver dans le cadre de mon enfance... dans ce lieu que j'aime, dans l'atmosphère de...

— Ah non, je t'en prie ! Ne triche pas, s'il te plaît ! Tu n'as jamais aimé Manorlaine. Tu t'es toujours ennuyée ici.

Le silence s'installa de nouveau.

— Vas-tu me répondre à la fin !

Armand s'était retourné, le ton montait.

— Papa... Ne t'énerve pas... restons calmes... restons calmes... C'est dans le calme que...

— Tu exagères, tu sais ! Je n'admets pas que tu te moques de moi !

Il était tout près d'elle, les poings serrés dans ses poches, cherchant à deviner ce qui se passait dans la tête de sa fille.

— Si tu ne réponds pas, je te laisse, lui dit-il excédé.

— A quoi veux-tu que je réponde ?

Il était exaspéré : c'eût été un de ses fils qu'Armand l'eût brutalement giflé. Il s'exhortait à la patience.

— Pourquoi es-tu revenue ?

Hélène regarda son verre de cognac aux trois quarts vide, avala d'un trait le liquide qui y restait et, rallumant une cigarette, jeta négligemment, comme la chose la plus naturelle du monde :

— Pour chercher Michel.

— Non ?

— Si !

Armand la fixait, éberlué.

Sans jeter un regard à son père, elle se leva pour déambuler gracieusement dans la pièce, inspectant les gravures et les meubles comme si elle ne les connaissait pas, en parlant sur un ton qu'elle ne cherchait même pas à rendre convaincant.

— Oui papa, que veux-tu... je m'ennuie de mon grand garçon ! Je ne le vois jamais. Alors j'ai décidé de venir le chercher pour l'emmener avec moi se distraire un peu sur la Côte d'Azur.

— Mais tu es folle, Hélène... Jamais... commença Armand.

— Jamais quoi ? coupa-t-elle en le dévisageant, tout en lâchant sur la table d'un geste sec la tabatière ancienne qu'elle tenait à la main.

— Jamais ta mère et moi ne laisserons partir Michel pour aller avec toi... Dieu sait où... dans le Midi.

— Vraiment ?

La voix était légèrement ironique.

— Alexis non plus ne laissera pas partir Michel dans ces conditions-là.

Hélène reprit sa promenade, longeant les murs de la pièce.

— Je vous trouve parfaits... tous... murmura-t-elle en feignant de se plonger dans la contemplation de quelques reliures anciennes qui ornaient une bibliothèque.

— Que veux-tu dire ? s'inquiéta Armand.

— Eh bien, simplement que je ne vous laisse pas le choix, articula-t-elle.

— Je... Je...

D'indignation, Armand en perdait le souffle.

— Mais non papa, tu devrais comprendre... J'ai besoin de Michel, j'ai envie de m'occuper de lui, c'est normal, non ? Je suis sa mère après tout, et puis... je vous le ramènerai, n'ayez pas peur ! J'ai seulement besoin de l'avoir près de moi.

— Besoin ?

— Oui, figure-toi ! besoin !

— Mais voyons, voyons Hélène, ce n'est pas possible. Tu sais très bien que Michel n'est pas fait pour aller sur la Côte d'Azur, cela ne peut lui faire aucun bien, à aucun point de vue, au contraire... Il est heureux ici, il travaille, il se construit. Toi, tu as ta vie et rien de ce que tu pourras lui montrer ne peut lui être bénéfique, ni le distraire. Tu lui feras du mal en lui faisant découvrir si jeune un monde qu'il ignore, Dieu soit loué !

Armand, éperdu, cherchait à la convaincre.

— Je suis persuadé que même Frédéric...

— Frédéric ?

— Oui, ton mari serait sûrement de mon avis. Michel est trop jeune, il doit faire sa vie ici. Il serait mauvais de lui montrer tout un côté de l'existence qu'il n'a pas à connaître. Je suis certain que Frédéric...

— Laisse donc Frédéric tranquille... veux-tu...

— Écoute-moi bien ma petite... — Armand était cinglant maintenant — tu ne feras rien sans son consentement et le nôtre.

— Tiens... Tiens... ! Et tu crois ça... toi !?

Hélène s'était retournée brusquement, faisant face à son père.

— Sais-tu où il est Frédéric ? Le sais-tu ? insista-t-elle, et comme Armand se taisait elle ajouta : en Sologne, papa, en Sologne, où il chasse... chez sa maîtresse !

Armand resta sans voix. Il laissa lamentablement retomber ses bras et se détourna en hochant la tête.

— C'est ignoble... murmura-t-il.

— Mais non papa, ce n'est pas ignoble, c'est la vie !

Chacun d'eux réfléchissait en silence. Hélène fumait encore. Armand était effondré sur une chaise dans l'encoignure de la fenêtre. Il se passait machinalement une main sur le front. Elle, debout, adossée à une tapisserie, examinait ses ongles.

— Tu comprends, reprit-elle, pour te parler franchement, je suis assez de ton avis... Ce ne serait pas très indiqué que Michel se rende compte de... enfin, comment dire... de la manière dont je vis. Je conçois parfaitement qu'il serait préférable qu'il reste ici. Seulement...

— Seulement ? questionna Armand avec un peu d'espoir dans la voix. Mais explique-toi à la fin ! Comment peux-tu avoir besoin de Michel là où tu vas ? Je ne comprends pas !

— Tu vas comprendre très vite, mon petit papa. Voilà, la liaison de Frédéric n'a pas de secret pour moi depuis longtemps. Je me suis procurée des lettres échangées entre cette femme et lui, de sorte que si, par hasard, Frédéric voulait divorcer, ce serait plutôt à son désavantage. Tu me suis, papa ?

— Oui, oui, dit-il, écœuré.

— Frédéric n'a rien contre moi. Nous n'avons plus aucune... comment dirai-je, aucun rapport depuis deux ans. Il a sa vie, j'ai la mienne... qui n'en est pas plus gaie pour autant d'ailleurs... Seulement, il voudrait bien avoir une arme contre son épouse légitime : alors il me fait suivre !

— Seigneur !

— Oui, ce n'est pas très joli... je te le concède... Mais si je pars avec Michel sur la Côte d'Azur, Frédéric ne me fera pas épier car il ne supposera pas...

Elle laissa la phrase en suspens.

— Il ne supposera pas quoi ?

— Écoute papa, tu ne te figures pas que je vais m'enfermer dans une pension de famille sous prétexte que je traîne mon fils avec moi...

— Alors ?

— Eh bien mon Dieu, soupira-t-elle... il est possible, à Cannes... que je sorte un peu le soir... le casino, des amis... j'en ai beaucoup là-bas... tu sais ! Il est possible que...

— Tu ne veux pas dire que...

— Je ne veux rien dire du tout, mais tu peux imaginer... dans un palace, une jeune et jolie femme seule...

— Hélène !

— Quoi « Hélène » ? Tu es attendrissant mon pauvre papa ! Je ne vais tout de même pas vivre comme une nonne sous prétexte que Frédéric me trompe ! Moi aussi j'ai le droit de me faire plaisir...

— Tu me dégoûtes, mon enfant.

— Ça change quoi que je te dégoûte ?

— Je ne sais plus... Tais-toi ! dit-il dans un souffle.

Ses lèvres tremblaient.

Hélène voulut crâner, tenter de rire, mais l'expression employée par Armand l'avait profondément blessée.

— Oui, voilà où j'en suis, mon pauvre père. Et elle éclata en sanglots.

Armand n'avait pas le courage d'aller vers elle et de la prendre dans ses bras. Il était trop anéanti pour esquisser un geste de consolation. Dix heures sonnèrent sur la cheminée de la chambre voisine. « En effet, pensait Armand, heureusement qu'Alix n'a rien entendu. Je comprends pourquoi Hélène désirait l'absence de sa mère. Mais comment avons-nous mérité cela ? songeait-il, pourquoi ? »

Hélène ouvrit son sac et tenta de réparer le dommage causé par les larmes sur son maquillage savant. Sous les yeux, sur les pommettes, tout soupçon de poudre avait disparu. Avec des gestes précis, elle restaurait son visage.

Armand fixait les lames du parquet ciré. « Mon Dieu ! » gémit-il.

— Il y a bien une autre solution... mais je ne veux même pas t'en parler, tu vas bondir.

— Quoi ? Quelle autre solution ?

Elle se repoudrait, à nouveau frivole.

— Eh bien, dit-elle en rangeant ses instruments de beauté, eh bien tu pourrais nous inviter ici...

— Vous inviter ici ? Il ne saisissait pas.

— Oui, moi et...

— Et qui ? Armand scrutait sa fille.

— Oh ! pas mon petit chien, papa, comprends donc !...

— Quoi ?... Toi et... quelqu'un ?

Armand, pâle, s'était dressé d'un coup. Hélène, inconsciente, poursuivait :

— Bien sûr, ça simplifierait tout ! Il est charmant d'ailleurs... il aime la chasse, il monte à cheval...

— Sors d'ici, tu m'entends ? Sors d'ici !... Je ne veux pas te voir une heure de plus dans cette maison.

Armand lui avait attrapé l'avant-bras, la forçant à se lever.

— Tu me fais mal, papa, et c'est tellement inutile ce que tu dis...

— Va-t'en, sale petite...

— Oh, tu sais, les mots définitifs... moi... répondit-elle, en appuyant sa réflexion d'un geste insolent de la main gauche.

— Tu vas cesser, dis, tu vas cesser... ?

Il la secouait et commençait à crier, fou de colère.

Elle voulut émettre un rire, tout en cherchant à se dégager. Armand n'était plus maître de lui. Il la repoussa loin de lui avec une telle force que la tête d'Hélène vint heurter violemment la cloison. Elle glissa sur le parquet. Armand hurlait :

— C'est ça ma fille, c'est ça ma fille !... C'est ça, ça !...

— Armand !

Attirée par les éclats de voix, Alix se précipitait.

Armand s'arrêta net. Il aperçut Alix qui soutenait Hélène à demi evanouie. Il se detourna, puis quitta la pièce en pleurant.

Alix, agenouillee, tentait de ranimer sa fille etendue dans le grand fauteuil.

Hélène reprit complètement ses esprits et, regardant sa mère sans la voir, lui dit d'une voix sourde :

— Tu feras preparer les affaires de Michel, nous partirons demain matin.

D'un ton ferme Alix lui répondit :

— J'ai tout entendu ! Michel ne quittera pas cette maison !

Hélène redressa lentement la nuque, dévisagea sa mère et articula méchamment :

— Ma pauvre maman... Aucun de vous ne peut aller contre ma volonté ! J'emmène mon fils. La loi me l'a confié. Je suis sa tutrice légale... Vous ne voulez tout de même pas un procès... pour séquestration d'enfant... Vous perdriez...

IX

Cannes

Au centre de l'immeuble couleur gouache rose, accoudé au balcon de stuc qui prolongeait sa chambre à l'hôtel Miramar, Michel admirait la decoupe de l'Estérel et le jour déclinant. A quoi pensait-il ? A rien, sinon qu'il avait eu quinze ans la veille et que personne ne s'en était souvenu.

Tout avait commencé simplement. Il avait quitté Manorlaine pour une promenade en voiture avec sa mère. Il avait été un peu étonné qu'Hélène vienne le réveiller alors que le jour se levait à peine, mais, docile, il l'avait suivie. C'est seulement en arrivant à Argentan qu'il posa la question :

— Dis... on ne sera pas de retour à l'heure pour le déjeuner...

Ils s'étaient arrêtés dans un petit restaurant près d'un haras, et c'est là qu'il avait compris qu'il partait en vacances. D'abord il fut contrarié ; il était parti sans dire au revoir à personne, sans emporter aucun vêtement, comme s'il s'enfuyait. Hélène sut le rassurer, minimiser la chose et pour lui changer les idées se mit à lui raconter des histoires drôles. Il se détendit. Après tout, il n'était pas perdu puisqu'il était avec sa mère.

Domfront, Verneuil, Paris... sous la pluie. Michel apprit en cours de route que Béatrice, Bruno et leur nurse se trouvaient aux environs de Tarbes, chez leur grand-mère paternelle.

A Paris, quelques heures après avoir quitté le somptueux cabriolet Hotchkiss, ce fut la grimpée dans le wagon-lit du P.L.M. qui les emporta vers le Midi.

Dès Marseille, Michel était debout dans le couloir du wagon. Il écarquillait les yeux. Il se divertit en prenant son petit déjeuner au wagon-restaurant. Le balancement dû à la vitesse avait incité le serveur à lui conseiller de placer une cuillère dans sa tasse, pour éviter de voir s'échapper le café au lait... Il regardait tout comme dans un rêve éveillé : l'arrivée à Cannes, le taxi, la découverte de la Méditerranée et la joie de savoir qu'il allait habiter là. Le hall du Miramar, tout ce monde, tout ce bruit, comme c'était drôle ! Ici chacun parlait vite et en même temps. On aurait dit des oiseaux dans une volière.

Sa chambre, tout à côté de la suite qu'avait retenue Hélène. « Sa » salle de bains aux carrelages luisants, dont la baignoire bleu ciel ne ressemblait pas à celle de Manorlaine, vieille, écaillée par endroits. Le lit enfin, énorme et mou comme du beurre, l'armoire monumentale, avec des portes en miroirs et un téléphone pour lui tout seul, et puis, et puis encore... Tout avait été découverte ! Le déjeuner dans la grande salle à manger du palace, les domestiques en livrée, l'immense carte, la permission de se composer le menu dont il avait envie avec, pour terminer, un gâteau moka bien écœurant. Il apprécia la musique en fond sonore dans cette vaste pièce où des personnes aux gestes lents semblaient goûter des mets fabuleux comme dans les contes de Perrault. Tous ces gens qui s'exprimaient dans des langues différentes... Il pensa à la tour de Babel ! Il se sentait fier d'être là, de jouer au prince, de se retrouver seul avec Hélène que tous les messieurs regardaient avec admiration...

Les jours suivants, ce furent des courses à n'en plus finir le long de la Croisette, rue d'Antibes. Hélène achetait un trousseau complet pour son fils. Mais il connut son plaisir le plus fort chez le tailleur où, après qu'on eut pris ses mesures, Hélène lui commanda des culottes longues grises, deux vestes et un spencer noir pour le soir avec un gilet et un pantalon rayé... Michel avait piaffé, crié, sauté de joie de boutique en boutique.

« Ça c'est la vraie vie, alors... », songeait-il.

Hélène avait été d'une libéralité déconcertante : les chemises, les shorts clairs, le linge de corps, les chaussettes et chaussures... Michel eut droit non seulement à tout ce qui lui était nécessaire d'après sa mère, mais aussi à tout ce dont il avait subitement une irrésistible envie : des espadrilles, un pull-over rouge, un peigne de poche, et ceci, et cela...

Ils étaient allés goûter chez un pâtissier. Surexcité, il avala deux chocolats liégeois. Entre deux respirations, il abreuvait Hélène de protestations affectueuses.

— Heureusement que j'ai une maman comme toi. Heureusement que tu m'as emmené en vacances ! Ah... ce que je suis content ! Au fond... je m'ennuyais un peu là-bas, tu sais... sans toi ! Mammy et grand-père sont vieux maintenant, et Aurélie n'est plus drôle... Et puis Alexis ne parle jamais... tu comprends ?

Hélène l'écoutait renier tout ce qu'il aimait avec un amusement un peu amer, se disant que la trahison est d'autant plus facile à cet âge qu'elle est inconsciente et dissimulée derrière un voile de sincérité.

Michel, étourdi de surprises, enivré de contentements inconnus, alla jusqu'à dire à sa mère qu'il ne comprenait pas comment il avait pu vivre sans penser à toutes ces choses qu'elle lui faisait apprécier maintenant.

Il appelait Manorlaine « la propriété » ! Elle jouait à celle qui se laisse prendre au jeu des confidences. Cependant, lucide, elle éprouva un instant de remords. Ce n'était pas très propre ce qu'elle était en train de faire avec une certaine lâcheté. Elle se reprocha quelques secondes son égoïsme latent : enjôler cet être naïf et confiant à l'aide de coûteuses gâteries pour mieux l'asservir... Et puis, résolue, elle fit taire sa conscience. En toute malhonnêteté intellectuelle, faisant fi de la morale la plus élémentaire, elle s'efforça de se convaincre du contraire. Après tout, il devenait accessible ce gosse, et peut-être arriverait-il à s'acclimater... Cela lui procurait une impression charmante de penser que ce joli gamin blond assis en face d'elle était son fils obéissant et dévoué...

Michel, heureux, conquis, ne cessait de la remercier, lui prenait la main, embrassait ses doigts. Elle lui souriait.

Allons, tout allait bien, se disait Hélène qui ne prenait pas le temps d'être psychologue, ni celui de peser l'indélicatesse de son comportement et les conséquences qui pourraient en découler pour Michel. Celui-ci paraissait captivé et Manorlaine était si loin... Dans la bouche du garçon la région de la baie du Mont-Saint-Michel semblait appartenir à un monde révolu. Déjà il ne disait plus : « Je fais ceci ou cela avec Alexis, je fais telle ou telle chose avec Aurélie » ; il disait : « Je faisais du cheval. » Il s'exprimait déjà à l'imparfait...

Quant au futur, non seulement Hélène ne s'en préoccupait pas, mais elle se refusait absolument à y penser. Néanmoins, en guise de mesure préventive et surtout pour sa tranquillité d'esprit, elle voulut semer les graines de la discorde dans la tête du garçon. Elle attendit un moment propice pour décocher sa flèche dans l'oreille innocente, toute disposée à la croire.

Persuadée d'avoir accaparé la confiance de son fils, après avoir acquis sa reconnaissance, Hélène en profita pour glisser dans son esprit quelques mots empoisonnés qui, elle n'en doutait pas, feraient leur chemin. Prêtant à son regard une expression de tristesse, elle murmura d'une voix légèrement altérée par une émotion feinte :

— Tu sais... je ne voudrais pas trop parler de ceux qui vivent à Manorlaine... ils m'ont fait trop de peine... Imagine, mon petit Michel qu'ils ont voulu me séparer de toi...

— Non ?

— Mais si... mon pauvre enfant...

Derrière ses cils, elle avait épié l'effet de ses paroles. Michel n'avait rien répondu. Il avait baissé la tête.

Notant la réaction, elle se félicita ; la perfidie avait porté.

La fin de cet après-midi-là se déroula gaiement.

La soirée se termina en blagues au téléphone.

Ils jouaient à se parler d'une chambre a l'autre, raccrochant et se rappelant sans cesse pour se dire encore et encore bonsoir et bonne nuit en riant.

Michel s'endormit, épuisé, ravi, en constatant simplement qu'il n'avait jamais eu de lit aussi proche de la mer.

★

Les jours se succédèrent, apportant au gamin émerveillé impressions et sensations nouvelles. Il s'amusait de toutes ses forces, sans contrainte. Hélène, satisfaite de le voir épouser sa nouvelle vie à plein corps, à plein cœur, se gardait bien de faire la moindre observation, l'invitant, au contraire, à satisfaire ses désirs. Elle lui passait tous ses caprices, du moment que ceux-ci n'empiétaient pas sur sa façon de vivre.

Pour l'étonner, elle loua un canot automobile dans lequel ils s'installèrent pour se promener une heure par jour au large des îles de Lérins. Les cheveux de Michel étaient passés entre les mains d'un coiffeur à la mode. Ils se hérissaient maintenant « à l'américaine ». La plage aussi avait séduit le garçon... Ces matelas moelleux sur lesquels on s'étendait, ces parasols aux longues franges, ces jus de fruits qu'on dégustait les pieds dans l'eau. « Ah ! la la ! ce que c'est bon les vacances ! » Il trouvait extraordinaire aussi la façon dont le personnel de l'hôtel le traitait : « Oui Monsieur. Non Monsieur. Bien Monsieur. » Le gamin se rengorgeait. On était loin du « monsieur Michel » prononcé par Joseph. Il n'était même plus Michel car Hélène, pour s'amuser, avait décidé de l'appeler « Mike ».

— Tu comprends, c'est plus drôle. Je t'apprendrai quelques mots d'anglais et tu pourras dire que tu es allé en Amérique...

— Pourquoi ?

— Pour rire... répondait-elle.

Ainsi, tout doucement, le petit campagnard d'hier perdait notion de tout : le bien, le mal, la vérité, le mensonge.

Cela n'avait plus aucune importance : ce qui importait c'était de rire et de faire rire ! Michel avait très bien compris !

Quand on est en spencer, le soir, en face d'une maman très belle, endiamantée, laissant dans son sillage un parfum délicieux dans les plis soyeux d'une robe longue en satin vert céladon; quand on est assis, en homme, seul avec une dame éblouissante à une table carrée recouverte de damas et d'argenterie ; quand on boit autant de vin que l'on en a envie, quand on peut, quand on doit rire aussi souvent que la belle dame vous y invite, quand enfin on croit que « c'est arrivé », eh bien... il doit sûrement se passer quelque chose et il ne reste plus qu'à attendre la suite des événements...

Michel était flatté des regards qui suivaient Hélène lorsqu'elle traversait une pièce. Immédiatement les yeux se posaient sur elle, puis sur lui. Il rougissait en se sentant ainsi observé mais, prenant de l'assurance, il gonflait le torse et, s'asseyant à table, jetait un coup d'œil d'habitué à la carte des mets en déclarant : « De quoi as-tu envie ce soir ? »

Il était résolu à épater sa mère, il voulait l'étonner à n'importe quel prix. C'est ainsi qu'il regardait les convives des tables voisines, cherchant à les imiter. En peu de temps, Michel fit de détestables progrès et un jour, au cours d'un déjeuner, après avoir goûté une appétissante aile de pintade, il claqua le pouce et l'index avec succès en appelant : « Maître d'hôtel ! »

Hélène le regarda, surprise.

— Dites-moi, réclama Michel, cette volaille n'est pas fraîche ? C'est immangeable !

— Vraiment, Monsieur ? Bien Monsieur, je vais vous la changer tout de suite.

Le maître d'hôtel était assez estomaqué, mais moins qu'Hélène qui fixait son fils, immobile, la fourchette en l'air, l'œil écarquillé et la bouche entrouverte.

— Eh bien mon garçon...

C'est tout ce qu'elle pouvait articuler. Elle éclata de rire. Michel la contemplait, fanfaronnant.

— Toi... au moins... tu t'acclimates vite ! laissa tomber sa mère entre deux rires.

— Oh tu sais... si je ne faisais pas cela jusqu'à présent c'est que je n'avais pas l'occasion de le faire...

Hélène battait des mains. Michel était radieux. C'est tout juste s'il dit merci au serveur qui lui apporta une autre assiette. Hélène hochait élégamment la tête, chantant encore son rire.

— Tu sais, avoua-t-elle, ce qui m'amuse c'est d'imaginer la tête de ceux de Manorlaine s'ils te voyaient ici, en ce moment.

— Oh oui !... répliqua-t-il.

Mais, très vite, il sentit quelque chose lui serrer la gorge.

— Tiens... je n'ai plus faim, constata Michel en reposant ses couverts.

— Bois un peu, Mike, ça passera. Attends, je vais te servir.

— Je t'en prie, je peux le faire moi-même. Tu permets ? ajouta-t-il en emplissant le verre de sa mère avant le sien.

Enchantée, elle remarquait la nouvelle attitude de son fils, les yeux brillants.

Et la griserie continua au milieu d'un luxe effréné.

Sur la Côte d'Azur, le soleil d'automne est encore puissant. Les cheveux de Michel avaient éclairci. Toutes les journées passées dans l'eau ou sur la plage avaient bruni sa peau. Il s'était musclé à force de s'adonner à la culture physique, au ski nautique, au volley-ball et à la nage. Il était d'une beauté insolente. Son sourire était devenu constant. Il en jouait, moitié sûr de lui, moitié hésitant. Les soirs successifs amenèrent des surprises nouvelles : des restaurants, le casino où Michel n'alla qu'une fois. Hélène y rencontra des amis. Il n'avait pas très bien saisi ce qui s'était passé, mais sa mère s'était empressée de lui demander de rentrer seul à l'hôtel, ayant, disait-elle, une visite à faire à une vieille amie. Michel avait trouvé ça bizarre de rendre visite à une vieille amie à une heure du matin, mais il en avait conclu que... c'était ça la vie ! Il était lentement rentré à pied le long de la Croisette, en regardant les lumières danser et ricocher dans l'eau sombre. Il s'était couché et, comme il n'avait pas envie de dormir, il était passé dans la chambre d'Hélène afin d'y chercher une revue quelconque à feuilleter en attendant, non pas le sommeil, mais sa mère pour lui dire bonsoir.

Sur la coiffeuse, une multitude de pots, de flacons, de boîtes s'exposaient en masse inégale. Michel se demandait à quoi toutes ces choses pouvaient bien servir. Il jeta un coup d'œil sur la table où s'étalaient des magazines qu'il avait déjà parcourus.

Le garçon, déçu, reprit le chemin de sa chambre. En passant devant la table de nuit, il aperçut un paquet de cigarettes oublié. Il hésita, puis la tentation fut trop forte. Une allumette et... hop ! la première bouffée. Michel trouvait cela délicieux. Up... hup... il se mit à tousser et s'assit sur le grand lit. C'était bon. Drôle de petit tube blanc fragile qu'on allume et qui vous met un peu de feu dans la tête... Très curieux !

Michel chercha des yeux un récipient pour y déposer la cendre qui menaçait de tomber. Il marcha vers le cendrier.

« Tiens, qu'est-ce que c'est que ça ? »

Il apercevait un bout de papier bleu froissé qui gisait dans l'un des coins du gros récipient de cristal. « On dirait un télégramme, si je regardais ? » Oh, bien sûr qu'il le pouvait : personne n'en saurait rien !

Michel déposa la cigarette, se saisit du télégramme, le déplia doucement, le lut et fronça les sourcils. Qui était-ce ? Il le relut attentivement.

« Serai Cannes mardi. Tout à toi pour longtemps. Love. Gilbert. »

Gilbert ? Gilbert, répétait Michel cherchant qui cela pouvait être. Je ne connais pas de Gilbert, maman non plus ! C'est sûrement une erreur... C'est pourquoi elle a froissé ce télégramme ! La cigarette se consumait. « Tout à toi... Gilbert... Mardi... pour longtemps. » Qui pouvait bien écrire de la sorte à Hélène ? C'était quelqu'un qu'elle connaissait bien sans doute, autrement ce Gilbert n'écrirait pas : « Tout à toi pour longtemps. » Enfin, cela n'avait pas d'importance, il en parlerait demain à sa mère.

Il allait regagner sa chambre. L'odeur du tabac le fit retourner sur ses pas. Il alla vider le cendrier dans la salle de bains, jeta la cigarette puis, revenant dans la chambre, il refroissa le télégramme et le remit en place exactement comme il l'avait trouvé.

Michel n'arrivait pas à s'endormir. Il écoutait les bruits qui montaient vers lui: la mer ronronnante, les automobiles démarrant, freinant, passant. Le tabac l'avait barbouillé. Tiens ! des gens qui rentraient dans la chambre de droite contiguë à la sienne. Une femme et un homme. Ils en faisaient du bruit ! Tiens ! les robinets qui étaient mis en marche... Il y en avait du tapage dans un hôtel, la nuit ! Pourquoi riaient-ils comme ça, à côté ? Rire, rire, toujours rire ! Ça doit être fatigant à la longue, songeait-il en se retournant dans son lit... Et quand on n'a pas envie de rire, qu'est-ce qu'on fait ? On fait semblant, lui répondait une voix intérieure. Ça ne doit pas être drôle de faire semblant, se dit-il, pas drôle du tout.

Les gens qui venaient de rentrer devaient parler fort car Michel entendait un murmure confus dont quelques mots précis s'échappaient de temps en temps. Le peu qu'il entendit le fit rougir. Et puis il s'endormit.

Le lendemain il était sur la plage dès neuf heures, comme chaque jour. Hélène se levait toujours tard et Michel avalait hâtivement du café juste avant de se précipiter dans la mer. Il s'ébrouait ainsi toute la matinée et les jeux sur le sable succédaient aux jeux dans l'eau. Il s'était fait quelques « camarades », comme disait sa mère. Il discutait parfois avec eux et s'était vite rendu compte que le besoin de paraître était le véritable souci de la plupart de ses nouveaux amis. C'était à qui avait le père le plus riche, la mère la plus belle, le plus luxueux appartement. C'était à celui qui avait droit à plus d'argent de poche que l'autre. C'était aussi des affirmations d'avenir.

— Moi, je reprendrai les affaires de mon père, disait l'un.

— Je crois que j'aurai une grande entreprise, déclarait l'autre.

Michel ne voulait pas être en reste. A mesure qu'il parlait, il s'inventait un passé, un présent, un avenir.

— J'ai vécu jusqu'ici dans le château de mes ancêtres, affirmait-il, la bouche en rond comme les autres. Oui, en ce moment je me repose. Je m'occupe d'une énorme exploitation agricole, vous savez !

Et l'auditoire de faire semblant de s'extasier.

— Il est possible que je constitue un haras... Et patati et patata...

En dehors de quelques expressions snob employées par moments, Michel pratiquait volontiers le même vocabulaire que les autres garçons. Les grosses fesses des dames mûres étaient des « popotins », les visages disgracieux devenaient des « gueules », les nez importants des « pifs », et les personnes de poids des « patates ». Quant aux gens méchants ou supposés tels, ils se voyaient qualifiés de l'exquis surnom de « peau de vache », etc. Michel s'amusait de ces raccourcis et surnoms ironiques, mais s'il s'en servait, rarement, c'était pour ne pas avoir l'air différent

Cependant, il savait aussi se montrer joyeux luron. C'est ainsi qu'il fut pris d'un fou rire irrésistible lorsque le jeune Marcel Timinot entonna pour la première fois devant lui une certaine chanson :

Le duc de Bordeaux
Ressemble à ma sœur
Ma sœur à mon frère
Et mon frère à mon cul...
De là j'en conclus
Que l'duc de Bordeaux
Ressemble à mon cul
Comme deux gouttes d'eau...

Michel riait aux larmes en répétant ce couplet pour potache irrespectueux. Il se demanda si ce n'était pas le fait d'avoir pensé soudain à « tante Anne » qui avait provoqué son hilarité subite.

Ce matin-là, Michel trouva moins de monde sur la plage. Il fit de l'aquaplane en toute quiétude, remorqué par un puissant canot à moteur.

— Monsieur Perceval ?

— Oui, répondit-il au steward.

— Madame Marchand vous attend au bar de l'hôtel. Elle demande que vous vous changiez pour le déjeuner.

— Bon, merci.

Michel regagna sa chambre, revêtit une chemise blanche, son pantalon gris et son blazer bleu marine à boutons dorés puis, après s'être soigneusement coiffé, descendit vers le bar encombré du Miramar. Dans la cohue il finit par découvrir la table à laquelle Hélène gesticulait en parlant. Il fendit la foule distribuant des « pardon, pardon » par-ci par-là, au hasard. Il paraissait à son avantage. Son ensemble bleu gris lui donnait un air sérieux, surtout son pantalon long dont il était très fier.

— Bonjour.

Michel se penchait vers Hélène pour l'embrasser, mais elle lui tendit la main, en disant, comme si elle était surprise :

— Ah, c'est toi mon chéri ? Tenez, je vous présente mon fils, enchaîna-t-elle en s'adressant à son vis-à-vis.

— Enchanté.

— Très heureux.

Qui était celui-là ? Il ne l'avait jamais vu. Sa mère l'avait plusieurs fois présenté à des « amis » et « amies », mais jamais à celui-là, il en était sûr, il s'en serait souvenu.

— Qu'est-ce que tu veux prendre, mon chou ? questionnait-elle. Commande vite quelque chose car il est tard, nous allons déjeuner.

— Non merci, je n'ai pas soif...

— Comme tu voudras.

Hélène reprit sa conversation interrompue avec l'inconnu que Michel dévisageait.

— Vous comprenez, il me dit un sans atout. Bernard passe, alors je lui réponds...

A quoi ressemble-t-il ? se demandait Michel en examinant l'inconnu. A Alexis ? Non ! A Frédéric ? Non plus ! Ah si ! ça y était : à Pierre... le moniteur de gymnastique !

Le garçon se dit qu'il avait mis du temps à trouver parce qu'un moniteur, on ne s'en souvient que vêtu d'un costume de bain. Tandis que l'inconnu, dans son ensemble prince-de-galles...

Ils quittèrent le bar pour monter dans une Delahaye décapotable qui les emporta vers l'un des petits restaurants du port. Ils déjeunèrent calmement. Hélène parlait sans arrêt, racontant mille choses sans intérêt avec beaucoup de charme. L'inconnu acquiesçait. Michel restait silencieux, écoutait distraitement.

Il pensait qu'au fond, la grande vie c'était joli mais un peu ennuyeux ! C'est toujours la même chose : on a tout ce qu'on veut, alors on n'a plus envie de rien. C'est bizarre, se disait-il en finissant sa tarte aux pommes, tous ces gens qui passent leur temps à dire : « Allons déjeuner dans un endroit calme, j'ai horreur du bruit ! », ou encore « Le monde m'ennuie, c'est fatigant ! »... et le soir même ou le lendemain, ces mêmes personnes se précipitent avec frénésie dans ce qui, justement, est le contraire du calme. C'est drôle, songeait encore Michel, jusqu'à présent moi je croyais que les vacances c'étaient des jours de repos...

Il inspectait les bateaux qui semblaient dormir, rangés le long des quais. Hélène s'était affaissée dans son fauteuil, une cigarette à la main. L'inconnu choisissait un cigare dans une boîte que lui présentait le maître d'hôtel.

— Je voudrais une fine, demanda-t-elle.

L'inconnu en commanda deux.

— Comment vas-tu, Mike ? questionna-t-elle soudain, tu as l'air triste mon chéri.

Légèrement grise, les paupières mi-closes, le geste lent, elle semblait tout à coup se souvenir de l'existence de son fils. Il lui sourit.

— Ça va très bien, maman.

Les liqueurs furent déposées sur la table.

— Tu veux goûter ?

Elle lui tendait son verre.

— J'en voudrais bien un pour moi !

Hélène gloussa. L'inconnu le dévisagea.

— Après tout, si tu veux ! déclara-t-elle. Voulez-vous être gentil de lui commander une fine, Gilbert.

Celui-ci s'exécuta. Elle riait encore. Michel avait pâli. Gilbert ! Mais alors... alors...

— Tiens, goûte.

Michel prit le verre ballon, y trempa ses lèvres, avala machinalement, fit la grimace, toussa et reposa sa fine champagne, les yeux remplis de larmes.

— C'est trop fort pour lui, ça le fait pleurer, dit l'homme.

— Mais non, mais non... essaye encore Mike !

Il regardait alternativement sa mère et l'inconnu. Il comprenait, maintenant, le télégramme, c'était ça ! Maman et... Oh, pensa-t-il, que c'est laid !

— Eh bien Michel, réponds-moi, reprenait Hélène.

— Excuse-moi, veux-tu... dit-il en voulant se lever, mais je crois que je vais vous quitter. J'ai rendez-vous avec des camarades sur la plage.

— Si tôt ?

Le garçon avait mal à l'estomac, mal au ventre, mal au cœur : la nausée ! Ce qu'il venait de découvrir... horrible ! Maman et ce...

Debout, immobile, il fixait l'homme. Cet alcool lui avait donné le hoquet.

— Assieds-toi une minute, mon chéri.

Hélène lui prit une main, la tapota. Michel se sentit rougir. Ils échangèrent un long regard. Elle le lâcha soudain. « Écoute, Michel, écoute-moi. » Elle était embarrassée. « Pourquoi veux-tu partir ? Dis-moi, ce n'est pas vrai le rendez-vous avec des camarades, n'est-ce-pas ? » Il se taisait. Elle ajouta : « Tu vois, on ne peut pas mentir à sa maman. Alors, Michel, qu'est-ce que c'est ? Hein ? Dis-moi pourquoi tu veux partir. »

Michel se tenait raide, secoué par son hoquet intermittent.

— Excusez-moi, dit-il machinalement.

— Dis-moi mon petit, insistait-elle... C'est parce que tu as découvert quelque chose, quelque chose qui...

Le visage du garçon s'empourpra d'un seul coup.

Hélène ne réalisait pas à quel point elle le rendait ridicule, embarassant chacun en agissant ainsi. Le lieu et le moment étaient mal choisis pour une explication de cet ordre. Elle insistait stupidement :

— Tu as compris que... c'est ça, n'est-ce pas ?

— ... Oui !

Michel était écœuré mais s'efforçait de se rassurer : elle allait lui dire la vérité. Il allait comprendre. Tout allait redevenir clair entre sa mère et lui. Elle allait lui expliquer... Tout allait s'arranger. Elle allait...

Hélène gardait le silence, troublée à l'idée que Michel puisse savoir. Sans penser un instant à ce que son fils devait ressentir en ayant découvert cette situation particulière, ne songeant qu'à son bien-être, elle lui dit avec une simplicité dont la cruauté lui échappait sans doute :

— Eh bien... je te remercie d'être aussi discret... Enfin... de vouloir t'en aller... de nous laisser seuls...

Elle posa sa main sur le bras de l'homme : une sorte d'affirmation de possession, avant d'ajouter :

— C'est très bien mon chéri... très gentil... tu es vraiment un gentleman à présent, et...

Michel était déjà parti en courant.

Ne pouvant plus se retenir, il alla vomir en se cramponnant à une barque.

★

L'automne entraîna loin de la Côte une grande partie des étrangers et des Parisiens, ne laissant que les habituels oisifs qui ont horreur des déplacements : quelques millionnaires, plusieurs jolies femmes et ceux qui vivent toute l'année dans la région.

Michel s'était refermé comme un coquillage. Taciturne, il continuait ses ébats marins et mondains dans le sillage de sa mère. Pour lui, novembre se traîna à l'image de son désœuvrement. Il était lassé et dégoûté de tout ce qu'il voyait et entendait. Aux dîners, ses cols empesés le gênaient maintenant. Il se tenait figé dans la salle à manger de l'hôtel, se taisait, attendant avec impatience la fin des repas.

Hélène avait d'abord été désolee de cette attitude, puis elle s'était fâchée sans obtenir les résultats escomptés. Le comportement de son fils demeurait inchangé. Alors, comme elle s'ennuyait dans ses tête-à-tête avec ce garçon muet, elle commença à inviter des amis à sa table. Michel était présent comme un figurant inutile et restait coi, écoutant à peine la futilité des propos qui s'échangeaient autour de lui. Il soupirait, regardait son assiette et touchait à peine à ce qu'on lui servait.

Un soir, alors que sa voisine de table s'essayait à le faire parler, Michel lui répondit à mi-voix : « Laissez-moi tranquille, je vais très bien, ce que vous dites ne me concerne pas. »

Hélène surprit le propos et lui intima l'ordre de s'excuser.

— Excusez-moi, dit-il docile. Puis, déposant sa serviette, il quitta la table.

— Michel !... interpella Hélène...

Et comme il était déjà loin elle s'adressa à ses invités : « Ah ! ce garçon est en plein âge ingrat, excusez-le, voulez-vous... Excusez-moi... »

Chacun se récusa en roucoulant.

Hélène, qui avait absorbé trop de champagne, crut se rendre intéressante en ajoutant, entre deux soupirs :

— C'est de ma faute... l'amour maternel... je l'ai trop gâté.

Autour de la table, les flatteurs s'extasièrent sur la générosité d'Hélène. Celle-ci se récria, condescendit à retrouver son sourire, puis, à nouveau charmeuse, enjouée, mondaine, elle recopia le rythme léger de sa conversation.

Michel est remonté dans sa chambre. Il ôte son spencer et le jette sur une chaise. Ce vêtement qu'il doit revêtir chaque soir lui déplaît à présent.

Dans ses draps, il attend le sommeil qui ne vient pas.

Alors il réfléchit. Comme ces dîners sont insipides ! Il

s'y répète sans cesse les mêmes choses, à l'aide de mots prononcés sur le même ton compassé... Quel ennui !

Ces hommes, habillés « toujours pareil » avec leur smoking. Est-ce un uniforme obligatoire ? Ces femmes au buste trop dénudé, qui ricanent, les épaules ondulantes pour mieux faire scintiller leurs bijouteries, qui écrasent leur cigarette à peine allumée pour en demander une nouvelle à leur voisin... Ces gens qui commandent trop de choses à manger et qui laissent emporter leur assiette à moitié pleine...

Quel gâchis ! Tout cela doit coûter beaucoup d'argent. L'argent ! Énervé, le garçon gigote dans son lit. L'argent ! Encore une de ses découvertes. En dehors de celui qu'il voit gaspiller devant lui, il y a celui qu'il dépense lui-même tous les jours. Sur l'argent de poche que lui donne sa mère, chaque semaine, il n'arrive à rien garder et cependant il n'achète rien. Seulement il faut payer pour un journal, pour boire un jus de fruit, pour avoir le droit de s'asseoir au bord de la mer sur le sable ou pour se baigner. Il faut même payer pour aller faire pipi dès qu'on n'est plus à l'hôtel. Michel fait la grimace en revoyant l'image de ces femmes sans âge qui se ressemblent toutes, immuablement assises devant des soucoupes où stagnent des pièces de monnaie et qui attendent en tricotant sans conviction des choses informes dans des coloris à faire peur, qui attendent que le client, soulagé, veuille bien déposer quelques sous dans la faïence afin de dire un « merci » automatique. Quel métier !

Et ces gens qui mendient en disant « J'ai faim, monsieur », Michel aimerait mieux leur donner du pain et les faire déjeuner, mais Hélène lui a dit que ce sont des gens dont il faut se débarrasser en leur donnant quelques centimes...

Argent, monnaie, les pièces et les billets tournent dans la tête du garçon. Et ma mère ? Michel se dit qu'elle doit dépenser des sommes énormes dans cet hôtel. Elle ne se rend peut-être pas compte de ce qu'elle fait. Est-ce parce qu'elle est trop gentille... avec tout le monde... ?

Il s'endort sous une avalanche de billets de banque et

de pièces de monnaie qui tombent dans la mer où d'énormes poissons les avalent.

Au cours du déjeuner, il s'excusa de son brusque départ de la veille au soir. Hélène pardonna.

— Ça ne fait rien, ça ne fait rien mon chéri. Tu as fait preuve de personnalité. Mais ne recommence pas ! Ah, à propos, ce soir j'ai un cocktail... Alors ne rentre pas avant sept heures.

— Oui maman.

Hélène le quitta pour faire une sieste dans sa chambre. Michel ne comprenait rien à ces cocktails. Il avait cru d'abord que c'était une réunion de gens qui buvaient des choses fortes entre eux en se racontant des histoires drôles. Mais alors, comment se faisait-il qu'en rentrant il trouvait toujours sa mère dans son lit en train de se reposer du cocktail ? Et pourquoi fallait-il absolument qu'il ne soit pas là ? A présent, Michel approfondissait moins les quelques interrogations qu'il se posait encore à lui-même. C'était comme ça ! Bon, eh bien, c'était comme ça !

Il s'embêtait, se baignait moins, ne s'agitait plus sur la plage. La température avait fraîchi. Il traînait ses journées en promenades solitaires. Il essaya de comprendre mieux certains mots et leur changement de signification selon qu'ils étaient suivis ou précédés d'un autre mot. Le mot « amour » le fit longtemps réfléchir. Ne disait-on pas : « amour pur », « amour platonique », « amour fou », « grand amour », « faire l'amour »... ? Pourquoi tant d'expressions différentes pour dire qu'on aime quelqu'un, pensait-il. Du reste, les gens en parlent tout le temps. Ils ne pensent qu'à ça. C'est peut-être l'air d'ici qui provoque ces choses-là, se disait Michel. Sinon pourquoi la plupart des gens y viendraient-ils en voyage de noces ? C'est sûrement le pays qui veut ça...

Une nuit, vers la mi-décembre, Michel fut réveillé par les échos d'une discussion dans la chambre d'Hélène. La porte de communication étant restée entrebâillée, le garçon surprit des bribes de conversation. Il en conclut dans un demi-sommeil que le Gilbert en question s'appelait « gigolo » de son nom et que sa mère avait horreur de cette famille...

Une porte claqua et Michel se rendormit tout de suite après. De ce jour il ne revit plus Gilbert... mais il ne posa pas de questions.

Michel bâillait à longueur de journée. Il pleuvait depuis trois jours et il ne savait plus qu'inventer pour se distraire. Tout l'ennuyait depuis qu'il avait décelé les artifices de la vie cannoise. Après l'amusement et l'ivresse des premiers temps, il s'était laissé bercer par l'atmosphère ensoleillée du lieu et des plaisirs succédant aux plaisirs. Puis le rythme des découvertes s'était ralenti. Le fait de n'avoir aucune activité constructive, aucun but précis, commençait à lui peser. Aujourd'hui le doute s'installait dans sa tête : que faisait-il là ? Il se sentait malheureux, encore étourdi peut-être, mais à présent c'était par une sensation de vide. Il ressassait des pensées taraudeuses qui le mettaient dans un état dépressif.

Aussi, lorsqu'un certain soir Hélène, plus froufroutante que jamais, lui demanda :

— Quel est le cadeau de Noël qui te ferait vraiment plaisir ?

La réponse avait jailli :

— Rentrer à Manorlaine !

Cette résolution lui semblait l'unique solution à son problème. On avait voulu le faire entrer dans une ronde où évoluaient des personnages auxquels rien ne l'apparentait. Que faisaient ces gens ? Leur grande preoccupation était l'argent et, après l'argent, l'amour ! Etaient-ce là les sources de toutes les félicites ? Michel n'arrivait pas à admettre qu'autant de personnes desœuvrées puissent ainsi gâcher leur temps en agitation vaine. C'était donc cette vie-là que sa mère et son beau-père projetaient pour lui ? Qu'il se taille une place parmi ces ecerveles qui se souciaient surtout de leur nœud de cravate, batifolaient dans les salons comme des perruches et jugeaient tout avec insolence ? Souvent le garçon avait eu le réflexe de demander à ces beaux jeunes gens qui entouraient sa mère : « Mais que faites-vous donc dans la vie ? » Il n'avait jamais osé parler directement mais il lui arrivait de poser la question à Hélène qui répondait, volubile :

— Hervé ? mais mon chou, c'est un futur grand peintre... Freddy ? c'est le fils des champagnes Lafont voyons... Qui ? Maurice ? C'est un décorateur, oui, comme Jean-Pierre... Bertrand ? Il s'occupe de produits coloniaux. Emmanuel ? Oh, c'est très différent : il a tout Paris dans sa poche !

Michel ne comprenait rien à tout « ça ». D'instinct, il se méfiait. Il se sentait plus en sécurité auprès des êtres simples. Il s'etait fait un ami en la personne d'un vieux monsieur qui vendait sur la Croisette des lunettes de soleil aux verres bleus. Presque chaque jour il allait bavarder avec lui.

— Vous habitez près d'Avranches ? Ah, mon petit monsieur, comme je vous envie... Moi, je suis de Cherbourg. Je regrette la Manche, mais ma femme est d'ici... alors...

Cela avait commencé ainsi. Depuis, le vieux soliloquait, philosophait un peu. Michel écoutait et semblait apprécier ses confidences. Le vieux était heureux d'avoir trouvé une oreille attentive et Michel content de lui faire ce plaisir.

Les gens qui côtoyaient sa mère n'étaient pas tous des pique-assiettes. Il fut présenté à plusieurs industriels, à deux ou trois riches rentiers, à des veuves opulentes, à quelques banquiers célibataires de passage, à des acteurs... Mais auprès d'eux aussi, Michel se sentit déplacé. Les uns parlaient finances, offraient repas et boissons diverses avec une telle ostentation qu'accepter de boire du champagne en leur compagnie lui faisait l'effet de recevoir une aumône. Quant aux autres, ceux dont Hélène disait : « C'est une personnalité parisienne », qu'ils fussent barbouilleurs, décoraillons ou écrivassiers, le garçon les trouvait très énervés, un peu fous, dans leurs propos exprimés avec un manque de naturel suspect. Michel était parfois suffoqué, ahuri par les sottises échangées devant lui.

— Ma chère, quel décolleté ! Vous allez affoler ce pauvre Raoul !

Le pauvre Raoul en question n'avait rien vu, rien entendu, alors on insistait :

— Raoul, n'est-ce pas que le décolleté de Gladys est infernal ?

— Quoi ? Infernal ? Vous n'y êtes pas ! Il est tout simplement céleste, paradisiaque ! Celui qui pourrait y toucher serait transporté au septième ciel...

Chacun s'esclaffait, gloussait, s'étourdissait en se délectant de fadaises...

Michel entendit bien des choses sans en saisir le sens exact. Il pressentait que tout cela n'était pas très honnête et finissait par conclure qu'il n'avait rien à faire auprès de ces gens-là. Devant lui on parlait avec des mines entendues de « ce pauvre Jeannot que Max avait quitté », ou bien de « cette terrible Florence qui ne laissait plus cette adorable Luce sortir seule... ». On faisait encore allusion à l'inguérissable alcoolisme de Patrick ou au goût excessif qu'Hubert éprouvait pour l'opium.

Dans un flou assez démoralisant, la drogue, l'alcool, les vices et dépravations se révélaient insidieusement au garçon profane. Dégoûté, il tentait d'écouter sans entendre et de regarder sans voir.

Son esprit clair, disposé à la franchise, ne parvenait pas à admettre que l'usage du mensonge dût être considéré comme normal. Était-ce une nécessité de déguiser sans cesse la vérité ? Fallait-il apprendre sérieusement à dissimuler, à mystifier ? La tromperie était-elle la clé de l'équilibre ? Devait-il s'efforcer d'imiter ces gens-là ? Étaient-ce les règles du jeu de la vie ?

A cette idée, Michel se révoltait. Il sentait qu'il n'accepterait jamais de leur ressembler. La pensée de vivre comme eux, parmi eux, le répugnait. Il s'efforçait de détourner la tête et de rester sourd.

Toutefois il ne pouvait se précautionner contre tous, se préserver au point de tout ignorer.

Il avait été désorienté par les anecdotes concernant une vieille comtesse napolitaine aux cheveux teints, qui minaudait, couverte de pierreries splendides. Celle-ci, loquace et mutine, déclarait volontiers :

— Pourquoi voulez-vous que j'avoue quarante-deux ans alors que j'en parais moins... ?

En fait, elle en avait cinquante-six ! Michel l'apprit par une amie de sa mère qui le confia à Hélène en sa présence, entre deux ricanements.

Ce qui choquait le plus Michel, c'était qu'autour de lui on parlait d'amour comme d'une pratique. Jamais il n'était question de sentiments : seulement de coucheries. Cette découverte le déboussolait parce qu'il ne comprenait plus. L'amour ? Mais c'était aimer ! On aimait avec le cœur, les yeux, les sourires... pas les mains ! Pourquoi salissait-on tout ici ? Pourquoi Hélène parlait-elle d'amour à d'autres qu'à son mari, à ses parents ou à lui, son fils ? Pourquoi la comtesse napolitaine évoquait-elle son amour pour Leopoldo puisque celui-ci était son employé ? se demandait Michel avec un naïf bon sens. Elle a tellement d'argent qu'elle a pris un valet de chambre en plus pour se faire embrasser...

Au fur et à mesure qu'on cherchait à l'apprivoiser, à le familiariser, à l'attirer, Michel éventait les pièges, se méfiait. Sa nature saine l'empêchait de se mettre à l'unisson de ce déséquilibre où sa mère, inattentive, le faisait évoluer.

Sans le savoir, il se plaçait d'instinct dans une position de défense. Quelque chose lui faisait pressentir qu'il devait, pour sa propre sauvegarde, tout tenter pour échapper à ce milieu sulfureux. Au fil des jours, cette disposition d'esprit s'ancrait davantage en lui.

Accompagnant Hélène à une réception chez Maxime Riccio, architecte célèbre qui possédait une propriété au-dessus de Cannes, Michel se tint à l'écart des dialogues mondains et préféra rêvasser dans l'embrasure d'une fenêtre donnant sur des jardins et par laquelle on devinait au loin des miroitements sur la mer.

— Vous vous ennuyez chez moi, mon petit ami ?

C'était le maître de maison que le jeune garçon avait déjà rencontré deux ou trois fois. Il aimait bien ce sexagénaire chauve à la barbe blanche et au regard calme. Il appréciait son comportement réservé lorsque tous les autres débitaient leurs phrases oiseuses ou sarcastiques. Michel le trouvait « sympathique », ayant appris la signification de ce mot depuis peu.

— Il ne manque pourtant pas de jolies personnes ici... Quel âge avez-vous donc ?

— Quinze ans, monsieur.

— Ah, diable ! C'est un âge assommant ! Et comment occupez-vous cette quinzième année mon petit ?

— C'est justement ce à quoi je pensais, monsieur.

— Oh... oh ! Et c'est cela qui vous donne cet air grave ?

— Je ne sais pas, monsieur. J'ai un peu l'impression de perdre mon temps depuis que je vis ici avec ma mère. Vous comprenez, j'ai l'habitude des gens que je connais, les fermiers, les gens du pays ! Ici on me présente à dix personnes chaque jour et je ne retiens même pas leur nom... Là-bas, je n'ai jamais appris le nom des gens et je le sais... Et puis il y a Alexis... c'est mon oncle. C'est lui qui dirige le domaine où je suis né, c'est avec lui que je travaille. Je n'ai jamais autant pensé à lui depuis que je suis à Cannes et pourtant, je ne lui ai pas encore écrit... même pas une simple carte postale...

Disant cela il pensait à l'ukase d'Hélène : « Je t'interdis de téléphoner là-bas... et de leur écrire. » Il avait obéi et... le regrettait.

Maxime Riccio le regardait attentivement.

— Eh bien ! mais voilà où est la vérité. Vous l'avez trouvée tout seul. Où que vous soyez au cours de votre existence, si quelqu'un ou quelque chose vous manque, c'est que vous n'êtes pas à votre place. Il faut chercher ailleurs... Vous, vous ne cherchez déjà plus, vous avez de la chance. Et si vous devez rester encore ici, prenez votre mal en patience. Apprenez, écoutez, regardez. C'est un enseignement de certains usages qui vous sera offert en quelques mois.

— Mais je n'aime pas ce qu'on me montre, s'enhardit à dire Michel.

— Justement. Mais il faut tout connaître. Vous serez mieux armé... Ici, vous voyez des fous. Ils jouent la comédie de la vie en exagérant tout. Certains n'ont que des vices. D'autres au contraire ne sont pas dénués de qualités. Essayez de discerner les uns des autres.

Là-dessus Michel et son interlocuteur allèrent se rafraîchir au buffet dressé dans le living-room de la superbe demeure. Puis l'architecte entraîna le garçon dans une autre partie de la maison pour lui montrer des tableaux et des gravures. Michel s'y laissa conduire. Maxime était charmant, prévenant... Un valet de chambre vint lui dire qu'on le réclamait au téléphone, de Paris. Il s'excusa.

Alors que Michel attendait patiemment, Hélène surgit.

— Mais qu'est-ce que tu fais là ? Je te cherche partout !

— C'est monsieur Riccio qui...

Elle ne le laissa pas achever.

— Quoi ? Écoute Michel, nous allons rentrer... Je t'expliquerai ! En tout cas je ne veux pas que tu restes seul avec Maxime si l'occasion se représente. Allons, viens, nous allons dire au revoir...

Elle entraîna Michel déconcerté et vaguement gêné tout à coup, comme s'il avait été coupable.

Dans la voiture qui les ramenait au Miramar, Hélène lui chuchota :

— Un garçon de ton âge ne doit pas rester seul avec Maxime Riccio...

Michel, encore un peu plus écœuré, crut comprendre mais ne demanda aucun éclaircissement...

Au cours d'un dîner chez une baronne allemande fraîchement divorcée, Michel connut un autre type d'aventure.

Parmi tous ces convives plus ou moins maquillés, ses traits juvéniles rayonnaient de santé. La pureté de son regard lui prêtait cet air de visionnaire que reflètent parfois certains visages adolescents quand l'âge ingrat ne déforme pas leurs traits en mutation.

Après le repas, durant lequel il s'était ennuyé comme à l'accoutumée au bout d'une longue table, le garçon, une fois de plus, s'était écarté des groupes pérorants. Les portes du salon étant ouvertes à double battant sur les pièces adjacentes, il avait pénétré dans une bibliothèque.

Là, après avoir admiré les reliures sans oser y toucher, il s'était décidé à s'asseoir dans un fauteuil club.

Les voix et les rires lui parvenaient comme un lointain gazouillis. Il ferma les yeux et s'assoupit à demi.

A un certain moment il eut l'impression qu'un souffle lui balayait la figure. Soudain, avant qu'il ait eu le temps de réagir, il aspira une haleine chaude et sentit une bouche qui s'aplatissait sur la sienne. Affolé, il se dégagea, l'œil écarquillé, l'air farouche.

C'était Maryse Mercier, une toute jeune actrice qu'on voyait parfois en couverture des magazines de cinéma.

— Alors bébé, tu n'aimes pas ça ?

— Laissez-moi tranquille, lança Michel, indigné, les joues en feu.

La fille souriait mais semblait contrariée. Elle s'attendait à un tout autre accueil.

— Oh ! tu ne vas pas pleurer, dis ? C'était pour rire !

— Oui... oui... bien sûr, bafouilla-t-il.

— Donne-moi la main, retournons avec les autres, proposa-t-elle gentiment. Malicieuse, elle ajouta : Mais tu sais, il faudra que tu apprennes à embrasser.

Une demi-heure après, à l'abri de lourds doubles rideaux, Michel prouva à Maryse Mercier qu'il avait des dispositions... et même des idées plus précises... qu'il voulut réaliser.

La fille, attendrie et... contente, ne s'y opposa pas.

Michel quitta cette maison, un peu étourdi, mais... assez fier de lui.

Au lendemain de cette soirée, Michel décida de rentrer à Manorlaine. Il pensait : « Peut-être que si j'étais plus grand je pourrais m'adapter à cette existence... car enfin, il doit bien y avoir des êtres sincères dans cet univers-là ! Mais ils doivent être noyés parmi les autres et dissimuler leurs sentiments de peur d'attirer la dérision et les moqueries blessantes. »

Michel était déçu, plus encore qu'il ne se l'avouait. Il avait maintenant une image assez précise de sa mère alors que jusque-là elle était restée pour lui un personnage idéalisé. Il avait perdu bien des illusions en constatant que si la terre tourne suivant des lois bien établies, les hommes, eux, n'en font qu'à leur tête.

Il n'avait plus la moindre envie de connaître davantage les coulisses de ce monde qui, aux antipodes de Manorlaine, engloutissait les vérités fondamentales auxquelles il croyait.

Cet exil relatif l'avait transformé plus qu'il ne le pensait.

Il lui fallait rentrer, laisser tous ces pitres se griser, ces industriels spéculer, la comtesse avec son Leopoldo, Max avec les Jeannot, sa mère imiter les Maryse Mercier et laisser les villes sous leurs lumières factices. De tout cela il n'y avait rien à attendre de bon.

Mais il n'était plus à l'âge où l'on fait une fugue. Il était à l'âge où, les yeux dans les yeux, on dit à mère :

— Je veux rentrer à Manorlaine.

Il s'était exprimé sans crainte ni regret, simplement avec sincérité.

Hélène ne s'aperçut même pas que son fils avait le regard triste et l'air grave. Sans chercher à le retenir, le sentant déterminé, elle fit réserver son wagon-lit pour le 20 décembre.

C'est par la suite qu'elle prit conscience de s'être aliéné à jamais l'estime et la confiance de son fils aîné.

X

Le retour

MANORLAINE ressemblait à un décor pour un conte d'Andersen lorsque Michel retrouva son univers dans une lumière hivernale.

Avant même de défaire sa valise, il n'avait pu résister au désir d'aller tout de suite avertir son cheval qu'il était revenu. Il lui avait promis une très prochaine galopade en commun.

Puis, chaudement habillé, il entreprit une promenade heureuse, régénératrice. Il respirait à pleins poumons l'air glacé, le bout du nez et les oreilles un peu rouges, les yeux mi-clos. De sa main gantée il effleurait les fourrés qui frémissaient. Il lançait des cailloux aux branches qui, de haut, lui répondaient en cascades blanches de guirlandes enneigées. Les empreintes de ses pas semblaient marquer de son propre sceau les chemins du domaine. Il se plaisait à briser du talon la glace des flaques gelées pour le plaisir de réentendre le léger bruit de craquelure qu'il provoquait ainsi.

Alexis était venu le chercher à la gare pour repartir aussitôt vers Avranches ; de nouvelles machines agricoles devaient arriver en fin de journée.

Au manoir, Alix, Armand et Aurélie l'avaient accueilli dans une atmosphère d'émotion contenue comme s'il revenait d'un long voyage assez périlleux.

Les autres Anderly n'arriveraient que demain, c'est-à-dire Anne et Jean d'Hablaincourt, un point c'est tout. Patricia, enceinte de cinq mois, ne se déplaçait pas et restait avec Albert à Paris. Hélène sillonnait ses routes particulières qui ne la conduiraient pas à Manorlaine... Michel n'y pensait pas, n'y pensait plus. Trop heureux de se « ressourcer », il aurait voulu tout revoir à la fois. Alors qu'il se disposait à se précipiter au-dehors, Alix avait tendrement tenté de le retenir :

— Reste avec nous...

— Oh, mammy, je suis là, pour toujours... Laisse-moi aller faire une balade.

Personne n'avait tiqué sur le mot, pourtant inhabituel dans la bouche de Michel. De son fauteuil, frileusement blottie dans ses couvertures, Aurélie avait souri.

— Laisse, maman... Michel nous aime moins que le domaine, il a bien raison...

Gêné, Michel avait fait le pitre :

— Ah ! c'est cornélien ! Je suis écartelé entre deux sentiments... Ciel, ma tante ! Ciel, ma grand-mère !... Je fuis... Mon amante est la nature !

Cette réaction surprit Alix.

Aurélie, songeuse, avait murmuré après son départ :

— Tiens, tiens... nous l'aurait-on changé ?

Changé, ce garçon qui reprenait possession de son territoire d'un pied conquérant ? Changé, ce petit jeune homme au regard assuré qui, pour la première fois, faisait le tour du propriétaire comme si rien n'existait au monde que Manorlaine... et lui ? Égoïstement il oubliait Alexis et son affectueuse tutelle. Quiconque, à ce moment précis, aurait tenté de lui faire entendre cette vérité se serait heurté à un esprit fermé, incrédule. Retrouvant, inchangés, les moindres recoins de son royaume, comment aurait-il pu admettre que, lui, n'était plus tout à fait le même ?

L'euphorie l'aveuglait !

Il poursuivait sa randonnée solitaire, s'identifiant à celui qui reprend possession de son bien.

Marchant au hasard, ses pas le conduisirent aux abords de l'île Violet. Soudain il aperçut un monticule couvert de neige. Il se trouvait à l'endroit où Alexis avait enterré son chien. La vision de Turc bien vivant lui revint en mémoire. Sans hésiter, Michel s'accroupit et de ses mains gantées nettoya le terre-plein qui abritait les restes de ce fidèle compagnon des beaux jours.

Le garçon demeura sur place quelques minutes avant de repartir en direction du manoir, la démarche un peu moins allègre. Au fond, se disait-il, marcher tout seul, c'est bien... mais à deux... c'est mieux !

Il réalisa subitement que la présence d'Alexis lui avait manqué...

La santé d'Aurélie étant toujours précaire, Alix avait hésité à l'autoriser à quitter l'abri du château pour accompagner toute la famille à la messe de minuit. La jeune fille s'attristait, craignant une décision négative.

Michel se permit d'intervenir.

— Oh, mammy... tu ne vas pas l'empêcher de sortir juste au moment où je reviens... Ce serait trop vache !

A cette déclaration sincère mais irrespectueuse succéda un silence de plomb. Les personnes présentes en restaient bouche bée. L'incongruité du ton et des mots employés était inacceptable sous le toit d'Armand d'Anderly. Celui-ci apostropha son petit-fils d'une voix sèche.

— Je ne sais pas comment tu oses t'adresser à ta grand-mère de cette façon. On parle peut-être ainsi ailleurs, pas chez moi ! Prends-en bonne note si tu veux rester ici. Je ne tolérerai pas ce manque d'égard ni cette impertinence. Excuse-toi immédiatement !

Michel, honteux, bafouilla des excuses et dissimula ses joues en feu entre les bras d'Alix qui lui pardonnait en lui caressant la tête.

Peu après cet incident, chacun prenait place dans l'une des trois voitures. Dans celle d'Alexis, Aurélie souriait à Michel. Sur la route menant à Genêts, les véhicules dépassaient les fidèles qui, eux aussi, se rendaient à l'église, petites silhouettes noires dont certaines étaient encapuchonnées. Au passage, on échangeait mutuellement des signes avec les mains.

Il avait encore neigé dans l'après-midi. La nuit était claire, glacée. Une lune de nacre éclairait à perte de vue la blancheur cotonneuse des champs, leur prêtant des ombres fugitives en taches bleuâtres. Les couleurs légères se prolongeaient à l'intérieur de la maison de Dieu. Les lueurs rose-thé produites par les cierges allumaient des reflets dorés sur la chasuble brodée de l'officiant devant l'autel en bois sculpté.

La messe fut célébrée dans une émouvante simplicité, chantée avec une bonne volonté pleine d'ardeur par la chorale des jeunes du village. Le *Minuit chrétiens* résonna, fervent, sous les poutres de chêne entrecroisées. C'était attendrissant malgré les fausses notes.

Le retour fut très gai. Chacun se réjouissait à l'idée de se mettre à table, devinant qu'Alix n'avait pas manqué de commander un délectable repas de fête.

Dans la monumentale cheminée en pierre de la salle à manger où crépitait un gigantesque feu de bois, Joseph attendait, presque au garde-à-vous auprès de la longue table joliment décorée pour cette occasion.

Les couverts de vermeil luisaient doucement au milieu des guirlandes de houx. Les huîtres, la dinde truffée, le foie gras et le champagne rosé incitèrent les convives à se laisser aller à une franche jovialité. Alix et Armand échangeaient des regards, Alexis, détendu, bavardait avec Jean d'Hablaincourt qui, pour une fois, avait abandonné son air triste. Aurélie, les yeux brillants, ne put s'empêcher de déclarer son bien-être.

— Ah, qu'il fait bon vivre ! Joyeux Noël ! Joyeux Noël à tous !

Chacun s'empressa de lever son verre en même temps qu'elle, mais les visages se figèrent l'espace d'une seconde. On connaissait son état de santé désespéré...

Michel de son côté se sentait parfaitement à son aise. Il avait réclamé à Joseph du champagne, et encore du champagne, s'adressant au vieux domestique qui l'avait vu naître comme s'il était l'un des maîtres d'hôtel du Miramar.

Alexis se rendit compte que le garçon avait trop bu. Il se retint d'intervenir pour ne pas gâcher la soirée. Il serait temps, demain, d'exprimer sa pensée à ce gamin qui décidément avait contracté de fâcheuses habitudes. Comme pour le conforter dans cette idée, il surprit une réflexion tout à fait ridicule de la part de son neveu. De plus, la phrase était stupide. Faisant allusion à son verre à demi vide, Michel disait à Aurélie :

— Tu as vu ?... On boit le champagne d'une veuve... la veuve « Co-clicot » ! Elle a dû pleurer longtemps la veuve... pour avoir les yeux rouges puisque son champagne est rosé...

Aurélie ne souriait pas. Michel se mit à rire, tout seul, de son inepte plaisanterie.

Alexis allait le rappeler à l'ordre. Alix le devança.

— Michel, cesse de rire bêtement s'il te plaît !

Elle ajouta pour couper court à toute repartie possible :

— Nous allons passer au salon. Les cadeaux vous y attendent. Joseph a tout arrangé, merci Joseph !

Tandis que le vieux serviteur s'inclinait devant Alix pour exprimer sa gratitude, celle-ci donna le signal attendu pour se lever de table et se rendre au grand salon.

Michel, énervé, la démarche légèrement zigzagante, y parvint le premier après avoir quelque peu bousculé Jean d'Hablaincourt au passage, sans s'excuser. Ce dernier, surpris, murmura :

— Il me semble singulièrement métamorphosé, cet enfant !

Un majestueux arbre de Noël occupait tout un coin de la grande pièce. Le sapin, décoré de cheveux d'ange, de boules argentées, d'étoiles, rutilait à la lueur de minuscules bougies multicolores. La vision était féerique.

Tous les membres de la famille applaudirent. Joseph, rouge de confusion, venait d'apparaître portant le plateau à café.

Michel cria un « Bravo Joseph ! Joyeux Noël ! » qui eut pour effet de suspendre les sourires tant cet éclat de voix semblait intempestif. Comme si cette intervention déplacée ne suffisait pas, le garçon sans attendre davantage se lançait à la conquête de l'arbre en scandant : « Les cadeaux... les cadeaux ! »

Alexis serrait les poings. Ce manquement aux convenances les plus élémentaires, ce sans-gêne étalé l'exaspéraient. Le galopin méritait une paire de claques, séance tenante.

Avant que Michel ait atteint le sapin, sa grand-mère l'avait stoppé d'un mot sèchement lancé : « NON ! »

Le garçon s'immobilisa, stupéfait. Jamais encore Alix ne s'était exprimée à son intention sur ce ton autoritaire. Celle-ci, pour meubler le silence, ajouta plus doucement :

— Aurélie va se charger de distribuer les surprises à chacun. Assieds-toi, Michel ! Tiens-toi tranquille !

Ce dernier, penaud, avait trouvé refuge dans l'embrasure d'une fenêtre. Son regard croisa celui de son oncle. Ce qu'il y lut lui fit baisser la tête. Alexis l'observait sans complaisance et réfléchissait. A sa connaissance, personne encore ne s'était rendu compte que, depuis son retour, chacun avait été amené à lui adresser des réprimandes justifiées et... aucun compliment ! Il estimait cette situation déplorable, presque désastreuse, et quoi qu'il en soit intolérable. Trois mois avaient suffi pour chambarder la cervelle de ce gamin. Trois mois au loin, et toute une éducation, un système de formation seraient anéantis ?

Il s'effarait de devoir le constater. Toutefois, il tentait de se rassurer : il fallait peut-être attribuer les maladresses successives de Michel et ses étourderies à la joie que le gosse éprouvait à se retrouver brusquement au milieu des siens. Quoique ces incorrections réitérées...

Alexis voulait éviter de juger trop vite. Le pur-sang échappé de Manorlaine — bien malgré lui — était devenu plus impétueux parce qu'on l'avait fait vivre quelques semaines en plein désordre, sans autorité, en relâchant la bride... Il était grand temps de remettre les idées à leur juste place dans cette tête blonde par trop émancipée.

Dans les jours qui suivirent Michel accumula les gaffes et les impertinences. Il parlait trop fort, interrompant impoliment les uns ou les autres, s'adressait aux domestiques sur un ton inadmissible et répliquait, vite et vertement, à la moindre observation.

Son grand-père faisait de louables efforts pour ne pas laisser éclater sa colère, Alix l'exhortait à la patience. Aurélie le regardait dire et faire ses bêtises avec étonnement. Alexis, excédé, guettait le moment propice pour intervenir. Jean d'Hablaincourt observait le grand garçon avec un certain désappointement. Quant à Anne, elle ne cachait pas son énervement, et profitait de l'occasion pour rappeler qu'elle avait toujours dit que ce petit bonhomme était de la mauvaise graine. A présent, personne ne tentait de la contredire.

C'est par elle que l'orage éclata.

La famille se trouvait réunie après le dîner. Armand venait de commencer une partie d'échecs avec son gendre, Alix guidait les doigts d'Aurélie qui apprenait un point de broderie compliqué. Installée dans un fauteuil à côté de la cheminée, Anne faisait des mots croisées. Michel s'était assis près du feu et regardait les flammes tout en chantonnant. Alexis essayait de lire mais les la... la... la du gosse le déconcentraient. De plus, il estimait que fredonner ainsi, dans un salon où chacun respectait le silence des autres, était un manque total de savoir-vivre. Résolu à faire cesser ce bruit de vocalises, il referma son livre et, s'adressant à son neveu, lui demanda de faire part aux personnes présentes de ses impressions cannoises.

Michel, ravi de s'entendre sollicité et se réjouissant d'être tout à coup le centre d'intérêt, sauta sur l'occasion et sur ses pieds.

Il commença par décrire joliment les arbres qui agrémentent la Côte d'Azur. Les cyprès, les oliviers et les pins parasols firent leur entrée dans la pièce à la suite des bougainvillées, des lauriers-roses et des magnolias. Michel trouvait les mots justes et s'exprimait avec une certaine poésie.

A présent chacun l'écoutait attentivement. Il était enchanté de capter ainsi l'attention de tous. Prenant de l'assurance, il se mit à marcher de long en large, les mains dans les poches tout en discourant. Aux descriptions colorées succédèrent l'énumération des plantes odoriférantes. Les parfums de l'eucalyptus, du thym et du romarin embaumèrent soudain le salon. C'était agréable. Mots croisés, jeu d'échecs et broderie avaient été abandonnés.

Michel, de plus en plus sûr de lui, changea de sujet et, ce faisant, changea de ton, d'abord de façon imperceptible. Ayant parlé de la flore, il s'attaqua à la faune animale sans s'y attarder, bifurquant sur l'espèce humaine. Il dit que les gens qu'il avait rencontrés montraient des visages qui s'apparentaient à des oiseaux, des chiens, des poissons ou des pommes de terre.

On s'amusa de cette originale classification.

— Comme c'est vrai ! opina Jean d'Hablaincourt.

Michel, encouragé, se crut autorisé à détailler ses impressions. Il traça quelques portraits rapides : une vieille femme toujours vêtue de noir et blanc parlant sans arrêt devenait la pie, tel autre avec sa grosse bouche et ses yeux globuleux ressemblait à un mérou, tel homme au visage ridé à un boxer, etc...

Toute la famille se mit à rire de bon cœur.

Alexis se détendait, accordant à son neveu un indéniable don d'observateur et de conteur.

Enhardi par son succès, Michel voulut pousser plus loin.

— Les animaux... ce sont les mêmes qu'ici... sauf qu'il y en a beaucoup moins. Je veux dire qu'il n'y a pas de poulaillers, d'étables ou de porcheries... à Cannes... enfin, pas des vraies poules et des vraies vaches et des vrais cochons... et pourtant ils sont là tout de même.

Les assistants s'étaient tus, se demandant où le garçon voulait en venir. Michel, imperturbable, poursuivit son exposé sans se douter qu'il s'engageait sur un chemin scabreux.

— Oui... là-bas... les animaux sont déguisés en êtres humains... je ne parle plus de leur figure... mais de ce qu'ils représentent, enfin... de ce qu'ils font. Par exemple, les types trop fiers on les appelle des paons, les avares ce sont des rats, les méchants des serpents. Les hommes d'affaires... c'est des faisans ou des requins. Les filles bêtes, des bécasses... et puis il y a aussi les grues... mais là...

— Michel, ça suffit !

La voix d'Alexis interrompit le portraitiste avant que celui-ci n'ait dépassé les bornes de la bienséance.

Michel ne comprit pas le sérieux de l'avertissement. Il poursuivit sur sa lancée :

— Les poules... c'est les femmes qui sortent avec des messieurs differents tous les soirs, les coqs... c'est la même chose dans l'autre sens... et puis il y a les castors, les maquereaux... les...

Michel se trouvait a nouveau à côté de la cheminée, tout près d'Anne. A son tour, elle avait résolu de couper la parole à l'incorrect bavard en déclarant pour créer une diversion :

— Mon Dieu... ce qu'il peut faire chaud ici !

Furieux d'avoir été interrompu, s'estimant privé d'un succès mérité, Michel se tourna vers sa tante :

— Si tu as trop chaud, tu n'as qu'à sortir !

A peine avait-il terminé sa phrase qu'il essuyait une magistrale paire de gifles. Alexis, hors de lui, n'avait pas pu se dominer.

Michel, sidéré, une main sur sa joue écarlate, dévisageait son oncle. Avant qu'il ait pu retrouver ses esprits, Alexis ajoutait d'une voix dure :

— Monte dans ta chambre !

Le garçon sentait que des larmes allaient jaillir de ses paupières. Il tenta de parler. Alexis ne lui en laissa pas le temps. L'attrapant par un poignet, il lui fit traverser le salon dans toute sa longueur. L'ayant entraîné jusqu'à la porte dans un silence accablant, il ajouta en le poussant dans le hall :

— Va dans ta chambre ! Demain nous aurons une conversation.

Comme Michel hésitait encore à lui obéir, il ajouta :

— N'insiste pas ! Personne n'a envie de te dire bonsoir. Va-t'en !

Alexis d'un geste brusque fit claquer la porte.

★

Michel a mal dormi. Sa nuit a été courte, son sommeil chaotique. Au petit matin, l'humeur oscillant entre la honte et la rage, il a décidé de quitter son lit sur lequel il se tourne et se retourne sans arrêt. Il a chaud, il a froid, il ne sait plus ou il en est. Il ne comprend pas ce qui lui arrive et s'en inquiete.

Bien sûr, il a enfin réalisé qu'hier au soir il s'est conduit comme un goujat en voulant faire de l'esprit. Il regrette de ne pas avoir tenu compte à temps de l'avertissement reçu. Alexis a eu raison de mettre fin, brutalement, au déballage de ses bêtises. Il admet la réaction de son oncle. Il aurait dû la prévoir ou du moins supposer que les choses en arriveraient là. Il se reproche son manque de jugeote. Il aurait pu penser aux conséquences possibles avant de se laisser aller à poursuivre ses comparaisons inconvenantes.

Il s'accuse aussi de ne pas avoir su tenir sa langue en répondant insolemment à sa tante Anne. Bien sûr, c'est de sa faute à lui si ce qui est arrivé est arrivé !

Ce n'est pas la situation imbécile dans laquelle il se trouve à présent qui tracasse le plus le garçon. Il s'agit d'autre chose qui échappe à sa compréhension et qu'il cherche à analyser.

A Cannes, sa conduite était sage, il restait tranquille, se tenait à sa place et de préférence en retrait. Là-bas, il était l'enfant de Manorlaine en pays étranger. Il écoutait, observait, participant le moins possible à la vie quotidienne.

Or, depuis son retour, il était conscient de se comporter comme les gens de Cannes, comme s'il cherchait à interpréter ici le rôle qu'il n'avait pas tenu sur la Côte d'Azur.

D'où venait ce stupide réflexe ?

Là-bas, les caprices et les extravagances faisaient partie du décor, il aurait pu faire comme les autres. Et pourtant son instinct l'en avait empêché. Quel démon le poussait à se montrer maintenant, au milieu de ceux qu'il aimait, sous un éclairage qui lui avait toujours déplu et qui ne correspondait nullement à sa nature ? Le climat du Midi avait-il déteint sur lui ? Était-il atteint d'une sorte de maladie qui connaît une période d'incubation avant de se déclarer ?

Michel se sent mal dans sa peau. Il se sait fautif mais ne parvient pas à saisir comment il en est arrivé là.

Fatigué de se débattre dans les méandres de ses pensées, Michel s'habille à la hâte après avoir fait une toilette de chat.

Par la fenêtre de sa chambre il aperçoit un ciel blanc, translucide. L'air du matin est plutôt frisquet. Il n'est pas encore huit heures.

Il descend les escaliers de pierre en spirale en posant ses pieds avec précaution. Il préfère atteindre la salle à manger sans rencontrer personne. Le petit déjeuner doit être prêt. Il souhaite avaler son café au lait en toute hâte et... en solitaire. Ne sachant quelle attitude adopter devant l'un des membres de la famille, il veut boire quelque chose de chaud avant de s'enfuir dans la campagne.

La salle à manger est déserte. Sur la table, le pot de café fume. Michel prépare son petit déjeuner, s'assied et se dépêche de manger ses tartines. La voix de Joseph l'interrompt. Après les échanges de politesse, le vieux serviteur informe.

— Monsieur Alexis est passé tôt avant de partir pour Avranches. Il m'a chargé d'une commission pour vous.

— Ah oui ?

— Il demande que monsieur Michel vienne le retrouver à son pavillon au début de l'après-midi.

— Ah oui ?

— Monsieur Alexis a dit que vers trois heures...

— Ah... parce qu'il ne déjeune pas là ?

— Non, monsieur, je ne crois pas.

— Ah bon ! Merci Joseph.

— Monsieur Michel désire-t-il des œufs ?

— Non ! Non, merci ! J'ai fini ! Je vais sortir.

Le garçon est déjà debout, s'apprêtant à quitter la pièce. Soudain il se ravise et il ajoute à l'adresse de Joseph :

— Vous serez gentil d'avertir mes grands-parents que je ne serai pas là non plus pour le déjeuner... Merci Joseph !

Depuis plus d'une demi-heure, Michel rôde autour du pavillon d'Alexis. Il a marché toute la matinée. Son estomac ayant crié famine, il s'est arrêté à la ferme des Guillou pour leur demander de lui faire une omelette. Il est reparti aussitôt après l'avoir dégustée, prétextant une tournée d'inspection dans le domaine...

En fait, il a guetté l'heure à la montre Cartier de sa première communion qu'Hélène lui a restituée à Cannes. Il est à la fois pressé de retrouver Alexis et tourmenté par ce rendez-vous. Certes, il s'attend à une réprimande, mais il est incapable de deviner la sévérité du jugement qui va tomber.

De quelle humeur sera Alexis ? Encore en colère, calme, dur, indulgent, ou bien fera-t-il abstraction de l'incident ? Michel ne sait pas à quoi il serait bon qu'il se préparât. Avec Alexis... on ne peut pas savoir à l'avance...

Aussi, en pleine perplexité, exécute-t-il des cercles de plus en plus restreints autour du pavillon.

A trois heures moins cinq il frappe à la porte.

Alexis est dans son fauteuil, il lit en fumant sa pipe, les jambes allongées. Les talons de ses bottes posés sur les pierres de l'âtre lui donnent un air détendu. Les chenets de cuivre éclairent par instants un visage paisible, plutôt affable.

Cette attitude sereine provoque un grand soulagement dans l'esprit de Michel. S'il doit y avoir correction, elle sera douce. Quant à l'inévitable semonce, méritée, elle s'exprimera sans doute sur un ton sérieux mais amène, se dit le garçon.

Pour faire preuve de contrition sincère, Michel décide de se jeter à l'eau. Il espère aplanir les angles en faisant amende honorable avant de se faire tancer. Aussi c'est avec une certaine précipitation dans le débit qu'il se lance dans des explications justificatives. Il s'accuse, s'excuse, reconnaît son erreur et, sans aller jusqu'à dire que « toute faute mérite miséricorde », il s'arrange adroitement pour le laisser entendre.

Alexis a fermé son livre pour l'écouter. Il a vidé sa pipe sur le côté de la cheminée, et dans sa blague à tabac a puisé les pincées nécessaires pour s'en préparer une nouvelle. Après quoi il s'est à nouveau confortablement installé dans son fauteuil.

Depuis l'arrivée de son neveu, il n'a pas prononcé une parole.

Michel se demande comment il lui faut interpréter ce mutisme.

Résolument optimiste, il opte pour le côté positif. Alexis n'a pas l'habitude de se taire ou d'hésiter lorsqu'il a quelque chose à dire, se dit-il. Instantanément lui vient la pensée contraire : Alexis parle rarement...

Un peu troublé, le garçon, sur un ton qui se veut persuasif, se met à plaider sa cause : coupable, bien sûr, mais...

Il s'exprime assez clairement, reprend ses arguments précédents mais les énonce d'une voix plus posée.

Michel est debout, regardant Alexis de profil.

Celui-ci fait mine de ne pas bouger et ne manifeste nulle intention de répondre. Cependant Michel est persuadé qu'il l'écoute, et ce dialogue qui ne s'établit pas commence à l'alarmer. Que se passe-t-il donc dans la tête de son oncle ? C'est tout de même lui qui l'a convoqué ! Alors ? Il doit avoir quelque chose à lui dire... et il ne dit rien !

Le garçon sent les battements de son cœur s'accélérer.

Décontenancé, il se résout à aller à Canossa. Il se prépare à déclarer qu'il est prêt à toutes les réformes qui lui seront imposées. D'une voix qui s'essaye à la fermeté, il commence :

— Alexis... j'ai pris une grande résolution !

— Moi aussi !

Les deux mots ont été prononcés sur un ton tranquille, mais ils ont eu pour effet de couper le souffle de Michel.

Le silence s'installe entre eux. Les bûches crépitent.

Le garçon a l'impression qu'il n'a jamais entendu un feu de bois produire autant de bruit. Il se racle la gorge, toussote sans en éprouver le besoin et finit par prononcer d'une voix mal assurée :

— Tu... tu as pris une résolution ?

— Oui !

— Ah... et est-ce que je peux sav...

— Oui.

Alexis lui a doucement coupé la parole et, avant de développer sa pensée, invite son neveu à prendre place sur une chaise. Michel s'exécute en prononçant machinalement :

— Merci.

— Tu seras mieux assis pour entendre ce que j'ai à te dire.

— Ah bon ?

— Mais oui !

— ... C'est si grave que ça ?

— Grave ? Non. Nécessaire... oui !

— Tu me...

— Je ne te... rien du tout ! Tu as assez parlé ! A présent c'est toi qui m'écoutes.

— Comme tu voudras...

— Exactement !

Alexis se redresse. Avec des pincettes il titille les braises et replace une bûche qui menaçait de dégringoler. Après quoi il se lève et se dirige vers un buffet. Il s'empare d'un verre, se sert du calvados et revient à sa place.

Michel a ramassé une brindille sur le sol. Il la tourne, la retourne entre ses doigts, la fixe comme s'il en attendait une révélation. Le buste penché en avant, le souffle court, il attend.

Son inquiétude augmente en proportion des secondes qui s'écoulent.

Dans l'âtre, le feu pétarade.

Alexis vide d'un seul coup le contenu de son verre, le dépose sur une petite table auprès de lui, puis il rallume sa pipe avant de s'adosser à nouveau.

— Tu me facilites la tâche en reconnaissant que depuis ton retour ta conduite a été inadmissible. C'est bien d'avouer ses erreurs avant d'y être invité ou contraint. Cette attitude loyale... et adroite me plaît assez. Je t'en félicite. Ta franchise et ta lucidité me rassurent, car j'ai bien cru que tu étais tout à fait inconscient de la fâcheuse évolution de ton caractère. De cela je ne te tiens pas pour entièrement responsable. Tu as subi des influences néfastes pendant trois mois, il est rassurant de penser qu'elles ne t'ont peut-être marqué que superficiellement. Ce n'est pas de ta faute si tu es parti et...

— Mais je suis revenu !
— Tu es revenu, oui, mais dans quel état d'esprit ?
— Dans le fond... je n'ai pas changé !
— Dans le fond ? C'est ce que je veux croire.
— Tu dois le croire !
— Je dois surtout prendre des mesures qui t'aideront à récupérer ta véritable nature. Je ne te cache pas que ton comportement actuel étonne, irrite et blesse. Ton langage, tes manières sont proprement insupportables à chacun.
— Oui... je sais.
— C'est bien de le savoir, mais encore faut-il y porter remède.
— Je ferai tout ce que tu voudras.
— Je n'en doute pas.
— Je te promets que...
— Tais-toi, s'il te plaît !
J'ai eu une longue conversation avec ton grand-père hier au soir. Ce matin je me suis rendu à Avranches.
— Oui... je sais...
— Tu ne sais rien du tout ! Mais tu vas être très intéressé par ce que je vais t'apprendre. Écoute-moi bien ! Pour tenter d'effacer les séquelles de ton séjour cannois, je te propose une sorte de cure d'assainissement dont nous ne pouvons déterminer la durée dès à présent. Comme je ne crois pas aux guérisons miraculeuses, je suis incapable de te dire combien de temps durera ton absence...
— Mon absence ?
— Oui, Michel. Demain matin je te conduirai à Avranches. Tu t'installeras chez Mme Hoquepin. Elle est apparentée à l'un de nos métayers. Cette brave veuve vit avec son fils Charles dans une maison en bas de la grande côte. Tu y auras ta chambre et elle s'occupera de tes repas. Le matin tu accompagneras Charles à sa menuiserie. Ainsi tu pourras apprendre, entre autres choses utiles, à fabriquer des barrières, enfin à te perfectionner dans le maniement du bois. L'après-midi tu te rendras chez M. Pelletier. Ce professeur à la retraite accepte de t'aider à poursuivre tes études dans des matières que nous avons

déjà définies. En fin de journée, deux fois par semaine, tu rendras visite à l'abbé Clisson qui est disposé à s'occuper de ton instruction religieuse.

Au cas où tu te sentirais souffrant, le docteur Lebrun s'occupera de toi. Tu te coucheras de bonne heure parce que Charles Hoquepin part pour son atelier à six heures du matin et qu'il t'emmènera dans sa camionnette.

Voilà le programme que je te propose. Tu as parfaitement le droit de le refuser mais je te conseille de bien réfléchir avant de me répondre.

Michel est atterré. Il hésite entre les larmes et la révolte. Quoi ? A peine de retour on décide de l'éloigner à nouveau de Manorlaine ?... Parmi ses pressentiments les plus pessimistes, jamais il n'aurait pensé à une aussi cruelle punition. Anéanti, devinant pourtant que l'arrêt est sans appel, il murmure malgré lui :

— Et si je ne veux pas partir ?

— Tu pars tout de même !

— Comment ça ?

— Ton grand-père est un homme très bon, mais il y a certaines choses qu'il ne peut admettre. Il ne veut pas supporter sous son toit la présence d'un petit-fils qu'il ne reconnaît plus tant sa conduite est inacceptable. Il a pensé à t'envoyer dans un collège sévère, à Granville. C'est moi qui ai suggéré l'éloignement momentané vers Avranches.

Le garçon, consterné, cherche une riposte rapide et lance la première idée qui lui traverse l'esprit :

— De toute façon... ma mère n'aurait jamais accepté de me voir enfermé dans un collège !

— C'est un argument que j'ai avancé, figure-toi !

— Alors c'est seulement à cause de ça que...

— Non ! Mon père m'a répondu que, la loi étant pour Hélène, la solution la plus simple consistait à te renvoyer vers elle.

— Ce n'est pas possible !

Michel sent que la tête lui tourne.

La sévérité d'Armand d'Anderly envers lui le surprend et l'accable. Son grand-père ne veut plus de lui... il le chasse... Michel est prêt à s'effondrer en sanglotant.

Alexis se rend compte du désarroi du garçon. D'une voix plus douce il reprend :

— Mon père a parlé sous le coup de la colère. N'oublie pas ce qui s'est passé hier au soir... Moi je t'ai giflé. Lui n'accepte pas certaines choses... et, en tout cas, ne pardonne pas facilement l'insolence et la grossièreté, surtout de la part d'un être qu'il aime profondément.

Ne t'énerve pas, veux-tu ! Je ne t'ai pas tout dit !

Demain, en te menant à Avranches, je te remettrai un certain nombre de billets de banque. Avec cet argent tu pourras sur place subvenir à tes besoins. Tu pourras aussi prendre le train pour Paris. Le choix t'appartiendra.

Il y a trois solutions, vois-tu : ou bien tu décides de faire face à ta nouvelle situation et tu t'efforces de te corriger dans le sens désiré, ou bien tu tournes définitivement le dos à Manorlaine et tu pars retrouver ta mère, ou bien encore tu es assez lâche pour revenir ici en pleurnichant.

Je te déconseille vivement cette dernière possibilité. Mon père, constatant ton manque de volonté, se refuserait à te garder. Ta grand-mère et moi ne pourrions pas intervenir en ta faveur.

Qu'adviendrait-il alors ? Tu le devines...

— Vous n'avez pas le droit de me faire ça !

— Le droit, peut-être ! Le devoir, si !

Michel est affolé. Il sait, il sait qu'il ne pourra pas échapper à ce qui a été décidé pour son bien. Il est déjà convaincu qu'il est inutile de tergiverser. Cependant, malgré lui, il se rebiffe. L'idée de ce nouvel exil auquel il lui faudra bien se résoudre bon gré mal gré le démolit.

— Mais qu'est-ce que j'ai fait au ciel pour mériter ça ?

Alexis se lève pour vider sa pipe dans la cheminée tout en disant :

— Laisse donc le ciel tranquille et calme-toi. La durée de ton éloignement ne dépend que de ta bonne volonté. J'irai te voir à Avranches qui n'est qu'à une douzaine de kilomètres d'ici, comme tu le sais. Je ferai part de tes progrès à mon père. A un certain moment, si j'estime tes efforts satisfaisants, je viendrai te chercher pour passer le dimanche avec nous. Ainsi chacun pourra constater que tu es redevenu celui que tu n'aurais jamais dû cesser d'être.

Mais ne t'illusionne pas, Michel, il te faudra du temps pour te corriger toi-même. N'espère pas revenir dans un délai rapide. Tu as subi pendant trois mois de mauvaises influences, il est possible qu'il en faille tout autant pour...

— Oh non !

— Mais si, mon bonhomme.

— Oh non !... c'est trop ! Je ne pourrai pas !

— Tu pourras.

— Alexis... je t'en supplie...

— Allons mon garçon... pas de lamentations, s'il te plaît. Tu as quinze ans, tu n'es plus un bébé. Un peu de courage, que diable ! Je t'assure que malgré les apparences je suis et resterai ton meilleur allié. Je t'aime beaucoup, grosse bête... Allez... ne pleure pas. Ne sois pas ridicule. Tu sais bien que j'ai horreur des jérémiades...

Michel, en apprenant la durée probable de son isolement, ne peut résister à un élan impulsif. Il se jette dans les bras de celui qui vient de lui énoncer son verdict. Désemparé, l'esprit appréhendant le pire, le garçon cherche à être consolé. A cet instant il ne voit plus en Alexis le responsable de sa disgrâce mais l'homme chaleureux et juste auquel il a donné sa confiance absolue. Michel pleure sur son propre sort. S'il a le sentiment d'être durement traité, il sent que cet éloignement est nécessaire à sa reconversion. Il est persuadé que son oncle agit à son égard de façon constructive même si celle-ci est difficile à admettre.

Comme pour conforter le garçon dans cette impression, Alexis, qui le tient enlacé, lui murmure gentiment :

— Et puis... n'oublie pas que j'ai besoin de toi... Alors... ne me laisse pas tomber... bonhomme... Dis-moi que je peux te faire confiance. Dis-moi que tu vas te dépêcher de revenir ici...

Les larmes sont séchées. Michel redresse la tête, se degage, et après avoir reniflé un grand coup regarde son oncle bien en face.

— Je te promets de faire tout ce que je pourrai.

— C'est bien !

— Mais...

— Oui ?

— Tu viendras me voir souvent... dis ?
— Bien sûr, grosse bête ! Oh ! à propos...
— Quoi donc ?
La bouche d'Alexis ébauche un sourire. Il jette un coup d'œil malicieux en direction de son neveu.
— A ta place, j'irais voir ce qu'il y a derrière la porte qui donne dans la buanderie...
— Qu'est-ce que c'est ?
— Ce n'est pas parce que tu n'as pensé à personne pour Noël que moi je t'ai oublié...
Michel a déjà poussé le battant.
Dans la lumière déclinante qui pénètre par une petite fenêtre, le garçon discerne mal les formes, d'autant moins qu'il ne sait pas ce qu'il cherche.
Une sorte de grognement miaulant attire son attention. Il s'avance, se penche, s'accroupit devant une corbeille d'osier et s'empare délicatement d'une grosse boule bien vivante, une espèce d'ourson jaune moutarde aux poils noirs hérissés sur le dos, qui glapit.
Portant l'animal dans ses bras, Michel revient dans la pièce. Tout ce qu'il peut dire, c'est : « Oh... Alexis ! »
Ils échangent un vrai sourire.
— Ce qu'il est beau !
— Oui ! C'est un joli chiot de deux mois. Ce sera un berger allemand : belle race, fière et solide. Il deviendra très grand.
Michel caresse le bébé chien. Celui-ci, pour répondre aux attentions qu'on lui prodigue, lance ses pattes avant sur les épaules du garçon, lui lèche le visage avec fougue avant de mordiller ses mèches blondes.
— Il a un nom ?
— Il s'appelle Loup, tout simplement. Une seule syllabe à prononcer.
L'homme et le garçon se regardent, silencieux. Alexis devine la pensée de Michel et l'interrogation muette. Aussi lui dit-il d'un air grave :
— Ne te tracasse pas. Je saurai m'occuper de lui durant ton absence. Et puis... il faut bien que j'aie quelqu'un à qui parler de toi... Nous serons au moins deux à attendre ton retour.

— Trois ! Je te demande de monter Satan quelquefois pendant que je ne serai pas là.

— C'est promis. Ton cheval et ton chien seront les meilleurs amis du monde quand tu reviendras.

Michel prit crânement congé des membres de sa famille. Derrière ses traits tendus, l'émotion était parfaitement dominée. Aurélie, diaphane, le dévisagea tristement. Armand accusait à l'extrême son froncement de sourcils pour se donner un air sévère alors qu'il n'avait qu'un désir, serrer Michel dans ses bras. Il lui dit d'une voix ferme : « J'espère que ton voyage sera bon, cette fois, et... de courte durée. »

Alix, après avoir embrassé tendrement son petit-fils, se détourna pour cacher sa peine. Anne, croyant bien faire, lui confia un « je ne t'en veux pas... tu sais » qui ne provoqua aucune réaction de part et d'autre. Jean d'Hablaincourt se contenta d'un « à bientôt » affectueux.

Le garçon brusqua les adieux en se cramponnant au regard d'Alexis. Il lui lança d'une voix ferme :

— Alors ? On y va ?

La voiture démarra très vite.

Une demi-heure plus tard, Michel faisait la connaissance de la veuve Hoquepin et de son fils Charles. L'oncle et le neveu se séparèrent en se serrant la main.

Sur la route qui le ramenait à Manorlaine, Alexis songeait au garçon qui depuis leur conversation avait eu une attitude irréprochable, courageuse même. Il etait alle le trouver dans sa chambre de très bonne heure. Michel etait déjà debout, ayant terminé sa valise.

— Je n'emporte presque rien, tu sais. Juste des vêtements de travail, des trucs chauds, quoi...

— Je voulais te dire que, si tu le désires, nous pouvons très bien attendre les fêtes du nouvel an pour...

— Non ! De quoi ça aurait l'air ? Tout le monde sait que je dois partir... alors ? Je ne veux pas donner l'impression que je me cramponne ou que je cherche à ce qu'on change de décision. Et puis... je vais te dire... je ne sais pas si je pourrais tenir le coup en entendant chacun me souhaiter une bonne année... On tricherait tous... et ça, j'en ai pas envie. Non, Alexis ! Puisque je dois partir, je pars. Deux jours de plus ou de moins, c'est vraiment sans importance.

Alexis avait admiré cette façon de prendre les choses et de faire face à l'evénement sans dérobade...

Tout en conduisant il souriait à demi. Il avait craint que Michel ne supporte pas le choc. Il n'en était rien. Pourtant le coup avait eté rude. Le garçon avait su se comporter crânement et non sans un certain panache.

Cette intrépidité stendhalienne laissait tous les espoirs permis quant à l'avenir.

Alexis s'en réjouissait profondément.

★

La fin de l'hiver confirma les bonnes intentions de Michel Perceval. Adam et Mireille arrivèrent de Soissons pour les fêtes du jour de l'an. Elles furent d'autant plus ternes qu'il plut presque sans arrêt pendant huit jours. Les neiges laissèrent place aux boues dégoûtantes. Autour du château la nature semblait sale. On ne pouvait pas même se promener entre deux averses, les chemins s'étaient transformés en bourbiers.

La famille occupa son temps à lire, à jouer aux cartes ou au mah-jong et à subir — le moins possible — les sempiternelles conférences d'Adam.

Alexis, lui-même un peu désœuvré, ne fit plus bande à part, sauf pour s'occuper de l'élevage de « P'tit Loup ».

Le chiot l'amusait. Pataud, maladroit, encore fragile, il caressait déjà des idées d'indépendance qu'Alexis était bien résolu à lui faire passer. L'animal se laissait éduquer à ses heures mais guettait les portes entrebâillées pour s'échapper en tapinois. Le retrouver était alors toute une affaire, car il dénichait les endroits les plus invraisemblables pour se cacher : un poulailler voisin, les écuries, ou les placards de la cuisine.

Un jour, après des heures de recherches vaines, Alexis finit par remettre la main sur lui dans une baignoire vide sans comprendre comment le chiot était parvenu à y grimper.

P'tit Loup se faisait volontiers les dents, sur les pieds des chaises de préférence. Alix n'appréciait pas. Elle décochait des regards furibonds en direction du jeune chien, l'appelant « vilaine bête » à mi-voix. P'tit Loup semblait comprendre, penchait la tête, dressait les oreilles et remuait la queue avant de lancer un discret jappement qui voulait peut-être exprimer une sorte de repentir... passager. Il avait inventé un jeu auquel il s'adonnait souvent : s'emparer des coussins de plume du grand divan pour les traîner ailleurs, dans la cave, sous les meubles, derrière les arbres...

Alexis grondait, le corrigeait, lui expliquait, interdisait, et... P'tit Loup recommençait !

A la mi-janvier, Adam, Mireille et les Hablaincourt repartirent. Le château parut soudain très vide. Les pensées de chacun se tournaient d'instinct vers Michel. Sa présence manquait.

Lui s'était parfaitement adapté à sa nouvelle existence. Gentil et serviable avec la veuve Hoquepin, apprenti sérieux et assidu auprès de son fils Charles, attentif aux leçons du professeur Pelletier, respectueux des enseignements de l'abbé Clisson, Michel s'efforçait de ne décevoir personne.

Alexis recueillait discrètement des échos sur son comportement. Ils étaient tous à sa louange. L'homme aux yeux changeants s'en réjouissait. Il venait voir son neveu une ou deux fois par semaine. Il arrivait à l'improviste et emmenait Michel dîner avec lui dans une petite auberge, soit à Marcey-les-Grèves, au Val-Saint-Père, soit sur la route de Pontaubault. Ils partageaient avec joie les huîtres de Cancale, les petits crabes avant le gigot de pré-salé. Le garçon racontait en détail ses experiences de menuisier, Alexis donnait des nouvelles de la famille. Son père et sa mère étaient tristes : la santé d'Aurélie ne s'améliorait pas... Son chat Bonne Aventure était mort en tombant d'un toit. Joseph vieillissait beaucoup. Il devenait sourd et s'en cachait.

Albert avait téléphoné pour annoncer que Patricia lui donnerait bientôt un enfant.

Hélène se trouvait en Espagne. Alexis l'avait appris par une domestique en appelant l'appartement de l'avenue d'Iéna.

Frédéric Marchand passait l'hiver à l'Hôtel de Paris à Monte-Carlo...

Michel ne fit aucun commentaire mais détourna la tête pour regarder son chien qui somnolait à ses pieds.

Alexis amenait Loup avec lui chaque fois qu'il venait à Avranches. Le garçon était fou de son chien, lequel semblait lui marquer nettement sa préférence. L'animal le reconnaissait au son de la voix mais surtout à l'odorat. Alexis, qui savait comment on s'attache un chiot, avait pris soin de placer dans la corbeille de P'tit Loup un pyjama tout imprégné du parfum de la peau de son neveu, de sorte que le chien dormait en respirant l'odeur de son maître.

Michel demandait comment allait son cheval. Alexis lui répondait qu'entre eux trois l'entente s'était établie.

Ce soir-là, parlant sans réfléchir, il fit allusion à un projet de promenade en trio afin que le chien apprenne à suivre les différents rythmes de pas de l'étalon. Il ne revint pas sur l'argument car il avait senti que cette évocation troublait Michel et le peinait. Il regrettait sa gaffe mais elle était faite. Il ne pouvait rattraper.

Dominant sa jalousie et pour cacher un pénible sentiment d'exclusion, le garçon s'était empressé de poser cent questions au sujet de la gestion du domaine.

XI

Les grandes marées

DEPUIS six semaines, Aurélie n'était plus sortie de sa chambre. A Manorlaine on s'attendait au pire sans vouloir en parler.

Alexis prenait tous ses repas au château, cherchant à éviter le plus souvent possible que ses parents restent seuls en tête à tête. Il s'efforçait de les étourdir d'informations concernant les questions agricoles afin de les soustraire momentanément à leur douloureuse idée fixe.

Les visites du docteur Lebrun étaient devenues fréquentes. Au cours de la seconde quinzaine de mars, le médecin de famille demanda un entretien confidentiel à Alexis. Il lui apprit que l'état de sa sœur cadette entrait dans sa phase critique. A l'entendre, la fin d'Aurélie était imminente.

« Vous savez que j'ai veillé sur sa santé dès sa naissance. Sa constitution a toujours été fragile. Depuis près de six ans, elle souffre d'une maladie incurable que nous avons appelée "maladie de langueur" par commodité d'expression. Il s'agit, en fait, de la leucémie. Pardonnez-moi si je vous avoue mon étonnement qu'elle ait survécu jusqu'à présent.

« Or sa maladie est entrée dans sa phase ultime. Aurélie est atteinte de leucose aiguë et, après plusieurs rémissions, on a abouti à une acutisation irréversible. La science est impuissante.

« L'apparition de nombres de plus en plus grands de

globules blancs atypiques s'accélère. Votre sœur se meurt d'une insuffisance médullaire liée à un envahissement de la moelle par des cellules anormales.

« Je suis incapable d'arrêter le processus infectieux et hémorragique interne ou externe. Le sang ne coagule plus... vous comprenez ?... J'ai remarqué depuis un certain temps l'apparition de taches grenat sur sa peau. Ce sont des symptômes d'hémorragie cutanée appelés purpura. Elle a de fréquents saignements de nez. De plus, sa fièvre est permanente parce que les globules blancs sont devenus quantitativement et qualitativement inopérants, d'où la fièvre, les hémorragies et la fatigue.

« Ce sont les trois signes cardinaux des leucémies.

« Ayant perdu tout appétit, elle ne se nourrit presque plus et, de ce fait, ses dernières forces de résistance disparaissent. Elle est lasse de façon permanente, une fatigue... lancinante, dirais-je... avec des poussées d'idées suicidaires à cause de l'anémie, à cause de son asthénie croissante de plus en plus invalidante : asthénie physique, psychique et intellectuelle. Le moindre effort lui coûte.

« Elle ne souffre pas... pas excessivement veux-je dire... car les os ne sont pas encore atteints. Néanmoins je lui administre de la morphine.

« La petite ne se doute de rien. Croyez bien, mon cher Alexis, qu'il m'en coûte de devoir vous avertir mais... maintenant... c'est une question de jours... Pardonnez-moi d'avoir recours à vous, mais je souhaiterais que vous m'aidiez à préparer votre père et votre mère à l'inévitable. »

Alexis demanda au vieux praticien de lui laisser seul le soin de remplir cet affligeant devoir. Le brave homme acquiesça avant de repartir pour Avranches.

Le soir même, en fils attentionné, Alexis remplit sa douloureuse mission.

L'epreuve fut très dure pour les trois Anderly.

Alexis, avec tendresse et d'une voix mal assurée, s'exprima de la façon la plus simple, évitant de livrer des détails inutiles et impressionnants. Ils restèrent ensemble un long moment sans prononcer une parole, anéantis par la terrible certitude. Et puis Alexis questionna :

— Et Michel ?

Alix livra son sentiment : il ne fallait rien lui dire encore. L'affection qu'il portait à Aurélie était profonde. Mieux valait éviter qu'il gardât en mémoire le souvenir d'une jeune agonisante. Alix imaginait trop l'impression que Michel pourrait ressentir devant un pareil spectacle, et s'angoissait en songeant aux conséquences d'un tel choc sur un esprit aussi sensible.

Il fut donc décidé qu'on n'avertirait pas Michel.

★

Un peu avant six heures du matin Aurélie s'est éteinte dans les bras de sa mère, en présence de son père, de son frère Alexis et du docteur Lebrun. Ce dernier, réveillé en pleine nuit, était accouru à Manorlaine pour adoucir les derniers moments de la jeune fille en lui administrant de la morphine. Aurélie est partie, inconsciente, sans souffrir. La douleur morale étant le lot de ceux qui restent, derniers témoins de la mort d'un être aimé.

Les trois hommes ont transporté dans sa chambre la malheureuse Alix, à demi évanouie. Armand, les traits ravagés par le chagrin, s'est aussitôt assis à son chevet, prenant affectueusement l'une de ses mains dans les siennes, tandis qu'Alexis raccompagne le médecin jusqu'à sa voiture.

Ils parlent bas, doucement, et le moins possible.

Il n'y a plus rien à dire.

Il est près de huit heures du matin lorsque Alexis pénètre dans l'office.

Joseph ne frotte pas l'argenterie disposée devant lui. Un simple coup d'œil échangé entre le vieil homme et celui qui vient d'apparaître leur évite de parler pour se comprendre.

Alexis demande que l'on prépare du café très fort pour lui et des infusions de tilleul pour ses parents. Le fidèle serviteur acquiesce d'un signe de tête. Dans la cuisine adjacente on a entendu ce court dialogue. Les femmes se mettent à pleurer.

Joseph regarde par la fenêtre un couple blanc de pigeons-paons qui se pourchassent avec entrain dans les premiers rayons du soleil. Ses yeux s'embuent.

Mourir le jour où l'on fête l'arrivée du printemps !

Dans le hall, Alexis est au téléphone. Il a joint Charles Hoquepin à son atelier. Sans lui donner d'explications, il lui demande d'amener Michel à Manorlaine le plus tôt possible. La camionnette est en panne ? Qu'à cela ne tienne ! Il faut la réparer rapidement ou trouver un autre véhicule. Alexis insiste, parle d'urgence sans dire de quoi il s'agit. Il veut éviter que Michel apprenne la nouvelle par l'intermédiaire d'un étranger. A l'autre bout du fil, Charles Hoquepin, pressentant la gravité d'une situation qu'il ignore, s'engage néanmoins à agir au plus vite.

Après avoir raccroché, Alexis monte jusqu'à la chambre de sa mère afin de lui faire prendre un calmant remis par le docteur Lebrun à son intention. Il trouve ses parents non pas éplorés comme il aurait pu s'y attendre, mais abîmés dans une tristesse morne, apathique. Leur douleur impassible est très impressionnante. L'expression de leur visage est empreinte d'une sorte d'étonnement figé. Alexis respecte leur mutisme et c'est en silence qu'il les oblige à avaler l'un et l'autre les cachets.

Il les quitte au moment où Joseph frappe à la porte, apportant le plateau avec les infusions. Il avertit discrètement ce dernier qu'il compte sur lui pour apporter du café dans la chambre d'Aurélie où il se rend à présent. Alexis se doit d'accomplir un acte qui lui déplaît mais auquel il ne peut se dérober. Aurélie est morte depuis près de trois heures. Il est grand temps de faire sa toilette. S'il se substitue à sa mère pour cet office particulier, c'est pour lui éviter une tâche atroce, une épreuve intolérable. Alix est trop accablée pour s'imposer ce bouleversant devoir.

Une lumière pâle pénètre entre les rideaux de cretonne, éclairant à peine les murs tendus de toile rayée rose et blanc.

Sur son lit aux voiles d'organdi, la jeune fille paraît dormir. Ses cheveux épars sur l'oreiller sont retenus autour de la tête par un ruban de satin blanc qui dégage le front. Aurélie tient un crucifix d'ivoire dans sa main droite dont la chair sans vie a pris la couleur. Des odeurs mêlées de fleurs d'oranger et d'héliotrope flottent dans la pièce. Sur la commode d'acajou, les candélabres d'argent encadrent la délicate pendule d'albâtre toujours arrêtée, dont les aiguilles marquent trois heures.

Joseph frappe doucement avant de pénétrer dans la chambre, arrachant Alexis à son attristante rêverie. Sans dire un mot le vieux serviteur lui tend une tasse de café. Alexis avale rapidement le breuvage et rend le récipient à Joseph, en s'adressant à lui :

— Vous allez m'aider, s'il vous plaît.

— Oui, Monsieur Alexis.

— Il faut faire vite.

— ...?

— La rigidité cadavérique... vous comprenez ?

— Mais Monsieur...

— Oui... je sais que je vous demande un effort pénible mais...

— ... Ce sont les femmes qui, en général...

— Oui Joseph. Mais c'est avant tout un devoir familial et vous savez bien que nous vous considérons comme faisant partie de la famille. Je ne veux pas que ma mère intervienne, mon père encore moins. C'est pourquoi j'ai besoin de votre aide et vous allez me la donner.

Instinctivement ce dialogue s'est échangé à voix basse. Les mots ont été prononcés avec une sorte d'émotion froide, virile et complice à la fois. L'affliction des deux hommes est certaine. Ils préfèrent néanmoins ne pas la laisser transparaître.

Une heure plus tard, Aurélie repose sur une couche impeccable. Les boucles brunes harmonieusement disposées encadrent son visage de cire. Sur sa poitrine, les mains jointes sont posées sur la croix d'ivoire. Joseph a fermé les volets et tiré les rideaux. Alexis a allumé les bougies blanches dans les candélabres qu'il a placés sur les tables de nuit de part et d'autre de la couche. Au-dessus de l'une d'elles, fixée au mur, une Vierge ancienne en bois doré laisse miroiter les plis de sa tunique à la lueur des bougies. Les deux hommes quittent la pièce.

Dans l'escalier, Alexis demande à Joseph de faire monter deux par deux et à tour de rôle les femmes qui sont à la cuisine afin qu'elles veillent la jeune morte. Il ajoute :

— Je dois aller à Genêts prévenir le curé et aussi voir le charpentier... Il est inutile de préparer quoi que ce soit pour le déjeuner. A mon retour, si mes parents sont en état d'avaler quelque chose, je viendrai vous faire part de leurs désirs, mais je doute qu'ils éprouvent de l'appétit. Durant mon absence, veillez à ce que leur appel soit entendu s'ils sonnent.

Ah ! j'allais oublier... Au cas où Monsieur Michel arriverait d'Avranches pendant que je ne suis pas là, empêchez-le de monter dans les étages et surtout ne l'informez pas. Dites-lui que c'est moi qui lui ordonne d'aller m'attendre dans mon pavillon... Vous pouvez ajouter que son chien s'y trouve. Cela l'incitera à s'y rendre sans poser trop de questions, lui évitera de rencontrer mes parents et, ainsi, vous n'aurez pas à dissimuler la triste vérité.

Merci Joseph. Merci pour tout. A plus tard.

Au rez-de-chaussée ils se séparent.

L'un va donner ses directives aux cuisines, l'autre s'éloigne du manoir à grandes enjambées.

Alexis a hâte de prendre une douche, un bain, de se laver, de changer de linge. S'il le pouvait, il aimerait changer de peau.

Il n'a jamais avoué à personne la répugnance qu'il éprouve pour la mort. Non qu'il en ait peur pour lui-même, il y a longtemps qu'il s'est familiarisé avec l'inéluctable, ce qui lui fait horreur c'est l'idée de la lente décomposition charnelle d'un être cher. Alexis a eu longtemps des cauchemars immondes où il croyait voir à l'intérieur des cercueils. Heureusement ces hallucinations macabres ont disparu de son esprit depuis des années. La dernière fois qu'il a eu de telles visions, c'était après l'accident qui a coûté la vie à son frère Alain et aux enfants d'Hablaincourt. Plusieurs nuits de suite il les avait imaginés dans leur bière en train de fondre... c'était hideux !

A cette époque il avait encore rêvé qu'Aurélie et

Michel se noyaient ensemble. Et puis, peu à peu, ces sinistres images s'étaient estompées pour ne plus revenir.

Marchant vers son pavillon, il y repense sans trop savoir pourquoi.

La mort d'Aurélie l'afflige profondément, mais ce qui le consterne c'est l'accablement de sa mère. Le désespoir d'Alix le bouleverse plus que son propre chagrin. Il est moins inquiet pour son père dont il connaît la force de caractère.

Ce qu'il craint avec une lourde anxiété, c'est la réaction de Michel. Lui dire ne sera pas facile, mais plus difficile encore sera de lui faire admettre la déchirante réalité. Alexis connaît bien son neveu. Il sait aussi son attachement pour Aurélie, alors...

Alexis pousse la porte de son refuge. Le chien se précipite vers lui. P'tit Loup aboie joyeusement. Il a faim. Alexis lui prépare une pâtée. Tandis que le chiot se jette sur la nourriture et avale gloutonnement, lui va prendre son bain.

Il sort de l'eau, s'étonne de se sentir aussi détendu. Il a l'impression bizarre d'avoir rêvé tout ce qui s'est passé depuis la nuit dernière.

En s'habillant il jette machinalement un coup d'œil par la fenêtre. Sur la façade du château les volets clos de la chambre d'Aurélie ont vite fait de le détromper.

Alexis est prêt. P'tit Loup aussi. Le chien remue la queue, se réjouissant à la perspective d'une gambade. Il abandonne la ceinture qu'il était en train de mâchouiller. Alexis récupère son bien et place autour de ses reins la lanière de cuir à boucle d'argent. Puis l'homme au regard changeant s'accroupit un instant et se distrait quelques secondes en expliquant à l'animal, apparemment attentif, qu'il lui faut rester là pour attendre Michel.

Après quoi il saute dans sa voiture.

Tandis qu'Alexis se dirige vers Genêts, Joseph s'installe sur une banquette de chêne dans le hall du château. Il croise les bras et regarde par la porte vitrée. De là, sentinelle attentive, il ne risque pas de manquer l'arrivée de Michel.

A côté de lui l'horloge se met à sonner les douze coups de midi.

Deux heures plus tard Alexis range sa voiture près de son pavillon. Entrant chez lui, P'tit Loup l'accueille avec cabrioles et jappements joyeux. Pas trace de Michel. Il s'inquiète. Qu'est-ce qui se passe ? Il y a près de six heures qu'il a parlé avec Charles Hoquepin, et Avranches n'est qu'à douze kilomètres...

Tracassé, il quitte son pavillon, P'tit Loup sur ses talons. En arrivant au manoir il trouve Joseph, toujours de garde dans le hall, qui se lève à son arrivée.

— Monsieur Alexis, le fils de la veuve Hoquepin a téléphoné.

— Il y a combien de temps ?

— Oh... un quart d'heure à peu près.

— Et alors ?

— Il a dit que sa camionnette n'avait été réparée que vers midi. Ils sont partis tout de suite mais, juste après avoir dépassé Le Fougeray, ses pneus avant ont éclaté... Mais...

— Un accident ?

— Non... non, mais le temps de réparer... Il a dit que Monsieur Michel était parti à pied pour venir ici... et...

— Du Fougeray ?

— C'est ce que j'ai compris !

Alexis regarde l'heure. Le village en question n'était qu'à trois kilomètres de Genêts et Michel avait l'habitude de la marche.

— Bon, merci Joseph. Je vais aller à sa rencontre.

Alexis s'apprête à ressortir avec le chien. Joseph intervient :

— Vous risquez de vous croiser. Il paraît que Monsieur Michel a dit qu'il prendrait à travers les terres pour aller plus vite.

— Alors... il n'y a plus qu'à l'attendre. Il ne devrait pas tarder. P'tit Loup ! Couché ! Là !

Alexis s'assied sur la banquette cirée et invite Joseph à prendre place à ses côtés. Celui-ci hésite. Alexis insiste.

— Allons... vous n'allez pas faire des manières ! Mes parents ?

— Monsieur et Madame ont sonné, je suis monté. Ils cherchaient après vous. J'ai dit que vous étiez allé à Genêts pour... et que vous n'alliez pas tarder à rentrer. J'ai dit aussi qu'on attendait Monsieur Michel... et puis...

— Et puis ?

— Et puis... j'ai dit que... vous vous étiez occupé... de Mademoiselle Aurélie...

— Très bien.

— Monsieur et Madame se sont rendus dans sa chambre. Moi je suis revenu ici pour guetter.

— Où sont-ils à présent ?

— Sans doute de retour dans la chambre de Madame. Catherine, la laveuse, est venue me dire que Monsieur avait demandé qu'on leur monte une omelette, du vin, du pain et du café. Il paraît que Madame ne voulait rien manger et que Monsieur l'a obligée.

— C'est bien, Joseph. Mais je...

Alexis est interrompu par le bond qu'exécute le chien. P'tit Loup, les oreilles pointées, s'est précipité sur la porte-fenêtre du hall. Debout sur ses arrières, il griffe les carreaux de ses pattes avant, geint et remue la queue avec frénésie.

Alexis devine. Il s'avance vers la porte.

Au bout de la grande allée centrale il aperçoit Michel qui s'approche d'un bon pas. Alexis frémit. Il sait que le moment qu'il redoute depuis des heures est arrivé. Il va lui falloir faire face et remplir son lugubre devoir avec, à la fois, stoïcisme et sollicitude.

Joseph s'éclipse discrètement.

Alexis ouvre la porte. P'tit Loup part comme une flèche en direction de son maître.

Alexis est dehors. Il attend sous le porche tout en regardant le garçon s'ébattre, heureux, avec son chien.

Quelques minutes plus tard Michel, souriant, se trouve devant lui et se lance sans attendre dans les explications détaillées de ses avatars routiers. Le sang, fouetté par la marche, lui donne une mine resplendissante. Au-dessus des pommettes rouges, les yeux bleus pétillent de gaieté.

Il est de bonne humeur, s'exprime allégrement entre deux caresses qu'il réserve à P'tit Loup qui saute et danse autour d'eux en aboyant, tout excité. Volubile et content d'être là, Michel poursuit son monologue.

— Je sais qu'il est très tard... et que vous avez tous terminé votre déjeuner depuis longtemps... Mais moi je n'ai rien mangé... alors... si ça ne t'ennuie pas... je vais aller à la cuisine demander à Jos...

Il s'interrompt brusquement. Le garçon dévisage son oncle qui n'a pas dit un mot depuis qu'il est auprès de lui. L'expression d'Alexis le trouble soudain.

— Mais... au fait... pourquoi m'as-tu fait revenir ?

Alexis se contente de regarder Michel au fond des yeux. Ce dernier pâlit légèrement et réitère sa demande sur un ton moins assuré.

— Oui... pourquoi ?

Le silence se glisse entre eux. Le chien s'est immobilisé comme s'il sentait qu'il se passe quelque chose de grave.

L'homme et le garçon se scrutent sans rien dire. Michel, qui sent l'angoisse lui étreindre la gorge, murmure doucement :

— Mammy ?

Alexis nie d'un imperceptible mouvement de tête.

— Grand-père ?

Alexis rassure à nouveau.

— Alors... Alors... c'est Aurélie ? Aurélie ne va pas bien du tout ? C'est ça ?

Le visage de l'homme s'est pétrifié. Il fixe son neveu et son regard s'embue.

Michel ouvre démesurément les paupières, interrogeant, affolé :

— Aurélie est très malade ? Aurélie va...

Alexis d'une voix fêlée parvient à articuler :

— Michel... il faut avoir du courage.

Le garçon recule d'un pas et lance sur un ton où se mêlent la colère, la douleur et l'incrédulité :

— Quoi ?

Alexis trop ému ne trouve plus ses mots.

— Michel... Aurélie... Tu comprends... c'est déjà un miracle si...

— Où est-elle ? Dans sa chambre ?
— Oui Michel... Mais...
— Je veux la voir !
— Non ! Non... pas maintenant !
— Pourquoi ?

Dans la voix du garçon résonne quelque chose qui ressemble à de l'indignation. Ce simple mot exprime son incompréhension devant ce surprenant interdit. S'avisant de l'expression navrée de son oncle, il répète sa question plus doucement :

— Pourquoi je ne peux pas la voir... maintenant ?
— Parce que... tu la verras tout à l'heure.
— Le docteur est avec elle... C'est ça ?
— Non Michel !
— Le docteur n'est pas venu ? Alors...
— Si Michel... ce n'est pas ça... Écoute-moi !
— Oui.

Alexis ferme et ouvre ses poings de façon spasmodique. Des larmes coulent sur ses joues. Michel s'en aperçoit et s'en effare. Jamais il n'a supposé que son oncle puisse se laisser aller à pleurer. Il faut que la raison soit terrible pour que...

Soudain le garçon comprend et chancelle.

Il est livide à présent.

C'est un cri déchirant qui s'échappe de sa gorge, suivi d'autres cris de plus en plus faibles qui se transforment en gémissements poignants.

Alexis attrape le garçon avant que celui-ci ne s'effondre sur le sol. Michel tremble de tout son corps et sanglote contre la poitrine de son oncle qui l'entoure de ses bras. Alexis, misérable, pleure silencieusement en écoutant le gosse répéter d'une voix déchirante, comme s'il suppliait :

— Non !... Oh non ! Non... pas Aurélie !... pas Aurélie !

La tension dramatique s'est apaisée quelque peu grâce aux efforts d'Alexis. Il ne pouvait plus supporter de voir et d'entendre Michel hoqueter de chagrin. Il l'a entraîné à l'intérieur du château, dans la salle à manger déserte. P'tit Loup soudain très sage est resté au-dehors, couché devant le porche. Michel s'est effondré sur une chaise, les coudes sur la table, la tête dans les mains.

Son oncle s'est éclipsé un instant pour aller lui préparer un plateau, insistant pour que le garçon avale quelque chose.

Lorsqu'il revient, il découvre son neveu affalé sur la table, pleurant, reniflant, le visage caché dans un coude. Alexis refuse de se laisser attendrir.

— Tiens ! Bois d'un trait ! Ça te remettra les nerfs en place !

Machinalement le gosse obéit, avale le liquide ambré, manque de s'étrangler, devient cramoisi, tousse et... cesse de pleurer.

Alexis constate l'effet produit par le cognac.

— Bon ! Maintenant tu vas manger cette tranche de jambon.

— Non... je t'assure que...

— Fais ce que je te dis, tu veux ?

— Mais... je...

— Michel !

— ... Je vais essayer...

L'homme s'est assis à côté du garçon et le regarde avaler péniblement. D'une voix calme il tente de le rasséréner.

— Tu comprends... c'est déjà exceptionnel qu'Aurélie ait vécu ces quelques dernières années...

Michel a posé ses couverts et repousse son assiette. Il regarde dans le vide.

— Tu ne sais pas... tu ne peux pas comprendre... Entre Aurélie et moi... nous nous aimions tant... Je...

— Mais oui... mais oui, mon petit.

Alexis veut éviter une nouvelle crise de larmes. Il essaye de consoler. Il est gauche, hésitant, malhabile comme la plupart des hommes devant la désespérance d'un enfant.

Michel ne pleure plus. Il semble avoir recouvré un certain calme.

— Je ne peux pas arriver à y croire. C'est plus fort que moi. Je me dis que ce n'est pas possible... que ça n'a pas pu arriver...

— Tu sais... elle est partie... sans s'en rendre compte... Elle s'est endormie...

— Oui... peut-être... et je n'étais pas là... Je ne reverrai plus jamais ses yeux qui...

— Michel !

— ... Et sa voix que...

— Michel, je t'en supplie, ne te laisse pas aller.

— Non... non ! Je ne pleure plus mais... j'ai mal !

— Je sais mon petit.

— Je veux la voir.

Empêchant Alexis de répondre, Joseph est entré dans la pièce. Il fait un signe discret. Alexis lui jette un regard interrogatif. L'autre ne semble pas décidé à parler.

— Qu'y a-t-il Joseph ?

— Il y a... quelqu'un qui... Il faut que vous veniez !

— De quoi s'agit-il ?

Alexis est à cent lieues de penser de quoi il est question. Joseph, très gêné, s'approche et murmure :

— Monsieur... le charpentier...

Michel a entendu. Il devine. Il regarde son oncle les yeux secs et déclare simplement :

— Je vais monter embrasser grand-père et mammy pendant que tu...

— C'est ça ! Je viendrai t'y retrouver... et ensuite...

— J'irai la voir !

Le garçon a interrompu son oncle sur un ton ferme, presque autoritaire.

Alexis quitte la salle à manger à la suite de Joseph non sans éprouver un certain trouble. L'accent avec lequel Michel a exprimé sa résolution lui semble trop froid pour être naturel.

Soudain... cette absence d'émotion...

Un peu plus tard Alexis pénètre avec précaution dans la chambre d'Alix.

Michel et ses parents sont assis, chacun sur une chaise, séparés par le silence mais unis sans doute par les mêmes pensées.

Armand et Alix, accablés, ont les yeux fixés sur les dessins du tapis.

Michel regarde les nuages gris qui passent derrière la fenêtre.

Ils ne parlent pas.

Se sont-ils seulement parlé ?

Dans de telles circonstances l'emploi des mots n'est d'aucun secours et ne procure nul soulagement. Chacun supporte sa propre douleur comme il le peut. Il n'est pas souhaitable qu'elle soit explicitée. On reste muré dans son abattement, on étouffe en solitaire. On souffre et on ne dit rien. A quoi bon... La mémoire se met en marche. Les souvenirs reviennent, remontent à la surface, affluent, assaillent l'esprit, le bouleversent. Des images, des paysages au milieu desquels un visage impose sa présence souriante, ressuscité pour un instant fugace. Et puis la vision s'estompe, se brouille, s'efface et disparaît. Une autre surgit, pour apporter un surcroît de peine.

En ce moment, Armand, Alix et Michel revoient Aurélie, c'est certain, mais sous des angles différents, à des moments qui ne sont pas les mêmes, dans des couleurs dissemblables. Leur souffrance même, aussi cruelle soit-elle pour chacun d'eux, ne peut se comparer.

Alexis s'approche doucement de Michel et lui met une main sur l'épaule en murmurant :

— Viens... si tu veux.

Le garçon se lève. Ils se dirigent vers la porte.

La voix d'Alix se fait entendre, d'abord faible, plaintive.

Peu à peu sa tristesse s'exprime avec un naturel presque souriant.

— Michel... mon chéri... je sais bien que cela te sera difficile à admettre... mais je voudrais... Enfin... même si ce n'est pas vrai... hélas... essaye de te convaincre qu'Aurélie se repose... qu'elle dort... ombre d'une ombre qui a vécu. Dis-toi que son âme a découvert l'éternité... Son apparence est le reflet des lys qui parsèment les collines... Elle en a la blancheur et la gracilité. Ses lèvres sont muettes mais on peut croire qu'elle va parler...

« Mon petit... ses derniers mots ont été prononcés à ton intention. Elle a dit : « Il faudra embrasser Michel très fort pour moi... puisque je ne pourrai pas le faire avant de partir... » Elle a ajouté dans un souffle : « Dites-lui que je ne le quitte pas... On ne quitte que ceux que l'on cesse d'aimer ! » Elle s'est endormie dans un soupir... en prononçant ton nom.

Alexis a mené Michel jusqu'à la porte de la chambre d'Aurélie. Il y est entré seul pour demander aux deux femmes en prière de laisser la place quelques instants afin de permettre à son neveu de se recueillir.

Elles sont sorties. Alexis a dit au garçon qu'il l'attendrait au rez-de-chaussée.

Michel a pénétré dans la pièce, refermant lentement la porte derrière lui.

Dans le hall l'horloge sonne la demie de trois heures. En bas des escaliers Joseph prévient Alexis que son père se trouve dans le salon. Il reçoit le curé de Genêts qui vient d'arriver. Sa mère n'a pas voulu se montrer. Alexis hésite une minute: soutenir Michel ou seconder son père ? Finalement il demande à Joseph de lui apporter encore du café au salon et ensuite de guetter à nouveau son neveu.

— S'il n'est pas là dans un quart d'heure... je monterai le chercher. Il ne faut pas le laisser seul trop longtemps auprès de... Ses nerfs finiraient par le trahir.

Peu après Joseph est de retour avec le plateau à café. En le déposant il informe discrètement que Michel est dans le hall.

S'excusant un instant auprès d'Armand et du curé qui règlent les préparatifs des obsèques, Alexis se précipite. Il craint de trouver le garçon en pleurs. Michel, qui regardait par la porte-fenêtre, se retourne en l'entendant approcher. Alexis dévisage son neveu. Celui-ci montre un visage exsangue. Il a le regard d'un somnambule mais aucune trace de larmes sur ses joues.

L'homme s'étonne de ce sang-froid apparent. Connaissant la sensibilité du garçon, il se méfie de cette attitude qu'il juge empruntée. Ce calme l'inquiète plus qu'il ne le rassure.

Comme s'il avait percé sa pensée Michel déclare :

— Ça ne sert à rien que je reste des heures à la regarder... Je ne pourrai pas la faire revivre... alors...

Alexis n'aime pas ce qu'il vient d'entendre et le ton sur lequel la phrase a été prononcée. Décidément, le comportement du garçon n'est pas naturel. Il aimerait le prendre par le bras et sortir faire une longue marche avec lui. Mais il ne peut laisser son père régler seul les détails de l'enterrement, ce serait trop lâche. Aussi conseille-t-il à Michel d'aller faire une promenade en forêt.

— Crois-moi... tu as besoin de prendre une grande bouffée d'air frais... Vas-y !

Comme si le garçon avait attendu ce conseil, il acquiesce d'un hochement de tête prolongé. Puis, fixant Alexis d'un regard étrange, il dit :

— C'est ça... une grande bouffée d'air... tout simplement ! Et après... je ne penserai plus à rien.

Tout à coup Alexis s'inquiète sérieusement. D'où vient ce ton qui sonne faux ?

— Michel... tu te sens bien ?

— Je ne sens plus rien...

Avant qu'Alexis ait pu ajouter un mot, le garçon est sorti, très vite, laissant la porte ouverte.

Michel s'enfuit en courant de toutes ses forces, accompagné par son chien qui aboie fougueusement.

Alexis se sent mal à l'aise en regagnant le salon. Cette courte conversation avec son neveu lui laisse une impression bizarre, indéfinissable. Il tente de se rasséréner en se disant que chacun dissimule sa peine à sa façon. Michel ira mieux tout à l'heure après avoir parcouru les chemins du domaine.

Alexis reprend sa place entre son père et l'homme d'Église. Quelques minutes plus tard, un bruit de sabots lui fait lever la tête. Il va jusqu'à la fenêtre et voit passer Michel sur son cheval lancé au galop. P'tit Loup les accompagne.

Après cette courte interruption, les trois hommes reprennent le cours de leur triste entretien.

Une heure plus tard, Armand manifeste le désir d'aller faire quelques pas en compagnie du curé de Genêts.

— J'ai besoin d'entendre parler de Dieu... et de la vie éternelle...

Alexis, discret, comprend qu'il est de trop.

Il regarde son père prendre sa canne et s'éloigner dans la grande allée en s'appuyant familièrement sur l'épaule du prêtre. Il décide d'aller rejoindre sa mère.

Il retrouve Alix assise sur sa chaise, dans la position où il l'a laissée en venant chercher Michel tout à l'heure.

— Mère... vous ne vous sentez pas bien ?

— Si... si mon fils... tu es gentil... ça va aller.

— Voulez-vous boire quelque chose ?

— Non... je ne crois pas... J'ai si mal à la tête.

— Voulez-vous un peu d'aspirine ?

— Non... oui... je ne sais pas... Si tu veux.

— Ça ne peut pas vous faire de mal.

— Tu as raison... C'est la lumière du jour qui me blesse les yeux.

— Je vais tirer les rideaux.

— Oui... volontiers.

— J'ai l'impression que le soleil ne veut pas se coucher... C'est ridicule...

Alexis verse un peu d'eau dans un verre et présente à sa mère la petite boîte de galuchat contenant ses cachets. Alix se sert, avale un comprimé, tend le verre vide à son fils en le remerciant d'un léger signe de tête. Lentement elle s'étend sur les coussins de sa chaise longue en fermant les yeux. Alexis s'apprête à quitter la pièce.

Au rez-de-chaussée, dans le hall, l'horloge sonne cinq fois.

Alix entrouvre péniblement les paupières et regarde vers la fenêtre. Un instant après elle redresse le buste en disant :

— Mais ce n'est pas possible... cinq heures et le crépuscule ne descend pas... Il me semble qu'à cette époque de l'année...

— Mère, ne vous tracassez pas ainsi Vous devriez vous reposer. Après cette terrible journée, si vous ne faites pas attention à vous, vous allez tomber malade... Evitez-nous cela... je vous en prie...

Alexis s'approche pour obliger tendrement Alix à s'étendre à nouveau. Mais elle résiste, immobile, les yeux bien ouverts, le regard un peu fixe. Elle murmure d'une voix faible :

— Alexis ?

— Oui ?

— Quel jour sommes-nous ?

— Mais voyons, mère... quelle importance ?

— Quelle date ?

— Nous sommes le... attendez une seconde... je ne sais plus...

— Dis-moi !

— ... Le 21 mars...

— Où est le petit ?

— Je l'ai vu passer devant le portail, à cheval, accompagné par son chien.

— Il y a longtemps ?

— Euh... une heure à peu près.

— De quel côté se dirigeait-il ?

— Vers la droite, vers l'ouest.

— Mon Dieu !

Alix s'était exprimée de façon véhémente en se dressant sur son séant.

— Mère... qu'y a-t-il ?

— Il est parti vers la mer...

— Oui... probablement.

— Mon Dieu... pourvu qu'il n'aille pas trop loin...

— Mais qu'est-ce qui vous inquiète ainsi ?... Michel est un cavalier accompli. Il s'est enfui vers les dunes parce qu'il suffoquait de chagrin... et tenait à nous le cacher pour...

— Mais tu ne comprends pas, mon enfant...

— Quoi donc ?

— Aujourd'hui... c'est l'équinoxe de printemps ! Les grandes marées... !

Alix, le souffle court, serrait ses doigts croisés contre sa gorge. Son visage défait reflétait une sorte de terreur.

Avant qu'Alexis ait pu faire un geste, elle était tombée à genoux en criant :

— Mon Dieu ! Protégez-le... je vous en supplie !

Alexis, qui venait de réaliser tout à coup l'épouvantable danger que courait Michel, savait qu'il n'y avait pas un instant à perdre. Il fallait à tout prix rattraper le garçon et l'empêcher de s'engager sur les grèves.

Il hésitait à laisser sa mère dans l'état où elle était, mais c'est elle qui, d'une voix impérieuse, lui lança :

— Eh bien ? Qu'est-ce que tu attends ? Va ! Cours ! J'espère que tu arriveras à temps...

Dix minutes plus tard, Alexis passait au triple galop sous les fenêtres de la chambre de sa mère.

La pauvre femme ayant entendu le bruit des sabots décroître et s'éteindre ne résista plus à l'immense lassitude qui l'envahissait. C'était trop d'émotions pour elle en trop peu de temps. Alix comprimait sa poitrine, les battements de son cœur semblaient chercher à lui briser les côtes. Elle se laissa glisser sur le sol où, ayant atteint ses limites de résistance, elle perdit connaissance.

Alexis galope comme un dément. Livide, les dents serrées, il enfonce ses talons dans les flancs de Vandale. Le fidèle pur-sang, comme s'il comprenait l'urgence de la course, ne ménage pas ses forces et donne à son avancée toute sa puissance, sans réserve. Autour du mors l'écume apparaît déjà. L'encolure se couvre de sueur. La crinière ondule au rythme de l'effort. Vandale n'a peut-être jamais couru ce train d'enfer.

Alexis, les poings crispés sur les rênes, fait corps avec l'animal. Il sait qu'on ne peut aller plus vite et cependant il a la sensation de progresser avec une lenteur désespérante. La longue allée sableuse qui mène aux dunes ne finit pas de se dérouler.

Il dépasse les troncs des résineux à une allure dangereuse. Des branches le frôlent. Son visage est déjà balafré. Du sang coule sur son front et l'une de ses joues. Il n'en a cure. En est-il seulement conscient ? La course a pris une allure vertigineuse. Une forte bouffée d'air marin lui arrive sur la figure comme une gifle. En même temps, il croit discerner l'inimitable roulement sourd produit par l'océan.

Un instant plus tard les sabots de Vandale foulent le sable des dunes. Alexis, sans ralentir, débouche sur la plage. D'un coup sec des poignets il immobilise son étalon soufflant, le poil écumant.

Le panorama qui s'offre à ses yeux est d'une tristesse superbe. Au loin, sur la grisaille de l'horizon, se dessine la masse noire et déchiquetée du Mont-Saint-Michel. Le ciel charrie des nuages rapides allant du blanc pur au gris de plomb. La plage de sable durci par les pluies récentes prend des teintes de bronze. Au-delà, les grèves étendent leurs moires luisantes dans des dégradés aux tons de fer. Au loin, Alexis découvre les crêtes blafardes des vagues. Il n'y a aucun doute, la marée monte.

En période normale, les eaux envahissent la baie à la vitesse d'un cheval en plein élan, à près de quarante kilomètres à l'heure. Mais les jours d'équinoxe...

Dès l'arrêt, Alexis a découvert la silhouette de Michel à cheval et celle du chien virevoltant à côté. Le garçon ne peut pas le voir, il lui tourne le dos. Il avance dans la direction du bec d'Andaine, laissant Satan marcher au pas sur le sol ferme de la plage.

Dieu soit loué, il ne s'est pas aventuré sur les grèves !

Alexis en rend grâces au ciel. En même temps il se demande si Michel est conscient du mortel danger qui guette l'étourdi qui s'aventure au hasard dans cette baie splendide. Il ne se souvient pas avoir jamais parlé avec son neveu des sables mouvants dans lesquels on s'enlise...

Alors que l'homme s'apprête à rejoindre le garçon, il se met subitement à pleuvoir : une pluie dure, dense, violente, mêlée de grêlons. Alexis peste contre cette giboulée soudaine qui non seulement trempe ses vêtements mais l'aveugle au point de l'empêcher de bouger. Le vent s'en mêle, assenant ses coups par rafales. Vandale bronche, peu rassuré par ce déchaînement inaccoutumé. Alexis le rappelle à l'ordre en tirant sur le mors. La pluie diluvienne ne semble pas vouloir cesser. Alexis, toujours immobilisé, place son avant-bras sur son front afin de se protéger les yeux. Il cherche à repérer Michel. Peine perdue. Un véritable rideau aquatique limite son champ visuel. En revanche il aperçoit non loin de lui un malheureux corbeau qui, sans doute, lui aussi, surpris par l'ondée torrentielle, claudique et volette sur la plage, le plumage collé par l'eau. L'oiseau noir disparaît devant lui en sautillant. Alexis sent la pluie ruisseler sur son visage et lui dégouliner dans le dos. Ne va-t-elle donc jamais cesser, cette maudite averse ?

Son attention est attirée par un bruit que le vent l'avait empêché de percevoir jusqu'alors.

Il s'agit du déferlement des eaux déchaînées. Il est inquiet d'entendre ce roulement de tonnerre aussi près de lui. Ne pouvant pas voir au-delà de cinquante mètres, il ne sait à quelle distance se trouve la marée montante.

Brusquement la pluie cesse, d'un coup, comme elle est venue.

C'est un autre décor que découvre Alexis.

Au loin, le Mont-Saint-Michel étincelle de tous ses granits. On le croirait peint sur le ciel. Aucun de ses reliefs n'échappe. Un rayon or éclaire l'ensemble de l'édifice de son faisceau lumineux. Des nuages rose et gris embarrassent les nues. Ils semblent courir les uns après les autres, sur fond d'azur, poussés par un vent guilleret.

La vision est féerique.

Par contre, cette masse bleu sombre crêtée d'écume, éclatant par instants en queues d'aigrettes d'une blancheur vaporeuse, paraît à Alexis infiniment plus réelle et alarmante.

La mer semble littéralement avaler tout ce qui se trouve devant elle. La barre liquide phénoménale avance dans un grognement menaçant et bien plus proche à présent.

Aussitôt Alexis cherche la silhouette de Michel. Il souhaite de toutes ses forces ne pas l'apercevoir. Il pourrait en conclure alors que le garçon, raisonnable, s'est écarté du bord de mer pour se mettre à l'abri.

Malheureusement il est resté sur place. Michel qui ignore sa présence s'éloigne encore légèrement de lui.

Alexis plisse les paupières pour aiguiser sa vue. A environ quatre cents mètres, il découvre un curieux spectacle. Un petit point d'un noir de jais se déplace latéralement, pour suivi par une tache fauve. Le garçon se présente de profil à son oncle. A cheval, il fait des gestes de bras incompréhensibles pour celui qui l'observe. Il doit donner de la voix en même temps. Alexis, pourtant bien placé par rapport au vent, ne saisit pas les bribes de mots : « Ou... ici... ti lou... ti lou... Acé... ! »

Réalisant qu'il ne serait pas entendu s'il criait, Alexis se résout à se diriger rapidement vers son neveu. Si seulement Michel pouvait regarder de son côté, ils gagneraient du temps. Mais l'attention du garçon est accaparée par ce qui se passe sur la plage, autour de lui.

P'tit Loup continue à poursuivre le pauvre corbeau mouillé. Michel fait caracoler son cheval en essayant de séparer son chien de l'oiseau.

Alexis approche au galop, le regard rivé sur le groupe.

Le vent s'est remis à siffler.

Tout à coup la petite tache noire paraît glisser sur le sol à vive allure. Le corbeau, cherchant désespérément un espace libre pour échapper au chien, l'a trouvé en direction de la mer. Il tente de fuir, moitié volant, moitié sautant. Le volatile avance vite, pourchassé par P'tit Loup, tandis que le cavalier s'ébranle à leur suite.

Alexis pousse un hurlement en talonnant Vandale.

Michel ne l'entend pas.

Le corbeau progresse dans son échappée, il vole davantage à présent. Le chien ne paraît pas vouloir abandonner son jeu. Il avance par bonds derrière sa proie. Le garçon à cheval trottine derrière lui.

Alexis se trouve à une centaine de mètres d'eux. Il crie à s'égosiller. Le vent contraire empêche sa voix de porter. Le groupe poursuit sa marche. L'homme s'affole. L'inconscience de Michel le terrorise. Malgré lui, il prévoit le pire.

Soudain P'tit Loup s'immobilise. Devant lui l'oiseau s'envole. Le chien garde une position anormale. Il semble statufié. Alexis pâlit en réalisant ce qui se passe : les pattes du petit chien sont prises dans les sables ! Le cheval de

Michel se trouve presque à la hauteur de P'tit Loup qui jappe de toutes ses forces.

Alexis hurle à nouveau. Cette fois-ci Michel a dû l'entendre car il tourne son visage en direction de son oncle.

L'homme se trouve à vingt mètres du garçon. Il agite son bras en criant : « Viens, Michel !... Viens !... Viens vite ! »

Ce dernier veut orienter son cheval vers Alexis. En exécutant sa volte, Satan recule et frôle le chien. Immédiatement les sabots s'enfoncent.

Alexis est arrivé tout près. Il crie : « Saute, Michel ! Saute ! »

Le garçon paraît hésiter. Il semble au contraire se cramponner à la crinière de Satan qui gesticule, affolé de sentir ses arrières paralysés. La nappe d'eau, sous la croûte de sable vaseux, effectue son horrible travail de succion. Le cheval hennit en se débattant. Il s'enfonce inexorablement. Les jarrets des postérieurs ont disparu, engloutis par la flaque spongieuse. P'tit Loup, ensablé jusqu'au ventre, lance des aboiements lamentables.

Alexis est arrivé à cinq mètres de Michel.

Vandale bronche. L'homme veut pousser sa monture plus avant. L'étalon sent le danger mortel et se cabre violemment. Alexis, dont l'attention est entièrement captée par Michel, se trouve surpris par ce mouvement brusque Il se retrouve sur le sol, désarçonné.

Derrière lui, Vandale s'enfuit vers les dunes.

Les antérieurs du cheval de Michel se trouvent pris à leur tour. Pressentant le sort qui l'attend, la pauvre bête tremble de tous ses muscles en poussant des hennissements terrorisés. Le sable implacable atteint à présent les cuisses et le poitrail de Satan en l'attirant lentement vers on ne sait quels abysses. Le cheval semble aspiré par un monstre invisible. Du chien gémissant on ne distingue plus que la tête et le dos émergeant du sable. Michel, toujours en selle, paraît médusé.

Alexis hurle l'ordre de quitter son cheval.

Le garçon, à travers ses mèches blondes battues par le vent, lui lance un regard inexpressif.

Alexis, épouvanté, se prépare à aller le chercher lorsque, tout à coup, Michel se décide à obtempérer. Alors qu'il esquisse son geste, son oncle lui lance :

— Passe ta jambe par-dessus la crinière ! Ne t'appuie pas sur l'étrier !

L'avertissement arrive trop tard. Le garçon a exécuté le mouvement habituel pour descendre de selle. Dégageant sa jambe droite, il l'a fait passer par-dessus la croupe, prenant appui sur l'étrier gauche. Le poids de son corps enfonce l'étrier dans le sable mou. Michel s'affale de tout son long, la cheville coincée.

Alexis réagit à la seconde. Il ôte précipitamment sa veste puis sa chemise, noue les manches des deux vêtements et, se jetant à plat ventre, envoie les effets dans la direction de Michel :

— Attrape !

Le garçon se cramponne aussitôt au tissu de laine. Il a dégagé sa cheville.

L'homme, à demi nu, le visage crispé, enroule autour de son poignet une manche de chemise. Après s'être assuré que Michel tient ferme l'extrémité de la veste, Alexis essaye de tirer le garçon vers lui.

L'effort est difficile.

Michel se retrouve sur le flanc et déjà une jambe, la cuisse et le bassin disparaissent à demi dans la lise implacable.

Alexis bande ses muscles et, s'y prenant à deux mains, cherche à attirer vers lui le corps immobile de son neveu. Essoufflé, il avertit Michel :

— Surtout ne remue pas !... Laisse-moi faire !

Entre ses bras agrippés à l'étoffe, le garçon fixe son oncle, les yeux exorbités.

Alexis tire lentement, de toute sa force.

Il réussit dans un premier temps à désembourber en partie le corps du gosse qui avance, imperceptiblement, vers lui.

L'homme est en sueur. Malgré le vent cinglant, il ne sent pas le froid.

Alexis hale avec précaution mais fermeté.

Un formidable hennissement le fait tressaillir. Il jette un coup d'œil vers l'animal. Le cheval est enfoui jusqu'au bas de l'encolure. Tout près de lui il aperçoit la tête de P'tit Loup qui seule émerge du sable. La pauvre bête, gueule béante, langue pendante, semble happer l'air. Aucun son ne sort de sa gorge.

L'homme est distrait de cet affreux spectacle par une vision qui, d'un coup, le fait frissonner. Les lames dangereuses se trouvent à peine à une centaine de mètres. Il avait oublié le bruit assourdissant du ressac tant il s'était concentré sur le sauvetage. Une autre constatation vient ajouter à son angoisse : lui-même commence à s'enfoncer.

Alexis, refusant de céder au découragement ou seulement au doute, s'exhorte lui-même à récupérer son sang-froid. Mentalement, avec ferveur, il demande au ciel de lui venir en aide.

Le corps de Michel se rapproche trop lentement. Alexis ahane, éreinté par l'effort. Il se redresse un instant. Le vent soufflant du large avec rage le fouette de ses embruns. Les vagues rugissent, sauvages, et se rapprochent. P'tit Loup a disparu, englouti. Seule la tête de Satan reste visible.

Les mains de Michel se trouvent à deux mètres de lui. Alexis, sentant ses genoux s'enliser, décide de redoubler son effort. Il lui faut se presser s'il veut sauver le petit. La marée monte, irrésistible, en tonnant.

Le torse dégoulinant de sueur et d'eau salée, l'homme tire toujours. Entre Michel et lui la distance diminue. Croyant toucher au but, Alexis, à bout de souffle, commet l'erreur de se mettre debout. Aussitôt le sable et l'eau lui couvrent les pieds. Exaspéré, il tire de toute sa force et trop brusquement. Le tissu ne résiste pas. Alexis tombe. La manche de sa chemise déchirée lui reste dans la main, accrochée au poignet et claquant au vent. Épuisé, désespéré, il est sur le point d'éclater en sanglots.

Tout près de lui, si près, Michel demeure immobile.

Alexis veut se redresser. Instantanément sa main s'enfonce dans le sable, comme le haut de sa cuisse. L'humidité sournoise et mortelle poursuit son œuvre de sape aquatique. L'homme a envie de hurler. Il maudit cette nature hostile de laquelle nul ne doit attendre de pitié.

Faut-il renoncer et se préparer à une mort horrible aux côtés de ce gosse de quinze ans ?

En se remettant à plat ventre, Alexis aperçoit les rênes qui émergent encore à la surface verdâtre, alors que la tête du cheval a été complètement aspirée.

En regardant les lanières de cuir insaisissables, Alexis trouve l'idée salvatrice. Il arrache la ceinture de son pantalon aussi rapidement que le lui permet la bouillasse glapeuse dans laquelle il se débat.

En rampant il se dirige vers Michel. Celui-ci, pour tenter de survivre encore un peu, a été obligé de bouger de quelques centimètres. Si les vagues ne les ont pas encore atteints, la mer est là, sous eux, sous le sable, déjà prête à ensevelir vivants les corps des deux imprudents.

Si le garçon était resté couché sur le côté, il aurait déjà péri asphyxié, l'eau lui ayant envahi la bouche et les narines. D'instinct, il s'est mis sur le dos. Immobile, les bras le long du corps, il ressemble à un gisant.

Alexis cesse ses mouvements de reptation. S'il approche davantage, il sera piégé à son tour, irrémédiablement. Déjà l'eau glauque fait éclater des bulles d'air tout autour de lui. Il ne faut plus perdre une seconde. Il appelle Michel, sans résultat. Il hurle le prénom du garçon dont la tête se trouve à deux mètres de sa main tendue. Il recommence, vainement. Les vagues roulent, toutes proches, dans un bruit terrifiant. Le vent souffle fort, charriant de l'écume salée. Alexis s'avise soudain que Michel ne peut pas l'entendre, non pas à cause du vacarme mais parce que ses oreilles se trouvent immergées comme la moitié de son corps. Sans hésiter il s'empresse de retirer l'une de ses chaussures. S'appliquant à viser juste, il la lance vers la chevelure du garçon. Il faut à tout prix attirer son attention, le forcer à tendre les mains derrière lui.

Michel reçoit la chaussure sur le crâne. Comme l'a espéré Alexis, il relève la tête par réflexe, dégageant ainsi ses oreilles.

— Michel ! Garde la tête hors de l'eau trois secondes ! Écoute-moi! Fais ce que je te dis... Place tes deux mains derrière toi, aussi loin que tu le peux, garde-les l'une contre l'autre, paumes ouvertes... Je vais t'envoyer ma ceinture... tu attraperas la boucle... je te tirerai... Dépêche-toi !

Le garçon s'exécute. Au troisième essai il parvient à se saisir de la boucle et s'y cramponne. Pour aider son oncle il cherche à se dégager les épaules. Alexis entreprend une reptation arrière des plus acrobatiques. Tenant ferme la ceinture de cuir, il tire de toute la puissance de ses muscles. Le corps de Michel échappe lentement à l'étreinte du sable. Alexis se rend compte qu'il parvient à faire bouger son neveu dans sa direction, mais l'effort lui est de plus en plus insupportable. Le sable humide remonte le long de ses jambes et s'entasse dans le haut de ses pantalons, formant des paquets pesants.

Alexis a encore gagné plusieurs centimètres. Tout à coup il s'immobilise, à bout de force. Il a la tête qui tourne et la sensation que ses poumons vont éclater. Sa vue se brouille. Il sent qu'il risque de s'évanouir s'il ne récupère pas son souffle. Fermant les yeux un instant, il cherche à régulariser sa respiration. Il entend distinctement le bruit des vagues qui déferlent. La mer mugissante se trouve à une vingtaine de mètres. Le vent siffle toujours. Il tente un nouvel effort. Le corps de Michel bouge à peine de quelques centimètres.

L'homme sent qu'il n'y arrivera pas. C'est trop lourd. Il sait qu'on ne se bat pas avec la marée montante en espérant la vaincre. Il sait aussi que peu de gens ont réussi à échapper à l'emprise des sables mouvants. Alexis est au bord du renoncement.

Autour de lui l'eau salée, le sable, les bulles se mêlent et forment des flaques mousseuses qui tournoient, étalant des reflets jaunâtres répugnants.

La voix de Michel le fait sursauter.

— Alors ?... Alexis ? Tu m'abandonnes ?

— Non ! Jamais !

La réaction a éclaté comme un cri de guerre !

Le garçon a laissé retomber sa tête dans l'eau. Maintenant seuls les bras tendus et le haut de son visage émergent. La bouche est déjà noyée comme le reste du corps.

Alexis place l'extrémité de sa ceinture entre ses dents et se débarrasse de son pantalon aussi vite qu'il le peut.

Maintenant, les premières lames se fracassent les unes sur les autres à cinq ou six mètres d'eux. Presque nu, Alexis s'étale à nouveau dans la masse traîtresse et tire, tire désespérément sur la lanière de cuir. Il sent la veine de son front qui gonfle. Michel a bougé ! L'homme s'acharne. Tout à coup la voix du garçon retentit dans un hurlement de terreur :

— Je lâche !... je lâche !... J'ai une crampe !

— Non ! Non ! Je t'en supplie... on y est presque !

— J'en peux plus... je...

Le reste de la phrase se perd dans un inaudible gargouillis. Michel a laissé retomber sa tête mais n'a pas lâché la ceinture. Alexis, pris de panique, se résout à tenter le tout pour le tout. Conscient de risquer sa propre vie, il n'hésite pas à exécuter le geste qui peut les sauver ou les perdre. Sans vouloir penser à ce qu'il fait, il se propulse en avant et, lâchant la ceinture, s'empare des mains de Michel. Le garçon les serre convulsivement entre les siennes.

Le corps d'Alexis s'enfonce. La première vague les atteint. Michel est entièrement submergé, Alexis à mi-corps. Dans un sursaut désespéré, l'homme donne un puissant coup de reins et tire sur les bras du garçon. Michel a encore bougé. Alexis reprend espoir. Une nouvelle lame lui tombe sur la nuque, l'étourdissant. Il ne lâche pas prise. Encore une vague. Celle-ci va les noyer, il le pressent. L'eau se retire. Alexis dresse la tête et cherche l'air, désespérément. Il halète. Une autre lame, énorme. Celle-là le renverse. Au moment où l'homme se dit que tout est perdu et qu'à bout de résistance il va perdre connaissance, il se produit quelque chose d'invraisemblable : Michel vient se coller contre lui !

La vague a été si forte qu'elle a dégagé d'un coup le corps inanimé du garçon. Alexis, étreignant Michel, se laisse bouler par les flots qui, au lieu de les engloutir, semblent vouloir les pousser vers la plage, comme s'ils les portaient. Roulés, ballottés, disparaissant et surnageant, les corps enlacés de l'homme et du garçon glissent au milieu des vagues assourdissantes.

Alexis se rend compte à présent qu'ils se trouvent sur

le sable dur. Se mettant à genoux, de dos au flux montant qui lui fouette les reins, il attrape Michel à bras-le-corps et dans un ultime effort parvient à se dresser sur ses jambes.

Harassé, il se demande un instant s'il pourra porter le garçon. Il inspire et expire avec la puissance d'un soufflet de forge. Chancelant comme un homme ivre, il avance à petits pas titubants jusqu'au moment où il ne sent plus l'eau lui encercler les chevilles. Il réussit à faire encore deux courtes enjambées avant de s'écrouler sur la plage, Michel à ses côtés. Jetant un coup d'œil vers le garçon, il sent à nouveau la panique l'envahir. Michel est si pâle... Et s'il était noyé ? Alexis se précipite. Le sang bat à l'artère du cou mais la respiration est arrêtée. L'homme se met à califourchon sur le garçon et presse la cage thoracique pour faire rentrer l'air dans les poumons. Le résultat est nul. Alors, très vite, presque brutalement, il retourne Michel et tente de le faire vomir. Il manipule le corps inerte comme une poupée de son sans obtenir ce qu'il veut. Alexis lutte contre l'affolement qui le gagne. Recouchant le garçon sur le dos, il se penche sur le visage aux yeux clos. Sans hésiter il plaque sa bouche sur celle de son neveu et lui insuffle de l'air à grandes bouffées.

Après quelques minutes épuisantes, Alexis réalise que Michel respire. Il continue jusqu'à ce que le rythme redevienne régulier.

Au moment où les paupières du garçon s'entrouvrent, et alors qu'il reprend difficilement conscience, c'est Alexis qui bascule dans l'évanouissement. Le grand corps nu du sauveteur s'affale sur le sol.

Michel a retrouvé ses esprits. Il se redresse et, s'approchant de l'homme inanimé, s'empare de sa tête et la place doucement sur ses genoux.

Michel pose une main qui tremble sur le torse de son oncle : le cœur bat. Alexis respire régulièrement.

Alors, du bout des doigts, avec des gestes tendres, le garçon se met à effleurer la figure de celui qui lui a sauvé la vie.

En ôtant le sable et le sel de ce beau visage inconscient, Michel Perceval se demande s'il sera jamais plus proche d'un autre être qu'il l'est de cet Alexis d'Anderly.

Les aspirations confuses de l'adolescent demeurent en lui intactes et insatisfaites.

En touchant le front de cet homme évanoui, c'est un peu son rêve qu'il caresse : lui ressembler. Michel éprouve de l'amour pour cet homme à l'âme pure. Il admire sa force sans la redouter.

Enfant sans père, il sait depuis longtemps qu'Alexis est devenu son modèle. Il cherchera à l'imiter, à faire siennes ses idées. De lui il a déjà appris les ornières des chemins, les couleurs du feu, les beautés des ciels changeants, le plaisir de respirer l'odeur des herbes. Grâce à lui il sait ce que signifient les mots blé, forêt, fruit, récolte...

Michel a trouvé le meilleur des compagnons. Il en a la certitude. Alexis l'aime, aime la vie et saura la lui faire aimer.

Le garçon de quinze ans sent qu'il a quitté sa première carapace, celle de l'enfance.

Il sait qu'il va lui falloir s'en construire une nouvelle, plus dure peut-être, pour se protéger des aléas de l'existence et s'inciter lui-même à se comporter à l'exemple d'Alexis.

Sur la route qui l'attend, Michel est résolu à poursuivre l'indispensable dialogue. Il posera ses pas dans l'empreinte des pas d'Alexis. Ce personnage est son miroir réfléchissant. Lui, deviendra son reflet. Il se le promet. A cet instant précis, Michel prend cet engagement formel avec lui-même.

Le crépuscule descend dans un mélange de tons pourpres. Des traînées violet et grenat s'entrecroisent à l'horizon, là-bas vers l'occident où le soleil va disparaître en flambant. Tout près, l'océan rugit. Les vagues claquent encore avant de venir étaler leur écume sur la plage, à deux pas.

A cette heure, en ce lieu qui les a vus si souvent rire et s'ébattre, Michel a une pensée pour Aurélie. Il se dit que les événements sont très différents si on les considère vus de l'extérieur ou si on les vit soi-même, car rien n'appartient autant à la créature humaine que sa propre mort.

Pour le garçon, le fait d'avoir frôlé la sienne, de l'avoir

presque vécue et d'en être revenu tient du prodige. Et de ce prodige, Alexis est l'artisan.

Michel se sent mobile comme la mer qui a failli l'engloutir, et disponible comme le vent qui maltraite ses mèches blondes...

Paris, février-décembre 1989

Table des matières

Avertissement 11
Prélude 13
I. La Famille 19
II. Prémisses et Prémices 39
III. Aurélie 53
IV. Découvertes 89
V. Paris 125
VI. Alexis 167
VII. Retrouvailles 193
VIII. Hélène 255
IX. Cannes 265
X. Le retour 291
XI. Les grandes marées 315

Achevé d'imprimer en janvier 1990
sur presse CAMERON
dans les ateliers de la S.E.P.C.
à Saint-Amand-Montrond (Cher)

Le Rocher
28, rue Comte-Félix-Gastaldi
Monaco

Dépôt légal : janvier 1990
N° d'Édition : CNE section commerce et industrie Monaco 19023
N° d'impression : 020

Imprimé en France